KÖNIGS FURT

Klausbernd Vollmar

Handbuch
der Traum-Symbole

Königsfurt

Sonderausgabe,
leichtgekürzt,
nach der 3. Auflage der Originalausgabe

Copyright © 1998 Königsfurt Verlag
Königsfurt 6
Klein Königsförde am Nord-Ostsee-Kanal
(Postanschrift:
Königsfurt Verlag · D-24796 Krummwisch)

Herstellung: Clausen & Bosse, Leck

ISBN 3-927808-65-2

Inhalt

Vorwort
7

Traum-Symbole
A – Z
13

Vorwort

»Der Traum belehrt uns auf eine merkwürdige Weise
von der Leichtigkeit unserer Seele,
in jedes Objekt einzudringen,
sich in jedes sogleich zu verwandeln.«
(Novalis)

Dieses Traumsymbol-Buch stellt ein neuartiges, modernes Nachschlagewerk für Zeitgenossen dar, die sich ausführlich mit ihren Träumen beschäftigen wollen. Das Neue in der Darstellung der aufgeführten Traumbilder liegt darin, daß ich davon ausgehe, daß ein Traumbild niemals nur
eine eindeutige Bedeutung besitzt. Ein Traumsymbol unterscheidet sich
von einem mathematischen Symbol durch seine Vieldeutigkeit. Jedes
Traumsymbol und Traumbild ist nicht nur von dessen Stellung im Ge-
samtzusammenhang des Traumes, sondern auch von der Persönlichkeit
des Träumers abhängig. Aus diesem Grunde bin ich von der von den
Ägyptern (Hieratische Traumbücher, etwa 2000 v. Chr.[1]) bis heute ver-
breiteten Praxis abgewichen, in Traumsymbol-Büchern jedem Symbol
allein *eine* Bedeutung zuzuschreiben. So ist dies kein Traumlexikon einfacher, normativer Zuordnung der Symbole geworden.
Das andere Extrem liegt darin, daß man behauptet, wegen der fehlenden
Eindeutigkeit eines Traumbildes sei ein Traumsymbol-Buch völlig unsin-
nig. Carl Gustav Jung betonte ausdrücklich in seinen Traumseminaren
(von 1936–1941)[2], daß man Traumsymbole und -bilder ohne die Kenntnis des Träumers verstehen und in die Alltagssprache übersetzen kann.
Seit Anbeginn wird die Menschheit mit ähnlichen Grundsituationen kon-
frontiert, die im Traum wiederkehrende Bilder und Symbole hervorrufen.
Die von diesen urmenschlichen Situationen hervorgerufenen Traumbilder
werden zwar im Traum einer/s jeden Einzelnen von uns gemäß des Zeit-
geistes und der persönlichen Geschichte überformt, variiert und konkret
ausgestaltet, aber es bleiben letztendlich doch immer die gleichen Bilder.

Von diesen Überlegungen her bin ich zu folgender neuartigen Präsentation
der einzelnen Traumbilder gelangt, die versucht, den Sinn in seinen viel-
schillernden Gestalten einzufangen:

1. Jedes Traumbild in diesem Nachschlagewerk wird von verschiedenen
Seiten her dargestellt:
a. Jedes Traumbild kann sowohl eine Herausforderung für den Träumer
darstellen, als es ihn auch bestätigen kann.

Als Herausforderung stellt das Traumbild der dem Träumenden neuartige Sicht- und Verhaltensweisen dar, die er oder sie im eigenen Leben nicht anwendet. Es wird dem Träumer durch das Traumbild gezeigt, was ihm im alltäglichen Leben fehlt. C.G. Jung nannte dies »die komplementäre Funktion eines Traumes«, da diese Funktion die Sicht- und Lebensweise des Alltagslebens ergänzt.

Die bestätigende Betrachtungsweise geht davon aus, daß dieses Bild geträumt wird, weil der Träumer gerade für die mit diesem Bild zusammenhängenden Erfahrungen und Botschaften offen ist.

b. Jedes Traumbild kann sowohl als Bild eines Gegenstandes oder einer Situation der Außenwelt gesehen werden, als es auch ein Symbol für die Innenwelt des Träumers darstellt.

Ein Traumbild oder -symbol kann uns auf die Beziehung zu dem betreffenden Objekt verweisen, oder es kann unsere Beziehung zu Teilen unserer Psyche oder unseres Körpers ansprechen, die durch das entsprechende Objekt symbolisiert werden. Wenn wir z. B. von einem Haus träumen, kann sowohl dieses reale Haus (als Elternhaus, als etwas, das man besitzen möchte oder in dem man wohnt, usw.) gemeint sein, als auch unsere Psyche oder unser Körper, die beide oft mit dem Bild des Hauses symbolisiert werden. Oftmals ist es für den Träumer wichtig, beide Standpunkte zugleich einnehmen zu können. C.G. Jung unterschied diese beiden Sichtweisen eines Traumes als »Objektstufe« (das Objekt wird als solches angesehen) und »Subjektstufe« (das Traumobjekt verweist auf das Subjekt des Träumers) eines Traumes.

2. Dieses Nachschlagewerk stellt übersichtlich dar, wie die verschiedenen Kulturen und psychologischen Schulen ein Traumbild unterschiedlich betrachteten.

Nach meiner eigenen Auffassung zu jedem Traumbild finden Sie hier nach den Verweisen auf ähnliche Traumbilder die Betrachtungs- und Deutungsweisen der bekannten tiefenpsychologischen Schulen angeführt und, sofern es nützlich ist, diejenigen anderer, oft außereuropäischer Kulturen. Ich habe mich hier allein von der Praxis leiten lassen und im Sinne der leichten Benutzbarkeit dieses Nachschlagewerkes einzig diejenigen Deutungsansätze angeführt, die mir noch aktuell erschienen und welche die moderne Beschäftigung mit dem Traum befruchten können.

3. Bei der Darstellung der einzelnen Traumbilder und -symbole bin ich nicht – wie traditionell seit Sigmund Freud – davon ausgegangen, daß ein Traumbild notwendigerweise auf eine krankhafte psychische Entwicklung verweist. Traumbilder treten meiner Erfahrung nach oft auf, um der /

dem Träumenden zu zeigen, wofür er/sie im Augenblick offen ist und worauf er/sie sein Leben ausrichten kann. Das bedeutet weiterhin, daß ich ein Traumbild nicht nur in Hinblick auf die Vergangenheit des Träumers, sondern immer auch auf seine Zukunft hin bezogen sehe.

4. Soweit es mir möglich war, habe ich versucht, bei der Darstellung eines jeden Traumbildes praktische Orientierungshilfen einfließen zu lassen. Dies geschieht meist, indem ich dem Leser und der Leserin verschiedene Fragen stelle und so die Aufmerksamkeit auf die Lebenspraxis zu richten suche. Ich bin der Ansicht, daß man zwar nicht autoritär in der Haltung des »Ober-Vaters« anderen seine Verständnisweise aufdrängen sollte, daß aber auf der anderen Seite jede/r von uns einen Anstoß braucht, auf daß die Beschäftigung mit den Träumen auf die alltägliche Lebenspraxis wirkt. Jegliche Traumdeutung findet erst ihr Ende, wenn die Lehre des entsprechenden Traumes praktisch im alltäglichen Leben des Träumers umgesetzt wurde.

Tips zur Nutzung dieses Handbuchs

> »Ich war und bin auch heute noch
> hauptsächlich ein Träumer.
> Aber was macht das, solange
> das Träumen eine Art des Suchens ist.«
> (George Sand)

Falls Sie bei einem oder mehreren Traumbildern Ihrer Träume (auch Ihrer Tagträume) keine Idee bekommen, was diese für Sie bedeuten können, schlagen Sie die entsprechenden Begriffe nach und lassen sich von den angeführten Bedeutungen inspirieren. Die Erklärungen und Erläuterungen wurden so gestaltet, daß sie zu neuen Ideen, Einsichten und Gefühlen führen.

Die Lektüre dieses Traumsymbol-Buches kann Ihnen ferner bei denjenigen Träumen helfen, mit denen Sie keinerlei Schwierigkeiten haben. Wenn Sie in diesem Fall die Symbole oder Bilder Ihres Traumes nachschlagen, werden Sie vielleicht zu weiteren Möglichkeiten des Verständnisses Ihres Traumes geführt; sicher werden Sie auf andere Verständnismöglichkeiten Ihrer Traumbilder aufmerksam gemacht, was Ihnen dabei hilft, kreativ und beweglich, offen und ideenreich Ihre Traumbilder zu betrachten.

Es lohnt sich, auch ohne einen speziellen Traum zu haben, in diesem Nachschlagewerk herumzublättern und zu lesen, da dies zweifelsohne nicht nur Ihre Traumtätigkeit anregt, sondern auch zu mehr Phantasie im Umgang mit den eigenen Träumen führt.

Ein weiterer Effekt beim Lesen der Ausführungen zu den einzelnen Symbolen liegt in einer Einführung in die Geschichte der Traumdeutung. Verschiedene Traumforscher sahen zu den unterschiedlichsten Zeiten ein und das selbe Traumbild ganz unterschiedlich. Indem wir das erkennen, lernen wir nicht nur einiges über den Zeitgeist der verschiedenen Epochen, sondern wir beginnen auch die Komplexität unserer Traumbilder mehr und mehr zu verstehen. Ein Traumbild ist selten eindeutig, sondern verweist oft in mehrere Richtungen zugleich, von denen zumindest einige historisch schon erkannt worden sind.

Sigmund Freud hat bestimmt recht, daß fast jedes Traumsymbol ein Abbild unterdrückter, oft infantiler, sexueller Wünsche darstellt, aber Carl Gustav Jung hat sicherlich genauso recht, wenn er etwa 20 Jahre später (nach dem Bruch mit Freud) davon ausgeht, daß jedes Traumbild einen schöpferischen Akt darstellt, mit dem sich der Träumer auf die kollektiven Urbilder der Seele (die Archetypen) bezieht. Zweifelsohne hatten die Menschen des klassischen Altertuns ebenso recht, die im Kult des Heilgottes Asklepios[3] von der heilenden Wirkung eines Traumbildes ausgingen, das der Gott ihnen zur geistigen und körperlichen Ganzheit schickte. Traumsymbole wurden auch immer auf ihre Fähigkeit zur Voraussage von kollektiven oder individuellen Ereignissen gedeutet[4]. In Rom war es grundsätzlich üblich, ein Traumbild vorausdeutend zu sehen. So zeigte man in Griechenland und Rom besondere Träume der Regierung an.

Jeder Traum besitzt alle diese Seiten mehr oder weniger ausgeprägt – und noch viele mehr! –, und alle diese Aspekte lassen sich auch in jedem Ihrer heutigen Träume zweifellos finden.

Es kommt für die Benutzer dieses Handbuchs darauf an, die eigenen aktuellen und komplexen Bedeutungen aus den Verstehensmöglichkeiten eines Traumbildes herauszufinden. Hierzu sollen die hier aufgeführten Symbolbedeutungen befähigen, indem sie neue, bisher unbedachte Verstehensmöglichkeiten eröffnen und den Benutzern dieses Nachschlagewerkes zu einer individuellen Traumarbeit verhelfen.

Cley, im Frühjahr 1992   Klausbernd Vollmar

Der Autor ist für Rückfragen, Kritik, Anregungen, Beratungen und Kurse über den Verlag oder unter folgender Adresse zu erreichen:

Cobblestones · Cley-next-the-sea · Holt · Norfolk NR 25 7 RE · Tel. & Fax: 0263-740304 · Great Britain

---

[1] Das älteste uns überlieferte Traumbuch aus dem mittleren Reich Ägyptens. Vgl. dazu genauer: VOLLMAR, Klausbernd: Dreampower. Ein Handbuch für Träumer, (Simon & Leutner) Berlin 1988, S. 58 f.

[2] JUNG, Carl Gustav: Seminare. Kinderträume. Zur Methodik der Trauminterpretation, (Walter Vlg.) Olten/Freiburg 1987

[3] Vgl. zur Trauminkubation des Asklepios genauer: VOLLMAR, Kb.: Dreampower, a.a.O., S. 65 ff., oder BÜCHSENSCHÜTZ, B.: Traum und Traumdeutung im Altertum, Wiesbaden 1967

[4] Vgl. dazu die einflußreichen Traumbücher von ARTEMIDOR: ARTEMIDOROS aus Daldis: Symbolik der Träume, Wien, Leipzig 1881 (er verarbeitete etwa 3000 Träume, die er weitgehend vorausdeutend betrachtete) und des Neuplatonikers SYNESIUS: De Somniis. In: IAMBLICHUS: De Mysteriis Aegyptiorum, Venedig 1497

Traum-Symbole
A – Z

Aal: →Schlange. Tritt als Traumsymbol oft auf, wenn man sich erstarrt und unlebendig fühlt. Der
Aal symbolisiert das Lebendige, er
drückt die Sehnsucht aus, sich wieder wie ein →Fisch im →Wasser
bewegen oder sich durchs Leben
schlängeln zu können (aalglatt
sein). Er wird auch mit Kälte (Distanz) verbunden. Wichtig ist die
Qualität des Wassers, in dem sich
der Aal bewegt.
Fühlt man Ekel vor dem Aal, dann
liegt oft kindliche Ablehnung der
Sexualität vor, ebenso bei Flucht
vor dem Aal.
Wird klassisch psychoanalytisch
als Penissymbol bzw. als triebhafte
Sexualität gesehen.

Abbruch: 1. Im Sinne von Beendigung: Man beendet etwas, oder
sehnt sich nach der Beendigung
einer Beziehung oder eines Zustan-
des.
2. Im Sinne von Zerstörung (vgl.
Abbruch eines Hauses): Weist auf
die Notwendigkeit zu aggressivem
Handeln hin oder zeigt die Angst
vor Aggressionen auf. Meistens
liegt dem ein destruktives Gefühl
und/oder eine Enttäuschung zu

Grunde. Auseinandersetzung mit
dem →Tod, wenn ein →Haus ab-
gebrochen wird, ähnlich wie bei
→Beerdigung und →Grab. Oft
liegt hier eine Triebstauung vor,
wie auch bei →Anfall, →Angriff,
→Brand(ung) und →Gewalt.

Abend: Zeit der Besinnung, eine
angenehme, ruhige Zeit. Oft Ausdruck der Sehnsucht nach Ausruhen, wenn einem alles zuviel ist.
Ein häufiges Traumsymbol, wenn
man sich gestreßt oder unausgela-
stet fühlt. Vielleicht ist aber auch
eine hektische Zeit vorbei. Der
Abend als Lebensabend oder das
Ausruhen nach einem Arbeitstag
verweist häufig auf die Fruchtbarkeit des gelebten Lebens, auf das,
was man bisher geschafft hat (man
darf sich auf seinen Lorbeeren ausruhen).
Der Abend ist teilweise ein Zeichen
dafür, daß man sich tieferen
Schichten seines Unbewußten nähert. Kann in seltenen Fällen als
→Ende des Tages das Bild eines be-
dauerlichen Verlustes sein.

Abendessen: Wie bei →Arche
Sehnsucht nach oder →Angst vor

→Familienglück und einem gemütlichen →Heim, die oft aufkommt, wenn man das alles vermißt oder dies einem zuviel ist. Genuß am Lebensabend (→Abend), Lebensgenuß und Sinnlichkeit.
Volkstümliche Traumdeutung: Nachricht von einer →Geburt.

Abendkleid: Im Bild des Abendkleides verbinden sich Lust und Kultur. Kultivierte Leidenschaft, die man entweder ausleben kann oder möchte. →Anzug, →Ball, →Kleid.
Vom hohen Symbolwert ist die Farbe des Abendkleides.
Als Wunschtraum: Man wünscht gesellschaftlichen Aufstieg oder hat ihn schon erreicht (und freut sich darüber oder weiß nicht mit ihm umzugehen).
Volkstümliche Traumdeutung: umso schöner eine Frau gekleidet ist, umso schlechter das Omen.

Abendmahl (Gottesdienst): Bedürfnis nach religiösen Ritualen oder deren Abwehr. Verrat oder Aufnahme in eine soziale Gruppierung. Die Gretchen-Frage: »Wie hast du's mit der Religion?«
Ferner ist hier die Doppelnatur von Wein und Brot wichtig, die die Doppelnatur des Menschen widerspiegelt, der sowohl konkret in dieser Welt als auch in der geistigen der Symbole und Wandlungen lebt.

Abenteuer: Man ist sich in bezug auf seine Umgebung unsicher, oder man hat Angst vor gewagter Beziehung zu einer Person und sehnt sich zugleich danach. Man lebt zu langweilig und benötigt das Abenteuer, das Kühne in einer Welt, die man als sinnentleert empfindet. Gegenbild zur →Arbeitsroutine (→Automat). »Abenteuer« (adventure) und »Ankunft« (adventus) leiten sich vom gleichen Wort her ab, und so bietet das Abenteuer die große Chance, bei sich selbst anzukommen. Seien Sie also froh über dieses Traumbild: Sie kommen sich selber näher und können Ihr Ziel erreichen!
Achten Sie darauf, welcher Art das Abenteuer ist und wie Sie sich dabei fühlen. Bedenken Sie ferner, daß die Abenteuer sich gelegentlich eher im Inneren als im Äußeren abspielen und solch ein Traumbild auch auf die eigene innere Welt verweisen kann.

Abfall: →Schrott. Reinigungsbedürfnis. Man möchte sich befreien von dem inneren →Müll, der uns belastet, ähnlich wie bei →Abort und →Abwässer. Es hat sich viel angesammelt, das entsorgt werden muß: emotionaler Müll und realer Alltagsmüll. Man leidet an dem Umgang mit der Umwelt (und sich selbst).
Man macht eine wertvolle Entdekkung, denn gerade in seinem Abfall findet man das Seelengold, d. h. im

Abgrund

Unscheinbaren und Abgelehnten liegt die Chance zur Selbsterkenntnis oder, wie Jung es ausdrückt, in der Annahme des abgelehnten Schattens besteht der erste Schritt zur Individuation.

Abgrund: →Abhang. Wird oft in einer Krise geträumt oder wenn diese fast überwunden ist, so daß ihr tiefer Grund sichtbar wird. Lebensschwierigkeit, kritische Situation, die Entscheidungen erfordert. Man hält nach Hilfe Ausschau. Eine Aufforderung, in die eigene Tiefe zu schauen, das eigene Abgründige anzunehmen.
Als Alptraum: man fühlt sich überfordert, hat Angst vor kommenden Schwierigkeiten.
Abstieg in den Abgrund heißt, sich mit seinem Unbewußten zu beschäftigen, zumindest sich ihm zuzuwenden, denn dort liegt der Grund aller Schwierigkeiten, die einen jetzt behindern. Fällt man in ihn hinein, steigen oft Bilder depressiver Verstimmung wie auch bei → Asche, → Mord und → Falle auf. Muß man am Abgrund umdrehen, dann sind neue Wege zu gehen. Beim Abwenden vom Abgrund werden oft vor Tatsachen die Augen verschlossen, deutet auch auf seelischen Kummer hin.

Abhang: →Abgrund. Angst vorm →Fallen. Es geht entweder bergab, dann Angst vor Schwierigkeiten oder oftmals auch Aufforderung,

sich fallenzulassen, loszulassen (vgl. auch →Abschuß, →Absturz, →Bach, →Fahrstuhl (Lift), →Falltüre und →Schlitten) – oder es geht bergauf: mit Schwierigkeiten kann man etwas erreichen, die Situation wird sich bessern.

Ablehnung: Sehnsucht nach Nähe oder nach Distanz. Man fühlt sich in sozialer Situation unsicher; man verschließt oder verweigert sich gegenüber etwas oder sollte es tun. Oft aber auch gegenteilige Bedeutung: wie bei →Annahme, man wird angenommen (trotz der Befürchtung der Ablehnung).

Abmagerung: →dünn. Man verliert an Substanz und nimmt nicht mehr soviel Raum ein oder aber nimmt viel zuviel Raum ein. Man will dem Schönheitsideal entsprechen. Das Traumbild verweist häufig auch darauf, weniger arbeiten zu wollen.

Abort: →Toilette.

Abreise: Man will weg, oft bei Streß, Überarbeitung und /oder Ehekrach. Verantwortungslosigkeit. Aber man hat auch endlich seine Kräfte gesammelt, um sich aus der Situation herauszubewegen, man befreit sich.

Absatz (Schuh): Erdung und das, was einen größer erscheinen läßt. Verlust des Absatzes: Verlust der

Erdung, die negativ sein kann, wenn man zu »abgehoben« lebt, oder die positiv sein kann, wenn man leichter und lässiger leben möchte.

Absatz (Treppe): Eine Etappe des (sozialen oder bewußtseinsmäßigen) Aufstieges ist erreicht. Oft hält man hier inne, um sich einen Überblick zu verschaffen. Die Treppe gilt auch als Zwischenbereich zwischen oben und unten (zwischen Kopf und Bauch, Gefühl und Verstand, Himmel und Erde).

Abschied: Änderung in der Lebensführung und Frage nach den eigenen Aufgaben. Trennung von etwas Wichtigem wie Personen, Verhaltensweisen, Gefühlen steht bevor, ist geschehen oder ist notwendig, vgl. auch →Leiche, →Tod, →Abtreibung, →Schwert, →Scheidung und →Beerdigung. Volkstümliche Traumdeutung: gutes Zeichen, denn man läßt etwas los.

Abschuß: Es sind hier im Grunde zwei verschiedene Bereiche angesprochen: 1. wie bei einer Rakete, daß man man sich auf dem Weg macht, also der Start, und 2. daß das Ziel abgeschossen, d.h. getroffen und erreicht wird. Es kann hier auch Kriegsangst wie bei →Helm und allgemeine Angst vor Aggressionen ausgedrückt sein.

→Explosion, →Blitz, →Schütze, →Feuerwerk.
Klassisch tiefenpsychologisch ein sexuelles Bild: Pollutionstraum, sexuelle Aggression. Es kann sowohl den Aggressor als auch das Opfer symbolisieren. Diese Aggression braucht keineswegs nur negativ gesehen zu werden, denn hierin steckt auch eine sexuelle Befreiung, man hat sein Ziel (Lustbefriedigung, Orgasmus) erreicht.

Absperrung: Begrenzung, Einengung, oder: Man sollte sich besser abgrenzen. Häufiges Traumsymbol, wenn man sich beengt fühlt (vgl. →Amputation, →Käfig) und nicht mehr weiter kommt. Man sperrt sich gegen etwas, hält sich zurück. Zeichen gesellschaftlicher Gewalt. Tabu.

Abstieg: Hier ist die Welt der Instinkte und der körperlichen Gefühle angesprochen. Wie bei →Abgrund, →Abhang und →Tauchen geht es um das Eintauchen ins Unbewußte. Oftmals wird in diesem Traumbild auf die Welt der Frauen verwiesen, und es warnt vor einem zu einseitigen Leben des männlichen Archetypen. Besonders Frauen, aber auch Männer, finden ihren Kraftort und ihre eigene Identität in der Tiefe.
Gesellschaftlicher bzw. ökonomischer Abstieg, Angst vor Niedergang.

Absturz 20

Wie sind Sie hinabgestiegen? Wohin sind Sie dabei gekommen? Machen Sie sich klar, was Sie wirklich wollen und woher Sie Ihre Kräfte nehmen.

Absturz: Warnung vor übertriebener Nüchternheit. Man sollte sich →fallenlassen wie bei →Abgrund, →Abhang, →Abschuß, →Fallschirm und →Fliegen und offensein für etwas Neues (vgl. Tarotkarte: Der Turm), aber auch Angst vor Niedergang wie bei →Abstieg. Verweist auf Verluste durch Fehleinstellung des Träumers (vgl. auch Dädalos und Ikaros), deutet auf ungerechtfertigte Euphorie oder Überheblichkeit. Wird oft bei Orgasmusschwierigkeiten und während der akuten midlife-crisis geträumt.

Abt/Äbtissin: →Bischof, →Mönch. Der Archetyp des Seelenführers wird deutlich. Eine Autoritätsperson (männlich oder weiblich), die Askese und Würde ausstrahlt. Romantisierte →Vaterfigur/Mutterfigur, bes. bei bewußt oder unbewußt religiösen Menschen. Bei diesem Traumbild sehnt man sich zumeist nach einem Führer/einer Seelenführerin oder sieht sich selbst so. Volkstümliche Traumdeutung: Verschlechterung der Gesundheit.

Abtei: →Kloster. Wenn auch die Abtei und das Kloster heute keine große reale Bedeutung mehr besitzen, so deuten sie als Traumbild an, daß man etwas sucht. Das lat. Wort »monasterium« verweist als »mon aster« auf den eigenen Stern, das eigene Selbst (das Jung mit Gott vergleicht). Friede, Vergeistigung, Meditation, Ruhe führen zu einer/m selbst, aber auch die Disziplin. Sie haben Ihren Weg erkannt, er muß nun verfolgt werden.
Ein touristischer und romantischer Ort.

Abtreibung/Fehlgeburt: Die seelische Verarbeitung realer Erfahrungen. Außerdem: Man will innere Konflikte loswerden wie bei →Abort und →Abwässer. Angst vor ungewollter Schwangerschaft. Körperliche Veränderungen. Trennung von geliebten Personen oder geliebten, jedoch ungünstigen (neurotischen) Eigenschaften.

Abwässer: sich fließen lassen, im Gegensatz zum Traumbild →Bach und →Fluß schwingt hier Unreinheit mit. Oft auch Symbol des Schattens oder der Unterwelt (vgl. Abwasserkanäle). Man möchte sich reinigen (vgl. →Toilette). Kann auch auf Besorgnis für Umwelt (→Umweltverschmutzung) deuten.

Abzeichen: Zugehörigkeitssymbol, von dem oft geträumt wird, wenn man sich ausgestoßen fühlt. Wozu wird die Zugehörigkeit demonstriert? Wurde es für etwas verliehen?

Abzeß: Reinigungsbedürfnis ähnlich wie bei →Abwässer, →Abfall und →Waschen. Fehlhaltungen, die es zu überwinden gilt. Ausdruck von →Ekel gegenüber eigenem Körper oder Selbstreinigung des Körpers.
Volkstümliche Traumdeutung: man ist gesund oder schnelle Gesundung steht bevor. Eine Haltung oder Einstellung hat krankhaft überhand genommen.

Achse: Bewegung des Lebens, des Lebensrads (→Rad der Fortuna). Man strebt der eigenen Mitte zu. Nabelschau.

Acht: Ganzheitssymbol, Vollständigkeit (achtfacher Weg des Buddha, Oktave in der Musik). Erdung, da der Würfel als Symbol der Erde acht Ecken besitzt, in seltenen Fällen auch Statik, Unbeweglichkeit. Häufig: Achtung! Unendlichkeit (Unendlichkeitszeichen ist die liegende Acht). In seltenen Fällen auch ausgestoßen- (geächtet-) sein.

Acker: fruchtbare Lebensphase, bes. wenn man die →Furchen sehr gut sieht. Symbol der fruchtbaren Frau bzw. Mutter (Gaia, die Erdmutter, aber auch Demeter). Verweis auf Arbeit (man muß etwas beackern). Harte, verkrustete

Schollen bedeuten Probleme oder Erstarrung. Häufig auch Symbol der Landromantik bei Städtern, ähnlich wie bei →Bauern und →Furche, man will der →Stadt entfliehen, man interessiert sich aus ökologischen Gründen für das Land.

Adam: Rückgehen auf seine eigene, ursprüngliche Männlichkeit, oft →Vatersymbol. Der erste →Mann, man möchte der erste Mann sein. Die Gestaltung des eigenen Lebens sollte aktiver in die Hand genommen werden. Heute sehr selten wie alle biblischen Symbole.

Ader: →Blut, →Rot. Bewegung im Leben, Kreislauf.

Adler: altes Herrschafts- und Machtsymbol (Reichsadler und Bundesadler). Der Adler kann sich selbst wie der →Phönix verjüngen und ist so unsterblich. Er besitzt den Überblick und dennoch liegt in diesem Symbol eine Warnung, daß kühne Pläne und Taten gefährliche Wendungen nehmen können. Der Adler ist ein altes Freiheitssymbol. Als aussterbendes Tier symbolisiert er das seltene und dennoch mächtige Tierische. Wie alle →Vögel deutet er auf die Verbindung von Himmel (Geist) und Erde hin.
Der weiße Adler gilt als Glücks- und Vergeistigungssymbol. Ein fluglahmer Adler verweist auf Einengung und Einschränkung ähnlich wie das

Admiral

Traumbild der →Amputation und des →Käfigs.
Freud sah im Adler ein ausgeprägtes, mächtiges Sexualsymbol. Transformierung zum Geistigen nach C.G.Jung. In William Blake: Hochzeit von Himmel und Hölle (edition Tramontane, Bad Münstereifel 1987) wird der Adler als Symbol des (hochfliegenden) Genius gesehen.

Admiral: →Kapitän. Männlichkeitssymbol wie auch →Abt, →Athlet, →Kaiser und →König. Autoritätsperson (Autorität über das →Wasser als Gefühl: verweist auf eine Tendenz zum Zwangscharakter oder seltener auf besondere Sensibilität). Leitfigur und Vorbild, aber auch das abgelehnte kriegerische Männliche. Starkes Selbstvertrauen des Träumers, der sein Lebensschiff gut steuern kann (wenn auch teilweise sehr aggressiv). Sexueller Anklang (Nelson Säule), da das Schiff weiblich ist. Man möchte Frauen beherrschen und besitzen. Immerhin ist der Admiral ein →Seemann, und der gilt als Symbol ungezügelter Sexualität.
Volkstümliche Traumdeutung: wichtiges Ereignis steht bevor.

Adoption: Man nimmt etwas Fremdes an, man gibt Hilfe. Sehnsucht nach dem Kind in sich selber. Hier sollte der Träumer immer fragen, was ihm zu seinem Glück fehlt

und was er annehmen möchte und sollte.

Adresse: wichtig, ob es die eigene oder eine andere ist: eigene Adresse kann auf zu große Selbstbezogenheit deuten – fremde Adresse: man sollte sich mehr auf andere beziehen. Gute Adresse: sozialer Aufstieg, schlechte Adresse: sozialer Abstieg.

Ähre: Symbol des Tierkreiszeichens Jungfrau, der Fruchtbarkeit und des Wohlstands, auch phallisches Symbol. Es geht hier zumeist um die Fruchtbarkeit des eigenen Lebens. Was ist in Ihnen gewachsen? Was möchten Sie ernten?

Affe: Entwicklungsschwierigkeiten, Regression. Verweist komplementär auf zu große Starrheit, man sollte spielerischer und lustiger sein (vgl. W. Busch: Fipps, der Affe), mehr die tierische Seite im Menschen ausleben (der Affe gilt als geiles Tier). Der Schatten des Ichs. Symbol der Nachahmung, das sowohl auf fehlende Eigenständigkeit als auch auf Selbstironie verweist. Vgl. Traum des Renaissance-Gelehrten Girolamo Cardano (Cardanus, H.: Des Girolamo Cardano von Mailand eigene Lebensbeschreibung, übersetzt von H. Hefele, Diederichs, Jena 1914, dort einige Träume dieses Gelehrten), dort ist der Affe die Instinktseele, das uralteste Menschliche. Man sollte bes. auch die Art des Affen beachten.

Afrika: der dunkle Kontinent, der eigene Schatten, die eigene verborgene Seite, der Trieb (→Urwald, →Dschungel). Kontinent des Hungers und der chaotischen politischen Verhältnisse. →Chaos, →Hitze, →Durst. Das Schwarze, Dunkle, aus dem alles hervorgeht, die weibliche Kreativität. (Vgl. hierzu: Vollmar, Klausbernd: Schwarz-Weiß. Bedeutung und Symbolik der beiden gegensätzlichsten Farben, Goldmann Vlg., München 1992.)

Agent/Spion: verweist oft auf zuviel Phantasie, →Abenteuerlust oder Unaufrichtigkeit. Man sollte den Bereich erst auskundschaften, in dem man handeln möchte, und nach der echten Wahrheit suchen. Häufiges Traumsymbol in langweilig empfundener Lebenssituation, in der man etwas Neues, Aufregenderes sucht. Dieses Traumbild kann auch ganz allgemein ein Ausdruck der Suche sein, wobei Sie sich fragen sollten, was Sie suchen (und finden möchten). Es geht hier oft um ein intensives Leben in Gefahr, um das Bild des männlichen Helden, das auftritt, wenn man als Mann zuwenig Männlichkeit zeigt (in seltenen Fällen auch, wenn man zuviel Männlichkeit als Frau oder Mann zeigt).
Auf der anderen Seite pflegt dieses

Traumbild auch aufzutreten, wenn ein unbewußter Verdacht an einem nagt, der jedoch meistens unbegründet ist. Hier hilft, eine positive Einstellung zum Leben einzunehmen (positives Denken).

Akrobat: Lust zu oder Angst vor riskanten Unternehmungen. Ein Bild für den modernen Lebenskampf. Man sucht Bestätigung wie bei →Applaus und →Beifall.
Nach Freud geht dieses Traumbild auf von Kindern beobachteten Geschlechtsverkehr bei Erwachsenen zurück. Wenn es auch nicht immer um die Sexualität hier gehen muß, so sind doch der Körper und die Körperlichkeit deutlich angesprochen. Wie gehen Sie denn mit Ihrem Körper um? Fühlen Sie sich beweglich? Dieses Traumbild kann dann auftreten, wenn Ihr Körper sich unterfordert fühlt – z.B. wenn Sie sich zu wenig bewegen. (Vgl. hierzu auch: Zimmer-Bradley, Marion: Trapez. Krüger Vlg., Frankfurt/M. 1986)

Akte: Wunsch nach oder Angst vor befriedigender Ordnung und Regulierung. Tritt oft auf, wenn man sein Leben als chaotisch empfindet. Dieses Traumbild verweist häufig auf seelische Belastungen, es hat sich sehr viel angesammelt (darauf achten, wie dick/dünn die Akte ist) oder Tendenz zum Zwangscharakter ähnlich wie bei →Admiral. Müssen Sie immer zwanghaft Ordnung halten oder schaffen Sie es nicht, Ihr Leben befriedigend zu ordnen? Hier meldet sich entweder das Über-Ich (das Gewissen) zu Wort, oder es drückt sich in diesem Symbol ein (berechtigtes) Gefühl der Einengung durch Institutionen oder den Staat (als Vatersymbol) aus.

Aktie: → Bank, → Geld. Spekulieren Sie zu viel? Sehnen Sie sich nach großem Reichtum und leicht verdientem Geld? Suchen Sie Sicherheit wie bei → Familie, → Beamter und → Bürgersteig, die jedoch nicht unbedingt gegeben ist? Oder suchen Sie nur, an etwas Anteil zu nehmen? Woran wollen (oder sollten) Sie sich beteiligen?

Aktivität in Träumen: Verweist meist darauf, daß man auch im Leben aktiv ist (seltener darauf, daß man aktiv sein sollte). Gegensatz dazu: Man ist der Beobachter im Traum, dann ist man meist im Leben zu passiv. Kann auch auf zuviel Hektik und Streß im Leben des Träumers deuten. Achten Sie einmal darauf, ob Sie sich im Traum in voller Aktivität sehen oder ob Sie sich selbst aus dem Blickfeld verlieren.

Alarm: Es muß etwas aktiviert werden, es muß unbedingt sofort etwas geschehen (Warntraum) oder Kriegstraum. Zeigen Sie eine Tendenz dazu, bewußtes Handeln

und unbewußte Stimmungen oder Wünsche zu sehr von einander zu trennen?
Reaktiver Traum auf Klingeln des Weckers.

Albatros: → Vogel. Eleganz, Leichtigkeit, guter Überblick. Volkstümlich: gute Nachrichten sind auf dem Wege, alles wendet sich zum Guten.

Alchemist: → Apotheker, → Chemiker. Vergeistigung, Zusammenfügung innerer Kräfte, Veredlung des Charakters. Auch der → Abenteurer (vgl. G. Meyerink: Goldmachergeschichten). Warnt vor zu abgehobener Romantik.

Alkohol: Vernebelung (Neptun-Symbol), fehlende Klarsicht, Hemmungslosigkeit, Berauschung, Emotionalisierung, Ergriffenheit. Kann auch konkrete Warnung vor zu großem Alkoholkonsum sein. Das Symbol verweist oft auf größere Klarheit und mehr Bewußtsein, die Ihr Unbewußtes von Ihnen fordert. Leben Sie zu »vernebelt« und verdrängen Sie wichtige Probleme? Im positiven Sinne werden hier soziale Fähigkeiten und Kommunikation sowie der heilende Aspekt des Rausches angesprochen.

Alligator: Man befürchtet, von Aufgaben und Arbeit gefressen zu werden. Man sollte seine tierischen Aggressionen betrachten. Volkstümliche Traumdeutung warnt hier vor einem Feind.

Almosen: Besserung finanzieller Verhältnisse beim Gebenden, Verschlechterung beim Nehmenden (→Bettler) – kann in seltenen Fällen auch umgekehrt sein. Verweist auf harte Zeiten oder Verarmungsängste (siehe auch →Asyl, →Armut, →Lumpen und →Falschgeld), warnt vor Kleinlichkeit, Geiz und Selbstbetrug.

Alphabet: Ganzheit und Geschlossenheit als geistiger Reichtum wird erreicht. Ordnung. Wie bei →Zahlen als Traumsymbol ist man auch hier sehr abstrakt ausgerichtet. Volkstümliche Traumdeutung: Rückkehr eines Freundes.

Altar: Wie bekannt heiliger Ort, Ort der Kraft, Geistlichkeit und Persönlichkeitsentwicklung. Die eigenen Ideale werden angesprochen, die man hochhalten oder opfern sollte. Der Altar ist der Ort der Verwandlung und der Erhöhung.

Alter (Greis, alte Frau): Glück und Zufriedenheit werden erreicht. Auf der einen Seite fasziniert Sie ein reiferes Alter, das Lebenserfahrung und Urteilskraft ausdrückt, auf der anderen Seite fürchten Sie das Älterwerden. Haben Sie Angst, Ihre Attraktivität zu verlieren? Archetypisches Symbol der Weisheit.

Hier stellt sich die Frage, was im Leben wirklich wichtig ist und wo Sie hin wollen. Was ist Ihr Selbstverständnis? In der Praxis geht es oft darum, das Leben mit allen Hoffnungen und bedrängenden Ängsten selbstverständlicher zu nehmen.

Der Alte/die Alte ist auch immer der/die Seelenführer(in). Oft ist der (Groß-)Vater oder die (Groß-)Mutter des Träumers oder er selbst gemeint. Dieses Traumbild kann auch Sehnsucht nach Ruhe ausdrücken. Man steht abseits in der Gesellschaft wie der →Anarchist. Man gewinnt an Freiheit, da man nichts mehr zu verlieren hat (vgl. Graue Panther).

Altersheim: →Alter, →Ernte. Oft ist mit diesem Traumbild eine Aufforderung verbunden, sich selbst so anzunehmen, wie man ist, und geeigneten Zielen zu folgen.

Amazone: Gespanntes Verhältnis zu Frauen oder zur (eigenen) Weiblichkeit. Bei Frauen: Man wünscht sich mehr Stärke und Unabhängigkeit dem Männlichen gegenüber. Sehnsucht nach oder Angst vor aggressiver Weiblichkeit.

Im Traumbild der Amazone schwingt auch immer das →Pferd mit, denn die Amazonen galten als die wilden Reiterinnen. Hier ist die Einheit von Roß und Reiterin angesprochen, die auf die Einheit von Weiblichem und Tierischem verweist. Es geht hier um den feinen Ausgleich von Beherrschung der eigenen Wildheit und einem Ausleben und der Freude an dieser Wildheit und Triebhaftigkeit. Astrologisch: Schütze.

Amboß: man bietet Widerstand. Härte, aber auch Formung sowie passive Duldung. Kann auf nicht ausgelebte sadomasochistische Anteile verweisen. Romantischer Blick zurück in die Zeiten blühenden Handwerks.

Ambulanz: →Krankenwagen. Angst vor Unfall, man sucht Hilfe. Volkstümlich: schnelle Erfüllung der Wünsche.

Ameise: Klassisch psychologisch als Störung des vegetativen Nervensystems gedeutet. Überdenken des sozialen Standes ist nötig. Man muß für die Gesellschaft arbeiten, ist oft zu individuell. Geduld und zähes Arbeiten bringen Vorteil, oder man ist zu emsig. Hinweis auf zuviel Unruhe, Erregung und Nervosität. Möglicherweise Warnsignal: »Abschalten« und Selbstbesinnung sind gefordert. Die Ameise gilt auch als ein Symbol der Klugheit (z. B. Physiologus).

Amerika: Land der unbegrenzten Möglichkeiten, kühne Unternehmungen sind förderlich (vgl. I GING: förderlich ist es, das große Wasser zu überqueren), Neuland.

Amerika gilt einerseits als der Inbegriff des Anderen, Fremden und der Anderswelt schlechthin (vgl. F. Kafka). Andererseits Symbol des Kulturzerfalls, der Aggression und des Materialismus.

Amme: Nahrung, Behaglichkeit, Nähe, bei Frauen oft der Wunsch nach →Befruchtung, →Schwangerschaft und →Kindern. Beim Mann oft auch Angst vor der Weiblichkeit und speziell der Mütterlichkeit (die nährende Frau wird aus Furcht vor deren Fruchtbarkeit als »Milchkuh« bezeichnet).

Ampel: Verkehr, Streß, Ordnung. Ausdruck des Bedürfnisses, die Zeichen der Zeit zu verstehen oder gar selbst Zeichen zu setzen. Grün: Idee, Einsicht; rot: Hemmungstraum.

Amphitheater: Man muß selber aktiv werden, etwas darstellen, auch wenn es mit Risiken verbunden ist. Kampf und riskante Selbstdarstellung wie bei →Abenteuer, →Athlet, →Arena und →Zirkus. Verweist auf die Wichtigkeit der Präsentation (die Show). Gesellschaftskritik (»Zustände wie im alten Rom«). Touristenattraktion, Ferien.

Amputation: Man verliert etwas von sich, wird eingeengt und beschnitten in seinen Interessen (vgl. →Abtreibung, →Beerdigung,

→Scheidung, →Tod und →Trennung). Ausdruck von Verlustangst und Hinweis darauf, sich von Überflüssigem zu trennen. Wichtig ist, welches Glied amputiert wird.

Amsel: →Vogel. Vages Hoffnungszeichen. Singen: Fröhlichkeit und Leichtigkeit sind nötig. Verweist auf das unbekümmerte Leben der Vögel, die nicht säen, aber doch ernten. Volkstümliche Traumdeutung: unvorteilhaftes Omen, da die Amsel ein dunkler Vogel ist.

Amt: Man will etwas erreichen, wenn man ein Amt (im Sinne von öffentlicher Aufgabe) anstrebt. Der eigene Ehrgeiz ist hier angesprochen: Sind Sie zu ehrgeizig oder sollten Sie mehr Ehrgeiz zeigen? Erstarrung, Sturheit und Konvention. Kooperation, Sachlichkeit u. a. m.

Amulett / Talisman: Schutz(bedürfnis), man wünscht sich magische Macht, was auf Regression verweist. Unbewußt sucht man hier meist nach mehr oder einer stärkeren Persönlichkeit und Indidivualität. Hoffnung auf Glück, was meist auf Sorgen deutet. Wichtig ist, wie das Amulett aussieht und wovor es schützen soll. »Tilisman« oder »talisman« bedeutet im Arabischen »Zauberbild« und kann auch im Traum auf Illusionen und falsche Hoffnungen verweisen.

Ananas: als süße, saftige →Frucht verweist sie auf Selbstbewußtsein, Lebensgenuß und Freude an Sexualität; weibl. Sexualsymbol (wie alle Früchte außer der Banane).

Anarchist: Ausbruch aus der Starrheit, Notwendigkeit der Veränderung. Der →Abenteurer und →Held, der mit der sozialen Situation unzufrieden ist, oder ein sozial Ausgestoßener. Immer, wenn im Traum Bilder der Rebellion und des Protestes auftauchen, sollte man sich fragen, was die eigenen Ziele sind. Oft sucht man bei diesem Traumbild nach dem →Herrscher in sich oder nach einem tragenden Prinzip.

Andacht: →Gebet, Friede, →Meditation, Sammlung ist notwendig. Häufiges Traumbild bei einseitig materialistischer Haltung.

Andenken: Hinweis darauf, daß man an etwas denken soll. Man soll etwas nicht verdrängen, sondern behalten. Ferien- oder andere Erinnerung. Volkstümliche Traumdeutg.: Wunsch, der in Erfüllung geht.

Andere / s (der / die / das Andere): Verweist komplementär meist auf zu großen Egoismus. Egoüberwindung liegt an. Die Begegnung mit dem Anderen (dem Fremden oder dem Du) ist der Ausgangspunkt für jede Bewußtseinsbildung und

Selbsterkenntnis. Als Aufgabe steht hier meist an, sich seiner persönlichen Situation bewußter zu werden. Häufig tritt das Traumbild des Ausländers und des Fremden auf, der einmal einen unbewußten Teil von einem selbst darstellt und zum anderen das Normale (des eigenen Lebens) in Frage stellt und so zur Selbsterkenntnis und Hinterfragung des eigenen Lebensstils herausfordert.

Anfall: Ausbruch aus der Normalität. Triebstau wie bei → Abbruch, → Angriff, → Brand(ung), → Elektrizität, → Entführung, → Entjungferung, → Flamme, → Gewalt, → Gier, → Harem, → Hautausschlag, → Hochspannungsleitung und → Hure. Als Ekstase sexuelle Bedeutung. Bei sich wiederholenden Träumen von krampfartigen Anfällen (bes. wenn sie sich auf bestimmte Organe beziehen) sollte ein Psychologe aufgesucht werden.

Anfang: verweist auf einen Neuanfang, der ansteht (wie → Ankunft, → Baby und → Kind).

Angel: entweder von jemanden abhängig sein oder jemanden von sich abhängig machen wollen, oft mit sexueller Note (the happy hooker). Etwas aus der Gefühlstiefe (→ Wasser) hervorholen. Ruhe und Beschaulichkeit.
Volkstümliche Traumdeutung:

Enttäuschung oder Streben nach Erfolg.

Angeln: → Angel. Die Suche nach der Wahrheit, Weisheit und Fruchtbarkeit (→ Fisch).

Angriff: Aggressionshemmung bzw. -stau oder zuwenig Aggression wie bei → Angriff, → Brand(ung), → Flamme, → Gewalt, → Gier und → Hochspannungsleitung. Minderwertigkeitsgefühle, Verdrängung und Triebstau wie bei → Abbruch, → Anfall, → Entjungferung, → Harem, → Hautausschlag und → Hure. Kriegs- oder Aggressionsangst. Aber auch verzweifeltes Suchen nach körperlicher bzw. persönlicher Nähe. Volkstümlich: Warnung.

Angst: Meist ist die Angst selbst gemeint oder Fehler, die man ungeschehen machen möchte. Auf der anderen Seite stellt die Angst im Traum auch ein Zeichen dar, daß man sich von überholten Ängsten verabschieden sollte. Diese Angst kann sich bis zum Alptraum steigern. Sie weist den Weg, wie es in der Persönlichkeitsentwicklung weitergeht (vgl. dazu: Vollmar, Klausbernd: Wo die Angst ist, gehts lang. Jakobsohn Vlg., Berlin 1978). Die Angst ist auch mit Enge verbunden und verweist zumeist auf die Suche nach Weite, Befreiung und nach Alternativen zum bisherigen Leben.

Anker: Ein Symbol der Sicherheit wie bei →Familie, →Heim, →Abendessen und →Aufgebot z. B. Erdung trotz aller Gefühle. Selbstvertrauen, aber auch Stillstand.

Ankunft: →Anfang. Naheliegende Bedeutung: Ein Lebensabschnitt ist vorbei, etwas Neues kündigt sich an. Man ist am Ziel. →Abenteuer.

Ansprache: Man will etwas mitteilen, überzeugen und sich Gehör verschaffen. Es geht hier oft um einen begründeten Anspruch, anerkannt zu werden. Angst vor öffentlichen Auftritten bzw. öffentlicher Rede. Man möchte ankommen und gefallen (→Applaus, →Beifall). Hält ein →Politiker die Ansprache, ist fast ausnahmslos Lüge und Egoismus gemeint.

Antilope: Eleganz. Frauensymbol: rassige Frau, Begehren, Erotik.

Antrag: Wunsch oder →Angst, seine Bedürfnisse anzumelden und / oder zu organisieren. Manipulation durch Andere oder man möchte andere manipulieren. Heiratsantrag: Sehnsucht nach langfristiger Verbindung.

Anwalt: Hilfe oder geschäftliche Sorgen. Verweist auf die Schwierigkeiten des alltäglichen Erwerbslebens. Gerechtigkeit oder deren Gegenteil ist angesprochen. Verweis auf die eigene Machtlosigkeit oder ungenutzte Einflußmöglichkeiten.

Anzug: die starre, konventionelle Seite. Initiation in die Männlichkeit. Man will etwas im Leben darstellen, die PERSONA im Sinne Jungs (das, was man nach außen hin darstellt, im Gegensatz zur →Nacktheit).

Apfel: Gesundheit und Natürlichkeit, auch Erneuerung des Lebens und Symbol der Unsterblichkeit (goldener Apfel). Verführung und Sexualsymbol für die Brust (antikes und mittelalterliches Ideal: Brüste wie Äpfelchen). Es wendet sich etwas verdientermaßen zum Guten (z. B. Wilhelm Tell) oder auch – allerdings seltener – zum Schlechten (vgl. Apfel des Paris). Nach Freud wie fast alles →Obst Symbol für weibliche Brüste, bes. wenn es im Plural auftritt. Allgemein in der Psychoanalyse typisches Sexualsymbol. C.G. Jung: Sinnbild des Lebens, uraltes Fruchtbarkeitssymbol (wie auch die Äpfel der Hesperiden und der Granatapfel, →Feige und Quitte).

Apfelsine: →Orange.

Apotheke: Notsituation, Verlangen nach Hilfe von außen (→Arznei). Symbol des Teuren (»Preise wie in der Apotheke«).

Apotheker: →Alchemist, →Chemiker.

Applaus: →Beifall. Eitelkeit aus Angst vor der Ablehnung oder vor dem Erfolg. Weist oft auf die Vermeidung von Kritik hin.

Aprikosen: weibl. Sexualsymbol, Wohlergehen. Eines der häufigsten Symbole der erotischen Haut, kommt deswegen auch häufig als Metapher in der zeitgenössischen Pornographie vor.
Volkstümliche Traumdeutung: Glück in der Liebe.

Aquamarin: Reinheit, Heilung, Geistigkeit, reine und edle Gefühle.

Aquarium: Künstlicher Lebensraum. Unnatürlichkeit, tiefes (verdrängtes) Verlangen nach natürlichem Leben.

Araber: Das Wilde, nach dem man sich sehnt. Auf die Männerwelt und Frauenfeindlichkeit kann hier auch verwiesen werden. Fanatismus und Kriegsgefahr, aber auch Romantik (Lawrence of Arabia). Es ist hier immer auch der eigene Trieb (bei Frauen deren männliche Seite) gemeint.

Arbeit: Last und Mühe des Tages wird in den Schlaf mitgenommen. Abbild der Seelenarbeit im Traum.

Arbeiter: Es wird etwas vollendet, man muß etwas tun, aktiv sein. Sozialer Abstieg oder auch Sozialromantik.

Arche: Einesteils bekanntlich Rettung, Sicherheit, Schutz und Heim wie bei →Familie und →Anker, zum anderen jedoch oft auch häufig Enge und Eingeschlossen-Sein wie bei →Gefängnis und →Käfig.
Von der Mythologie kennen wir das Aussetzen im Körbchen: Es handelt sich hierbei um das besondere, aber abgelehnte Kind, das trotz der feindlichen Umwelt überlebt und meist seinen Weg erfolgreich geht. Hierin ist ein deutlicher Hinweis enthalten, daß man frühkindliche Verletzungen ohne weiteres auch überwinden kann.

Arena: Raum, in dem das eigene Ich im Mittelpunkt steht wie bei →Amphitheater und →Aufführung. Kampf, Leistungswille und Erfolgsstreben.
Sieht man sich selbst dort: Aktivität, Selbstdarstellung und Kühnheit sind von Nöten; sieht man einen anderen dort, ist man selbst zu passiv.

Aristokrat: Minderwertigkeitskomplex, man fühlt sich seiner gesellschaftlichen Umgebung unterlegen. Selbstwertsymbol, man will aufsteigen und fühlt sich zu kurz gekommen. Zeichen von Sozialromantik, indem man überholten gesellschaftlichen Vorstellungen und Werten kritiklos anhängt. Was wollen Sie wirklich in Ihrem Leben erreichen?

Arm: Grundlage des Handelns, man ergreift bzw. bekommt etwas →Hand. Man will etwas bewirken (vgl. Arm des Staates z. B.) Auch: arm →Armut, →Besitz, →Bettler.

Armband: Bindung; man fühlt sich handlungsmäßig eingeengt wie im Traumbild der →Fessel oder des →Käfigs. Auch: Betonung der Eigenständigkeit. Verweist als →Schmuck auf Eitelkeit, wobei dies auch als Freude an der eigenen Schönheit gesehen werden kann.
Volkstümliche Traumdeutung: Man bekommt Geld oder eine Liebesaffaire.

Armbanduhr: Ordnung im alltäglichen Leben, Hetze, Streß und Termindruck. →Uhr, →Zeit. Neben diesen bekannten, mehr an der Oberfläche liegenden Bedeutungen, wird hier auch die eigene Lebenszeit angesprochen. Wie nutzen Sie Ihre Zeit für sich? Die in diesem Traumbild angesprochene Zeit hängt eng mit Ihrer Persönlichkeit zusammen. Was haben Sie über die Jahre aus sich gemacht? Sind Sie damit zufrieden?

Armsessel: Ausruhen und Frieden wie →Abend, →Andacht und

→Gebet, nur weniger religiös besetzt, kann aber auch auf Trägheit, Langeweile und evtl. auf →Herrscher-Allüren deuten.

Armut: Großes geistiges Glück und Zufriedenheit. Oder Verarmungsängste ähnlich wie bei →Almosen, →Asyl, →Bettler, →Lumpen und →Falschgeld. Warnung vor zu großem Materialismus. Wichtiger Hinweis auf verborgene Bedürfnisse. Was fehlt Ihnen denn wirklich?

Artischocke: Luxus, Wohlergehen und Vertreibung übler Laune (Artischocken sollen Dämonen vertreiben). Urlaubserinnerung.

Arznei: →Apotheke. Krankheitsangst, Hilfe, Bitterkeit, seelische oder körperliche Not. Angst vor Enttäuschungen, Schmerzen, Not und/oder →Alter. Oft ein Verweis darauf, wie man sich selbst heilen kann. Man muß etwas schlucken.

Arzt/Ärztin: Trost, Anteilnahme, Angst vor Schmerzen, →Krankheit und →Tod. Man ahnt bevorstehende Schwierigkeiten, sucht einen Ausweg, Rat und Hilfe. Kann auch für allgemeine Besserung und Stabilisierung stehen. Männlichkeitssymbol, weiser Mann, bzw. kluge Frau, emanzipierte Weiblichkeit. Autorität und bes. Reichtum (vgl. Arzt-Romane).
Man sollte versuchen, im Traum

Arzthelferin

mit dem Arzt oder der Ärztin zu sprechen und ihn/sie über seinen Zustand befragen. Die Antworten können einem wichtige Aufschlüsse nicht nur über die Gesundheit geben.
Wenn der Träumer selbst Arzt oder Ärztin ist, möchte er Herrschaft über Leben und → Tod.
Im Freudschen Sinne auch erotisches Symbol: Eine Person, vor der man → nackt dastehen darf.

Arzthelferin: Erotische, hilfreiche Frau.

Arztpraxis: → Arzt/Ärztin.

Asche: Es ist etwas vorbei, vollständig aufgelöst. Die Asche verkörpert oft eine Schwächung, den Abschied von der eigenen Lebendigkeit und verweist darauf, daß man sich wieder der Lebenslust und Freude zuwenden sollte. Symbol des → Phönix, des → Vogels, der sich nach seiner Selbstzerfleischung in → Brand setzt, um sich aus seiner Asche neu zu gebären. Somit Zeichen der Wiederauferstehung, Umwandlung und letztendlich auch von → Geburt und → Tod. Man fühlt sich ausgebrannt, interessenlos (depressive Verstimmung wie auch bei → Abgrund und → Mord). Kränkung, Enttäuschung, → Krankheit und → Tod einer geliebten Person können dieses Traumbild auslösen. Schuld und Sühne nach Aus-schweifung (Aschenkreuz am Aschermittwoch).
Glühende Asche verweist auf Selbstreflexion und Läuterung.
Nach Jung alter Schutz gegen Dämonen, bes. als Schutz gegen die Totengeister, außerdem Produkt der Leichenverbrennung. Erst muß die leibliche Hülle vollständig zerstört werden, ehe die Seele entweichen kann.

Aschermittwoch: Das Leiden nach der Freude, das eigene → Kreuz tragen, aber auch daß alles Leiden vorbei ist (»am Aschermittwoch ist alles vorbei«). Besinnung auf das Wesentliche.

Asiaten: Die gelbe Gefahr, Angst vor Menschenmassen, Angst erdrückt zu werden. Hungersymbol ähnlich wie bei → Afrika und allen »Drittweltländern«. Dieses Traumbild kann auch die Sehnsucht nach Weisheit ausdrücken.

Ast: → Zweig, → Baum. Hilfe, Unterstützung (man soll nicht den Ast absägen, auf dem man sitzt). Symbol für den Rücken oder zumindest die Schultern. Naturverbundenheit.
Trägt er Blätter, blüht er oder ist er winterlich kahl?
Gebrochener oder abgesägter Ast: man lädt sich zu viel auf.

Astrologie: Kosmische Verbundenheit, altes esoterisches Wissen oder Aberglaube und Abgeben der Selbstverantwortung. Suche nach dem eigenen →Stern.

Astronaut/in: Bewußtseinserweiterung; es gibt viel Neues zu sehen und zu erfahren. Erkundung des »Jenseits« und →anderer Wirklichkeiten.

Asyl (Heim): Angst vor Schwierigkeiten, Verarmungsängste (vgl. auch →Bettler, →Almosen, →Armut, →Lumpen und →Falschgeld), Angst vor dem →Anderen und Andersartigen.

Asyl (Verbannung): Man hat etwas Unrechtes gegen die Gesellschaft, in der man lebt, getan. Schlechtes Gewissen, oft wegen Steuerunkorrektheiten.

Atem: Lebenskraft (Prana). Der Austausch mit der Umwelt.

Außer Atem sein: Erschöpfung. Langer Atem: Geduld.

Athlet: Männliches Sexualsymbol, der →Held. Männliche Kraft wie auch bei →Bär. Häufiges Traumsymbol, wenn man sich schwach fühlt. Hinweis, daß man Sport betreiben sollte, allerdings auch oft ein Traumsymbol der Dummheit.

Atlas: Orientierung in der Welt. Der, der die Welt trägt: Mühe und Beladenheit. Reise und Sehnsucht

nach fremden Ländern und neuen Erfahrungen.

Atombombe: →Bombe, →Explosion. Sorge um Menschheit oder zumindest um soziales Umfeld. Todes- und Kriegsangst wie bei →Abschuß und →Helm. (Mehr) Selbstverantwortung in großen Lebensfragen, (mehr) Einflußnahme in wichtigen gesellschaftlichen Belangen.

Attentat: Aussichtslose Situation, es muß unbedingt etwas geschehen. Angst vor politischer Instabilität, →Herrscher. (Mehr) Aufmerksamkeit im Alltagsleben.

Auferstehung: Entwicklungsprozeß, etwas muß absterben, abgelegt werden wie in →Asche, →Beerdigung und →Phönix. Neuanfang, zähes Weitermachen. Bei christlichen Menschen hängt dieses Symbol immer mit dem Jüngsten Gericht zusammen (Todesangst und Todesüberwindung). Volkstümliche Traumdeutung: weite Reise.

Aufführung: Öffentlichkeit, Ende der Heimlichkeit, Eitelkeit und Oberflächlichkeit. Es muß etwas gezeigt werden. Man setzt sich zu sehr in Szene, macht zu sehr auf Show. Vgl. auch →Arena und →Amphitheater. Was wird aufgeführt?

Aufgebot: Günstige Verbindung oder Sehnsucht nach fester Beziehung, →Braut/Bräutigam. Konvention und Sicherheit wie bei →Anker, →Familie und →Arche.

Aufhängen: bei Wäsche usw.: Reinigung, Erhöhung, Verdeutlichung usw.; bei Menschen: es muß etwas absterben, (vgl. →Abtreibung, →Amputation), →ersticken, →erwürgen.

Aufruhr: Veränderung und Dynamik. Angst vor politischen Wirren; vgl. auch →Attentat, →Anarchist.

Aufseher: Ordnung und Disziplin wie auf dem →Amt. Einschränkung, männliche Autorität, kann auch negative Männlichkeit bedeuten. Arbeitsdruck, aber auch Überblick.
Volkstümliche Traumdeutung: beruflicher Aufstieg.

Aufstieg: Naheliegende Bedeutung: Erfolg durch Mühe. Wo möchten Sie hinkommen? Lohnt das Ziel den Aufwand? →Treppe, →Leiter.

Auftritt: Oft Erfolgsangst oder generell Angst vor Mißerfolg (bes. bei Lampenfieber im Traum). Wo findet Ihr Auftritt statt?

Aufzug: →Lift.

Auge: Spiegel der Seele, Fenster der Lebenskraft und des Willens. Da das Auge symbolisch der →Sonne verbunden ist, verweist dieses Traumbild auf den Lebenswillen und die Kraft des Herzens. Körper, Geist und Seele werden hier angesprochen als Herz, Bewußtsein und Gefühl.
Oft Zeichen innerer Unruhe: Man befürchtet, etwas zu versäumen oder nicht mitzubekommen. Man weiß etwas, das man nicht sehen möchte, oder man ist einfach nur neugierig. Aufforderung, besser und gründlicher zu beobachten, genauer hinzusehen. Begierde (man ißt mit den Augen). Farbsymbolik ist wichtig.
»Blaue Augen Himmelsstern,/lieben und poussieren gern./Braune Augen sind gefährlich,/aber in der Liebe ehrlich./Grüne Augen: Froschnatur,/von der Liebe keine Spur.« Allerdings werden in unserer heutigen Kultur die grünen Augen wie die blauen sehr erotisiert.
Obwohl man sich im islamischen Bereich vor dem bösen Blick schützt, gilt angestarrt zu werden in der islamischen Traumdeutung als günstiges Zeichen: Man wird für wichtig gehalten, man ist interessant.
Von Freud und Jung wegen seiner Form als weibliches Sexualsymbol gedeutet (Selbstblendung des Ödipus als Kastrationssymbol).
Wenn man sich im Traum selbst sieht und sich selbst in die Augen

schaut, dann bedeutet dies oft Selbsterkenntnis und ist eine Aufforderung, sich selbst mutig so zu sehen, wie man wirklich ist. Auch: Man soll eine unpersönliche Sicht einnehmen.

Wichtig ist im Traum darauf zu achten, wer wie schaut und wohin die Blickrichtung geht. Die Augen zu öffnen verweist auf Erkenntnisse und Offenheit, ein gebrochener Blick auf erlahmende Willenskraft.

Augenarzt: → Auge. Man sollte genauer hinschauen und braucht Hilfe bei der objektiven Wahrnehmung. → Arzt / Ärztin.

Augenbrauen: Eitelkeit. Zusammengewachsene Augenbrauen sollen dem Volksglauben nach Triebhaftigkeit (im Mittelalter den Bund mit dem Teufel) anzeigen. Wichtig ist die Geste, die man mit den Augenbrauen unterstützt, wie z. B. das Hochziehen der Augenbrauen.

August: Ferienzeit, Erntezeit, Ausspannen, auch Hitze, Faulheit und Erotik. Volkstümliche Traumdeutung: unerwartete Neuigkeit.

Auktion: Es fällt einem etwas zu oder man muß geschäftlich aufmerksam und schnell sein. Man möchte etwas von Wert besitzen (meist Kunst oder Antiqitäten) in Zeiten des Wertezerfalls. Deutet

auf den Habens-Modus nach Erich Fromm wie auch → Beute, → Börse und → Brieftasche hin.

Auseinandernehmen: → Ausgrabung. Nach Innen schauen, verstehen und analysieren. Tritt häufig als Traumbild auf, wenn man zu unreflektiert lebt. Achten Sie darauf, was auseinandergenommen wird und wie die einzelnen Teile aussehen? → Puzzle.

Ausflug: Erholung, Freude und Ortsveränderung. Bekanntes Traumsymbol in Zeiten der Überarbeitung. Wo geht der Ausflug hin?

Ausgrabung: alte Emotionen (Verschüttetes) müssen bewußtgemacht werden, psychologische Arbeit an einem selbst. Ähnlich wie bei → Auseinandernehmen liegt Selbstbesinnung an. Wichtig ist, was man bei der Ausgrabung entdeckt (ein verschüttetes Potential?).

Freud sah den Prozeß der Psychoanalyse wie eine Ausgrabung an.

Ausland: Das → Andere und Fremde. Der Träumer muß sich mit Neuem konfrontieren. Das Ausland ist immer das fremde Land im eigenen Inneren. Deutet auf eine Reise und Urlaub bes. in Zeiten der Überforderung.

Was symbolisiert das entsprechende Land für Sie?

Ausrutschen: Sich »daneben« zu benehmen oder keine Erdung zu besitzen. Angst davor, (durch Unaufmerksamkeit) zu Fall zu kommen oder auch Bedürfnis danach, auszurutschen, d.h. sich »daneben« zu benehmen. Sie verhalten sich nicht mehr der Norm entsprechend, sondern haben jetzt ihre eigene Verhaltensweise gefunden. Haben Sie Mut, Ihren eigenen Lebensstil zu leben! →Narr, →Rutschbahn.
Man fällt oft plötzlich im Traum, weil man zuwenig oder (selten) zuviel Demut zeigt.

Aussaat: Bekannterweise ein sexueller Traum im weitesten Sinne: Man möchte befruchtet werden oder selbst befruchten. Man will etwas bewirken. Ein häufiges Traumsymbol, wenn man sich als unproduktiv empfindet. Kann auch als romantische Sehnsucht nach einfachen Landleben gedeutet werden.

Aussicht: Symbolisiert wie bekannt Überblick und Bewußtsein. Deutet fast immer auf die Zukunft hin. Die Aussicht tritt im Traum oft als Spiegel der Augen und des eigenen Gesichtkreises auf, d.h. sie stellt ein Abbild der persönlichen Identität dar. Was haben Sie in Aussicht? Ist die Aussicht gut oder schlecht? Was sehen Sie?

Ausstellung: Man sollte etwas (von sich) zeigen wie bei →ausziehen. Man möchte kultiviert sein oder zumindest so erscheinen. Selbstdarstellung wie bei →Amphitheater, →Arena und →Aufführung.

Aussteigen: Flucht oder notwendige Angrenzung vor etwas wie bei →Auswandern. Man will etwas nicht mehr mitmachen oder es nicht mehr in dieser Art machen. Wichtig ist, woraus man aussteigt und mit welchem Gefühl.

Austern: Luxus, sozialer Aufstieg, Wunsch nach materiellen Überschuß.
Weibliches Sexualsymbol gemäß der klassischen Tiefenpsychologie. Volkstümliche Traumdeutung: Mühe.

Auswanderung: Sich ein neues Betätigungsfeld suchen, aber auch Angst vor anstehender Neuorientierung. Kann wie →Aussteigen oder →Ausland gedeutet werden oder eine Warnung davor sein, die Realität nicht sehen zu wollen. →Asyl, →Exil.

Ausziehen (Kleidung): Man sollte sich offen zeigen und jede Verstellung ablegen wie auch bei →Blöße und →Nacktheit. Man soll sinnlich die Schönheit seines Körpers oder des Körpers eines anderen genießen. Möchten Sie sich, worin

auch immer, offenbaren? Warnung vor Distanzlosigkeit und Unverschämtheit.
Das Ausziehen eines Kleidungsstückes ist nach Jung immer das Ablegen eines Teiles von sich selbst. Vgl. →Amputation.

Ausziehen (Wohnung): Wie →Auswandern, →Aussteigen und →Ausland.

Auto: Eines der häufigsten Traumsymbole des modernen Menschen. Es zeigt den Übergang zu etwas Neuem an. Individuelles Transportmittel, Statussymbol, motorische Energie, die auch sexuelle Symbolik besitzen kann. Im modernen Sinne meist ein Symbol des täglichen Unterwegsseins, der seelischen Kraft und Beweglichkeit. Wie beim »Wagen« im Tarot stellt sich die Frage nach dem eigenen Lebensweg als Bestimmung des eigenen Kurses. Symbol der Umweltverschmutzung, die im Traum oft auf ein Bedürfnis nach innerer Reinigung verweist. Fahren Sie selber oder werden Sie gefahren? Um welche Art von Auto handelt es sich? z. B.: Sportwagen: Potenz; Geländewagen: man möchte in jeder Situation zurechtkommen. Welche Farbe hat das Auto? Was tun Sie mit dem Auto? Reparieren oder fahren (→Autofahren) z. B.? Nach Freud ist während der Analyse das Auto oft Symbol für die Behandlung. Ein schnelles Auto ironisiert nach Freud die langsame Analyse. Nach Jung wie auch →Wagen und →Kutsche Symbol der Ortsveränderung.

Autobahn: Lebensweg, auf dem man schnell voran kommt oder im Stau steht. Hetze oder entspannende Reise. Als Verkehrssymbol wie →Autofahren und →Auto schwingt hier fast immer eine sexuelle Bedeutung mit.
Ist die Autobahn überfüllt (ich muß mich gegen viele Konkurrenten durchsetzen) oder leer (ich sehe mich alleine meinen Weg gehen)? Gibt es Komplikationen bei der Fahrt, wie Unfälle, Pannen oder schwierige Straßenverhältnisse? Dies deutet immer auf entsprechende Probleme des jetzigen Lebensweges hin.

Autofahren: →Auto, →Autobahn. Sich fortbewegen. Es kommt hierbei auf die Art der Fortbewegung an und darauf, mit welchem Gefühl man diese Fortbewegung erlebt. Wird die Fahrt als hektisch oder als beschauliche Reise empfunden, kommt man schnell vorwärts oder hat man gar einen Unfall? Es ist wichtig, ob es sich um einparken, starten, überholen etc. handelt. Alles das ist symbolisch auf die eigene Fortbewegung zu beziehen.
Oft handelt es sich bei diesem Traumbild um einen Hinweis auf den eigenen subjektiven Bewe-

Automat 38

gungsspielraum. Der Traum zeigt uns, wie wir uns täglich im »Konzert der Vielen« bewegen und bewähren, wo es dabei Schwierigkeiten, Möglichkeiten und Aufgaben gibt.

Automat: Langweilige Alltagsroutine, Unselbständigkeit und Unmenschlichkeit. Man sollte beseelter und bewußter handeln. In Streßsituationen oft der irreale Traum vom Leben ohne Arbeit. Allerdings kann dieses Traumbild auch auf die Erleichterung der Arbeitsroutine verweisen, die eine Voraussetzung zur kreativen Arbeit und Selbständigkeit darstellt. Nimmt man sich selbst als Automat wahr, dann wird man womöglich auf unbewußt gebliebene Selbstverständlichkeiten und Gewohnheiten aufmerksam gemacht. Man sollte hier genau beobachten, was im Detail im Traumbild gezeigt wird.

Autor/in: Selbständigkeit. Eine Person, die ihr Leben selbst kreativ gestaltet. Der kluge Mann/die kluge Frau – nicht unbedingt der weise Mann/die weise Frau! Man will produktiv sein und geistige Werte schaffen.
Jede/r hat etwas zu sagen. Drücken Sie es aus und teilen Sie sich mit. Vielleicht müssen Sie selbst mehr, deutlicher und/oder häufiger das Wort ergreifen? Wollen Sie jemandem gründlich und ehrlich Ihre Meinung sagen?

Autoschlüssel: Schlüssel zur Bewegung. Siehe → Auto, → Autofahren.

Axt: Durchsetzungsvermögen und Machtstreben, wobei man hier oft zu weit geht und sich daneben benimmt (»er benimmt sich wie die Axt im Walde«). Das Bild der Axt verweist auf das Holzhacken als rhythmische Bewegung des Eindringens und stellt so immer auch eine sexuelle Handlung dar, die mit Aggression verbunden ist. Es geht hier oft um Grobschlächtigkeit. Allerdings kann bei diesem Traumbild zugleich auch die Freude an der sexuellen Kraft ausgedrückt sein. Ferner hängt die Axt mit dem Bäumefällen (→ Holzfäller) und der Urbarmachung des Landes zusammen. Es wird der Boden für etwas Neues, Kultiviertes bereitet, und somit wird auf den Intellekt verwiesen, der zerteilt wie das → Schwert. Hinweis auf Stärke und Nützlichkeit, oder es wird etwas gefällt und abgehackt. Hierbei entsteht die Frage, wovon man sich abgeschnitten fühlt oder sich trennen muß.
Berühmter Traum Nebukadnezars, bei dem der König von Babylon sich als Baum sieht, der dann abgehackt wird, und der Baumstumpf jedem Wetter schutzlos ausgesetzt stehenbleibt. Hier wird das Gegenbild zum Hochmut des Königs aufgezeigt, er wird darauf verwiesen, seine Überheblichkeit abzulegen.

In volkstümlicher Traumdeutung: Gefahr. Wie alle Werkzeuge besitzt die Axt nach Freud eine sexuelle Bedeutung, was hier leicht nachzuvollziehen ist.

Baby: → Kind. Verweist bekanntlich auf etwas Neues, Erfolg und Entwicklung. Ein Wunsch geht in Erfüllung. Kinderwunsch. Oder Kindlichkeit und Unreife des Träumers; er will mehr umsorgt werden. Weist häufig auf eigene Hilflosigkeit hin. Auch Symbol des Liebhabers, der Liebhaberin (»my baby, my sugar-baby« etc.).
Wird das Baby als nervend empfunden und hat man Angst vor ihm, eventuell Angst vor ungewollter Schwangerschaft wie bei → Abtreibung. Auch Angst oder Wunsch, sich von seiner Kindheit zu lösen. Sehnsucht nach Wiedergeburt und somit einem Neuanfang. In Sinne dieser Bedeutung sollten Sie sich immer fragen, was Sie bei einem Neuanfang anders machen würden.
In volkstümlicher Traumdeutung ist es immer glücksverheißend, ein Baby im Traum zu sehen, außer wenn das Baby sich nicht wohl fühlt, dann Pech in der Liebe.

Bach: → Fluß, → Wasser. Fließen der Gefühle, sich los- und fallenlassen wie auch bei → Abhang. Sollten Sie sich mehr treiben lassen, oder lassen Sie sich zu sehr treiben? Ähnliche Symbolstruktur bei → Fliegen, → Schlitten und → Fallschirm. Sehnsucht nach Ruhe und Natur. Beachten Sie auch immer, daß es sich bei den hier angesprochene Bewegungen hauptsächlich um innere Gemütsbewegungen handelt.

Backen: Ist wie → Kochen mit einer Umwandlung verbunden, vgl. auch → Alchemie und → Apotheke. Sehnsucht nach Häuslichkeit, Gemütlichkeit und Geselligkeit wie auch bei den Symbolen → Abendessen und → Abendmahl. Verweist häufig auf Kreativität.
Was wird gebacken und nach welchem Rezept?

Bäcker: → Backen, → Kochen. Der häusliche Mann, der praktische und schöpferische Mann.

Backofen: Hitze, Triebe. Man brütet etwas aus, es entwickelt sich etwas in einem. Romantische Flucht in die sogenannte gute alte Zeit.
Nach Freud weibliches Sexualsymbol, Gebärmutter.

Bad: Naheliegende Bedeutung von Reinigung (rituelle Reinigung von Sünden). Diese Reinigung hängt meist mit der »Seelenpflege« zusammen. Entspannung und Erholung sind hier oft angesprochen. Gleichzeitig hängt das Bild des Bades immer auch mit der Vorstellung des Jungbrunnens zusammen. Ähnliche Symbolstruktur wie bei Bad finden wir bei →Dusche, →Sauna und →Seife.
Kaltes Wasser verweist auf Kummer, zu heißes Wasser auf Unbewußtheit (zu heiß gebadet worden).

Badezimmer/Badehaus: Ort der Reinigung wie →Bad. Erotischer Ort, an dem man sich nackt (→Nacktheit) auszieht wie beim →Arzt. Entspricht oft bes. bei Klienten in der Psychotherapie dem Konsultationsraum des/der Psychologen/in. Ort der Gefühle.

Bär: bes. beim Mann große Kraft (bärenstark) wie bei →Athlet; auch der gefährliche Mann. Für unsere Vorfahren noch reale Gefahr und Bedrohung. Wer sich das Bärenfell überzog, der wurde zum Berserker, er erlebte eine ungeheure Kraftsteigerung und wurde unbändig wild. Kann auch der dümmliche, aber gutmütige Mensch sein. Verweist oft auf Enttäuschungen oder Täuschungen (einem einen Bären aufbinden). Häufig ein Symbol des vernach-

lässigten (aussterbenden) Tierischen. Nach Jung Symbol des negativen Aspektes der männlichen Stärke.
In der nordischen Mythologie symbolisiert der Bär meist weibliche Eigenschaften, auch die Gläubigen der Artemis nannten sich arktoi (Bären). So gilt er seit dem Altertum als mütterliches, erdhaftes Tier, das die weibliche Triebwelt darstellt. Astrologisch entspricht der Bär dem Stier-Prinzip.

Bagger: Stärke oder zerstörerische Kraft. Man muß etwas aus der eigenen Tiefe hervorholen, Fundamente freilegen und nach dem Schatz in der Tiefe graben. Gelegentlich ein Traumsymbol des Monströsen wie bei →Monster.

Bahnhof: →Eisenbahn, →Zug. Sehr häufiges Traumsymbol. Veränderung der Lebenssituation. Auf dem Bahnhof erfahren wir oft, wie es auf unserer Lebensreise weitergehen soll. Auch ein Bild für Hetze (»es ist höchste Eisenbahn«); warten auf etwas oder »aus der Bahn geworfen sein«.
Die Bahnbeamten, die wir eventuell fragen, symbolisieren die besser informierte Seite unseres Wesens. Ob der Zug kommt, ob wir im richtigen Zug sind, wohin/worauf wir umsteigen können, der Wartesaal: alle diese Symbole können leicht auf die eigene seelische Befindlichkeit bezogen werden.

Bahnsteig 44

Der Zug ist in der Tiefenpsychologie das Unbewußte selbst, das uns auf den rechten Weg bringen möchte.

Bahnsteig: →Bahnhof. Symbol für Verreisen und Warten. Häufig auch das Treffen anderer Personen.

Bahnwagen: wie →Bahnhof und →Bahnsteig. Häufiges Traumsymbol für Unterwegs sein. Wichtig ist, welche Menschen man im Bahnwagen trifft.

Bahre: Symbol des Ausruhens, bes. häufig in allgemeinen Streß-Situationen. Unterstützung und Hilfe; aber auch Angst vor Unfall und Tod.

Bajonett: bekanntes phallisches Symbol. Sexual- und Kriegsangst wie bei →Helm, →Abschuß und →Atombombe. Entjungferungssymbol, männliche Aggressivität (Mars-Symbol).

Balkon: Übersicht, Bewußtsein und Planung. In der klassischen Psychoanalyse Symbol der weiblichen Brust wie auch alles →Obst, bes. →Apfel und →Pfirsich.
Verweist in der volkstümlichen Traumdeutung auf Hindernisse.

Balkonbrüstung: Man bezieht seine Sicherheit aus dem intellektuellen Überblick. Verweist häufig auf zu einseitige Intellektualität und übertriebenes Sicherheitsbedürfnis oder auf eine Sehnsucht nach Sicherheit und Intellektualität.

Ball (**Spiel**): Traumsymbol des Laufenlassens wie →Wasser und →Bach. Besinnung auf eigene Kindlichkeit. Ballspiel ist ein Symbol des Selbstausdrucks. Allerdings drückt der Ball auch wie beim Fuß- und Handballspiel das aggressive Eindringen und Vorpreschen aus.
Hier wird die männliche Seite der Lust bei Mann und Frau angesprochen. Zumeist verweist das Auftreten dieses Traumbildes darauf, daß diese Lust mehr auszuleben und zu genießen ist. Bei Mann und Frau findet man hier häufig die Lust an der Unterwerfung ausgedrückt. In seltenen Fällen tritt dieses Traumbild als Symbol der Angst vor Aggressionen auf.
Ganzheitssymbol, Symbol konzentrierter psychischer Energie nach analytischer Psychologie. Wird tiefenpsychologisch auf das Erleben der eigenen Sexualität bezogen.
Sieht man sich selbst als (Spiel)Ball, verweist das auf mangelnden Willen, Festigkeit und Zielgerichtetheit.

Ball (**Tanz**): Unzufriedenheit mit gesellschaftlicher Situation (ähnlich wie bei →Aristokrat) oder Freude und gesellschaftliche Anerkennung. Der Ball gilt auch als Ort der Einweihung in die kultivierte Leidenschaft.

Ballon: → fliegen, Leichtigkeit. Man selbst war oder ist oft schwermütig, jetzt liegt es an, sich daraus zu erheben. Andererseits Warnung vor einem Abheben. Auch Symbol für Aufgeblasenheit oder den Wunsch aufzusteigen – ähnlich wie bei → Aristokrat und → Auktion. Seltener Traumsymbol für Ideen. Fliegt der Ballon oder platzt er? Penis nach Freud (bes. als Fesselballon).

Banane: → Obst. Allgemein bekanntes Penissymbol. Als »Affennahrung« verweist sie auf auf den Mut zu lustvollem Quatsch und ausgelassenem Blödsinn.

Band / Schnur: (Ver-)Bindung, Einengung. Es kann auf den roten Faden durchs Leben verweisen wie auch auf die Entwirrung der Lebenssituation (→ Knäuel).

Bandage: Unterstützung, Hilfe und Sicherheit wie bei → Apotheke und → Arznei. Kampf (harte Bandagen anlegen), Fesselung und Handicap.

Bank (Parkbank): Ausruhen, Rast, Beschaulichkeit wie auch → Armsessel, → Andacht und → Medizin. Die »lange Bank« verweist auf Verzögerungen.

Bank (Sparkasse): Angst vor Geldverlust, warnt vor Verschwendung. Aber auch Ansehen, Macht und Energie. → Geld, → Reichtum.

Bankett: innerliche Nahrung, Freude, ein gesellschaftliches Ereignis. Oft Symbol für den Wunsch nach gesellschaftlichen Aufstieg ähnlich wie z. B. bei → Aristokrat, → Austern und → Ball.

Bankrott: Verlustangst. Entschuld(ig)ung. Man fühlt sich – häufig durch Überarbeitung – am Ende, weiß nicht mehr weiter und sollte sich damit auseinandersetzen, statt diese Erfahrung zu verdrängen. Wunsch nach Offenbarung (»Offenbarungseid«) und einem Neuanfang. Was würden Sie anders machen?

Bar: Der erotische Ort, das Verbotene, die Entspannung ähnlich wie bei → Armsessel und → Bank z. B., nur mit erotischer Bedeutung.

Barfuß: → Fuß. Erdung, Askese, Gesundheit und häufig auch Urlaub.

Barriere: Schwierigkeit im sozialen Kontakt (Gegensatz zum Traumbild → Gast) oder im Handeln. An eine → Grenze stoßen, was meistens auf eine Herausforderung verweist.

Bart: bekanntes Symbol männlicher Kraft und Potenz, Herrschaftssymbol. Unterstützung durch einen weisen Mann; Weisheit durch das Alter (Saturn-Symbol). Seine männliche Seite pflegen. Männliche Überlegenheit, Autorität (beim Bart des Propheten). Abschneiden des Bartes bedeutet fast immer Kraftverlust und (Angst vor) Impotenz. Allerdings gibt es auch eine andere Seite der Bedeutung des Bartabschneidens: Man legt durch das Abschneiden seines Bartes sein Gesicht frei, zeigt sich offen der Umwelt und in diesem Sinne kann das Abschneiden des Bartes in der heutigen Zeit auch als Potenzsteigerung angesehen werden.

Bau/bauen: Der Bau wie das →Haus symbolisieren fast immer den menschlichen Körper oder die persönliche Identität. Wichtig ist, auf die Art des Baus zu achten. Der Vorgang des Bauens hängt meist mit Selbständigkeit und damit, sich selbst wieder aufzubauen (in harten Zeiten), zusammen.

Bauch: hier ist darauf zu achten, ob tatsächlich Störungen des Magen- und Darmbereichs vorliegen. Die →Küche des Leibes, der Ort der Umwandlung (vgl. →Alchemist), aber auch der Lust und des Triebes (vgl. auch Bauchtanz). Vermögen, was einem selbst gehört (»mein Bauch gehört mir«).

Zeigt oft die Verbindung von Willen und Gefühl an, von unbewußten und bewußten Bedürfnissen. Dünner Bauch verweist häufig auf unbefriedigte Sexualität; dicker Bauch auf zuviel Sex (oder Sex-Ersatz) und Ausschweifung. Paracelsus sagt, jeder hat einen Alchemisten im Bauch.

Bauer: Im Traum des Städters meist der Wunsch nach natürlichem und einfachem Leben ähnlich wie bei →Acker, →Ähre und →Bauernhof. Bei diesem Traumbild ist fast immer die persönliche Fruchtbarkeit − in welcher Hinsicht auch immer − angesprochen, denn der Bauer will etwas pflanzen, um es zu ernten. Was müssen sie tun, um etwas zu ernten? Was wollen Sie ernten?

Bauernhof: →Farm. Wendung zur Natur hin wie bei →Acker, →Ähre und →Bauer. Naturseite des Träumers, das Natürliche (das Triebhafte und Tierische) muß geordnet werden. Annahme und Einordnung der Triebkräfte, materieller Erfolg, Erdung und gute Gesundheit.

Baum: Schutz, archetypisches Symbol des Lebens (Lebens-, Welten- und Stammbaum) und des Mensch-Seins: In der Erde verwurzelt, reicht die Krone des Baumes wie der menschliche Kopf in den Himmel. Man hat an zwei Welten

Anteil: der der Natur und der Notwendigkeit (Erde) und der des Geistes und der Freiheit (Himmel). Persönliche Entwicklung und Wachstum der/des Träumenden. Familiensituation über mehrere Generationen hin. Naturverbundenheit wie bei →Acker, →Ähre, →Bauer und →Bauernhof. Sorge um die Umwelt (und auch das eigene Wachstum).
Trägt der Baum →Früchte? In welcher →Jahreszeit sieht man ihn? Wie ist der Zustand von →Wurzel (Symbol des Wurzelgrundes der Seele), →Stamm und →Krone? Wo steht der Baum und wie steht er dort (allein, kleine Gruppe, im Wald oder Park)?
Nebukadnezars Traum: Die Zerstörung des Baumes als Zerstörung des Königs. Der Baum symbolisiert bes. als →Baumstamm nach Freud das männliche Glied.

Baumblüte: Glück, Fülle. Ein häufiges Traumsymbol bei nächtlichem Samenerguß.

Baumstamm/Stamm: →Baum. Sicherheit, Stabilität und Leistungsvermögen ähnlich wie bei →Familie und →Aufgebot. Meist negative Bedeutung, wenn der Stamm durch- oder abgesägt wird. Allerdings kann der Aspekt des Holzmachens auch auf Wärme (Nahrung für das eigene innere Feuer) und die (Einteilung der) eigenen Energien verweisen. Ist der Stamm gerade gewachsen und kräftig?

Baustelle: →Bau. Lebensplanung, Existenzaufbau und Persönlichkeitsentwicklung.

Beamter: Symbol des gediegenen, sicheren Mannes, der dem Staat (der Allgemeinheit) dient, wobei besonders auf den Aspekt des Dienens zu achten ist. Erstarrung, Konvention und Sicherheit wie bei →Aktie, →Anker, →Arche, →Aufgebot, →Bürgersteig, →Elternhaus und →Familie. Langeweile – ähnlich wie →Amt. Ökonomische Ängste wie bei →Brötchen.

Becher: Zunächst sollte man sich fragen, ob man Durst im Traum gehabt hat; →Getränk, →Wasser. Das Spendende (vgl. der Gral), das Mysterium. Aber auch Lebenslust, Aufstieg und Luxus wie →Austern, →Ballon und →Champagner. Warnung vor Alkoholismus.
Aus welchem Material besteht der Becher? Womit ist er gefüllt? Möglicherweise ein Giftbecher, wobei zu fragen ist, was denn das Gift ist.
Klassisch tiefenpsychologisch weibliches Sexualsymbol (vgl. Ballade: »Es war ein König in Thule«).

Beerdigung: →Begräbnis. Häufiges Traumsymbol. Es soll etwas

vergessen und abgeschlossen werden, das absterben muß, um Neuem Platz zu machen wie bei →Baby und →Geburt (dort allerdings mehr die Betonung auf das Neue, das kommt). Ähnliche Symbolstruktur bei →Abtreibung und →Amputation. Streitigkeiten werden begraben, unerfüllbare Wünsche oder lästige, unpassende Gewohnheiten werden aufgegeben. Beziehungen zu Personen sterben ab wie auch bei →Tod, →Scheidung, →Abtreibung und →Abschied.
Wird man selbst beerdigt, stirbt meistens das alte Ich ab.

Beeren: man hat Freuden und Genüsse. Appetit auf Beeren ist oft Ausdruck sexueller Bedürfnisse. Kann aber auch Warnung vor Achtlosigkeit bedeuten (schon im Altpersischen). Sehnsucht nach Gesundheit und Natürlichkeit wie bei →Bauer, →Acker, →Ähre und →Aussaat z. B.

Begleiter/in: →Bruder, →Schwester, →Freund/in, →Schatten.

Begräbnis: →Beerdigung, →Leiche.

Behälter: →Büchse, →Dose. Der Inhalt ist wichtig.
Weibliches Sexualsymbol nach Freud, das Mysterium nach Jung (vgl. auch die Büchse der Pandora, die den Menschen geschickt wird

und alle Übel auf der Welt zu verbreitet, falls diese sie öffnen).

Behörde: →Amt, →Beamter.

Beichte: Entlastung durch Kommunikation, Ehrlichkeit. Man muß Schuldgefühle loswerden und/oder sich von zu strengen Moralvorstellungen befreien. Ähnliche Symbolstruktur auch bei →Bestrafung.

Beifall: →Applaus. Man ist von Neid und Eifersucht umgeben. Warnt vor Eitelkeit. Auch Ausdruck des Strebens nach Anerkennung. Sich und andere sollte man mehr loben. Auf jeden Fall wünschen Sie, daß man sich mit Ihnen auseinandersetzt. Was tun Sie dafür?

Beil: →Axt. Kriegsbeil ausgraben oder begraben.

Bein: →Fuß. Bewegung aus eigenem Antrieb im Gegensatz zu der in Fahrzeugen wie →Auto. Symbolisiert auch die Lebenseinstellung und bes. die Erdung.
In älterer Psychoanalyse Sexualsymbol: schönes Bein befriedigender Beischlaf, und Beinbruch wurde als Ehebruch angesehen (wohl heute weniger zutreffend).

Beischlaf: Sehnsucht nach oder Angst vor Beischlaf. Höhepunkt und Entspannung. Bild der persönlichen, körperlichen Sexualität, das oft auf den Selbstzweck der Sexualität verweist. Es werden sexuelle Lust, Kraft und Stärke hier angesprochen und zugleich die Herausbildung des Selbst, die nur in der intensivsten Kommunikation mit dem anderen erfolgen kann. Der sexuelle Höhepunkt zeigt uns (nicht nur im Traum), wie wir unsere persönliche Kraft und Lust zentrieren und einsetzen. Nach alchemistischer Symbolik und analytischer Psychologie werden Gegensätze hier verbunden und gelöst (mysterium coniunctionis).

Bekannte(-r): günstige Neuigkeit, etwas Verlorenes wird wiedergefunden. Sehnsucht nach sozialem Kontakt ähnlich wie bei → Gast und → Begleiter.

Belagerung: Enge und Eingeschlossensein wie bei → Bernstein, → Falle, → Fahrstuhl, → Dorf und → Käfig. Kriegsangst wie bei → Helm, → Bajonett, → Abschuß und bes. → Atombombe. Unfreiheit. Welche Vorräte (psychischen Eigenschaften) stehen Ihnen während der Belagerungszeit zur Verfügung?

Beleidigung: Unzufriedenheit oder Überheblichkeit. Bezieht sich aber auch häufig auf real empfangene oder ausgeteilte Beleidigung. Allerdings scheint hier oft der Wunsch nach Verständnis und neuen Einsichten durch.

Bellen: Warnung vor Gefahr. Aggression.

Benzin: Treibstoff, körperliche oder seelische Energie, Nahrung. Der Antrieb.

Berg: → Gebirge. Schutz und Bewußtsein. Überblick, über der Situation stehen wie bei den → Vogelsymbolen. Der mühsame Teil des (Lebens-)Weges steht bevor. Naturromantik und Einsamkeit, Stadt- und Kulturflucht. Bergbesteigung: Annäherung an ein wichtiges Problem. Hindernisse und Mühen auf dem Weg zeigen wirkliche Schwierigkeiten. Wie sieht der Berg aus? Nach Freud ist der Berg wie der → Fels oft Symbol des männlichen Gliedes.

Bergab: sich → fallen lassen, Angst davor nach »unten« (in das Gefühl, die Sexualität etc.) zu gehen wie bei → Abstieg.

Bergauf: Mühen des → Aufstieges, Gelingen einer Sache.

Bergführer/in: Autorität, Sachverstand und Umsicht. Helfer/in, Betreuer/in auf dem Weg zum Gipfel. Astrologisch ist das Prinzip des Steinbocks angesprochen.

Bergkristall: der Schatz, der im Inneren von einer/m selbst wächst. Findet man diesen Schatz, be-

Bergrücken

kommt man höchste Klarheit geschenkt, die Reinheit der Seele. Warnt auf der anderen Seite vor Undurchsichtigkeit, Unzugänglichkeit und eitler Faszination (bes. als Schmuck, vgl. auch →Bernstein und andere Kristalle, →Steine und Schmuckstücke).

Bergrücken: →Berg. Erste Erfolge.

Bergwerk: Die Tiefe der Seele oder des Körpers, übertriebene Selbstversunkenheit, aber auch gute Geschäfte.

Bernstein: Versteinerung, Enge (eingeschlossenes Leben) wie →Belagerung, →Fahrstuhl, →Dorf, →Käfig und →Falle, Warnung vor Stolz. Eitelkeit wie bei allen →Schmuck(steinen) z. B. →Bergkristall.

Besen: Reinigung wie →Bad und →Abfall. Bekanntes Hexensymbol. Hinweis auf ein Problem, das es zu lösen gilt. Penissymbol und Zauberstab.

Bestrafung: Schlechtes Gewissen und Masochismus. Moralische Probleme ähnliche wie bei →Beichte. Hier kann auch die Aufgabe angesprochen sein, jemanden zur Rechenschaft zu ziehen oder jemandem verzeihen zu können.

Besuch: Veränderung, Entwicklung, Übergangsstadium, Einsam-

keit. Sehnsucht nach oder Überfluß an sozialem Kontakt wie bei →Bekannte/r.

Beton: Unnachgiebigkeit, Gefühllosigkeit, Härte. Häßlichkeit und Abschirmung. Der Charakterpanzer im Sinne W. Reichs.

Betrug: verweist oft auf sexuelle Hemmung. Lebensangst. Wer hat wen betrogen?

Bett: →Lager. Sehnsucht nach häuslichem Glück und Ruhe, auch erotische Situation. Oft Konfrontation mit sexuellem Problem, dann gibt die Beschaffenheit des Bettes Hinweis auf die Sexualität des Träumers.
Im I GING steht das Bett für die intime Situation (vgl. Zeichen 23). Nach Jung immer Ort des Schutzes und der Pflege, auch Symbol für den →Schlaf und die Unbewußtheit. Entstehungsort der Kinder und Stätte des Sterbens, somit Sinnbild des ewigen Kreislaufes.

Bettdecke: Schutz vor Kälte (des Lebens, des Gefühls). Es ist wichtig, mit wem da drunter steckt! Ist aber häufig auch auf realem Kampf mit der Bettdecke im Schlaf zurückzuführen.

Bettler: Härte des Existenzkampfes, Minderwertigkeitsgefühl, Verarmungsangst. Loslassen und Selbstgenügsamkeit. Man bekommt etwas geschenkt. Müssen Sie lernen, um etwas zu bitten oder Forderungen zu stellen?

Beute: man erlangt etwas durch eigene Mühe und Anstrengung. Habens-Modus nach E. Fromm wie auch bei →Auktion, →Beute, →Börse und →Brieftasche.

Beutel: Wichtig ist, was sich in dem Beutel befindet. Praller Beutel: Egozentrik; leerer Beutel: innere Leere.

Bewerbung: Man bemüht sich um etwas, das man nicht so leicht bekommt. Wofür bewerben Sie sich? Stehen neue Aufgaben an, bei denen Ihnen unbekannte Talente gefordert sind?

Bibliothek: Symbol des geistigen Lebens wie →Buch; großes Wissen. Warnt vor zu einseitiger Intellektualität ähnlich wie bei →Balkonbrüstung. Dieses Traumbild fordert oft zur ganzheitlichen Bildung und der Entwicklung der Persönlichkeit auf.

Biene: Emsiger und arbeitsamer Mensch. Wie oft bei Insekten: positive soziale Eigenschaften und der Wunsch nach Persönlichkeitsentfaltung. Mit der Biene ist auch der →Honig angesprochen, als die süße Nahrung; ebenso die »flotte Biene«. Müssen Sie sich selber mehr Gutes zuführen?

Wird man von Bienen bedroht, verweist das auf Spannungen mit der Umwelt (man muß sich in die Gesellschaft fügen), verweist oft auf Probleme mit Teamwork oder Gruppen. Altes Symbol der Merowinger sowie des Tierkreiszeichens Jungfrau.

Bienenstich: Sexualverkehr. Schon die Griechen und Römer deuteten den Stich einer Biene im Traum eines Mädchens als Verliebtheit, →Stachel.

Bier: →Alkohol. Fröhlichkeit, Geselligkeit und Vernebelung oder Erhellung (Neptun-Symbol). Volkstümliche Traumdeutung: geldliche Verluste.

Bild: →Portrait. Nicht die Realität! Egozentrik oder Selbstreflexion. Suche nach geeignetem Weltbild oder eigenem Selbstbild. Wer oder was ist dargestellt?

Bildhauer: Kreativität und Gestaltung des Harten trotz großer Widerstände. Negativ: Man scheut sich, die Dinge und sich selbst so zu nehmen, wie sie sind bzw. wie man ist. Vielleicht, weil man befürchtet, kein gutes Bild abzugeben. Oder positiv: Sie arbeiten daran, zum Kern einer Sache bzw. Ihrer selbst vorzustoßen und das Wesentliche für sich herauszuarbeiten.

Billard

Billard: Erfolg um mehrere Ecken. Spiel und Erholung, vgl. auch →Ball. Das Vermögen, etwas anzustoßen (in Gang zu bringen) und Impulse zu geben. Zeugungskraft.

Birke: Junges, schlankes Mädchen. Genügsamkeit. Die Birke verbindet schwarz und weiß in der Färbung der Borke: Verbindung der Gegensätze.
Im Mittelalter Zauberschutz gegen Hexen und böse Geister.

Birne: weibliches Sexualsymbol (wie alle Früchte), gegebenenfalls Anfang einer Schwangerschaft.

Bischof: Männlichkeitssymbol wie →Autor. Autorität wie →Papst, →Vater und →Weiser.
Volkstümliche Traumdeutung: schlechte Gesundheit wie auch bei →Abt.

Biß: Aggression (man ist bissig), Zerkleinerung. Oft Verweis auf die tierische Seite des Menschlichen. Persönliche Bissigkeit, soziale Beißhemmung hängen auf vielfache Weise mit der Annahme/Ablehnung der eigenen »animalischen« Seiten sowie – auf einer weiteren Ebene – mit den Eßgewohnheiten, mit dem Kauverhalten u. a. m. zusammen, →Essen, →Gebiß.
Wer beißt wen? Von einem Tier gebissen zu werden: Kontakt mit den eigenen Trieben →Tier, →Vampir, →Stich.

Blässe: Angst, Krankheit oder Blasiertheit.

Blasebalg: Anfeuerung der Triebkraft und Energie. Man braucht mehr »Feuer«. Sich aufblasen und sich aufpumpen.

Blatt (einer Pflanze): Man ist einem Wandel unterworfen oder kann sich →fallen lassen, ähnlich wie bei →Abhang, →Bach und teilweise →Fallschirm, nur spielerischer.
Welkes Blatt: Sorgen; grünes Blatt: man lebt auf, Erfüllung eines Wunsches.

Blatt (Papier): Müssen Sie etwas unbedingt festhalten oder ausdrücken? In welcher Beziehung sehen Sie sich wie ein beschriebenes, in welcher Weise wie ein unbeschriebenes Blatt?

Blasinstrument: Musik, Entspannung, Kunstgenuß oder innerer Aufschrei. Meist finden Sie hier eine große Kraft ausgedrückt.
Nach klassischer Tiefenpsychologie Penissymbol.

Blau: Weist auf Treue und tiefe Gefühle hin, aber auch auf den Wunsch nach Entspannung. Symbolfarbe der Seele, da Blau die Tiefe des →Meeres und die Höhe des →Himmels ausdrückt. Es steht auch für das Unbewußte sowie für Ferne, Weite und Unendlichkeit. Das reine, klare →Wasser, die fernen →Berge und der →Himmel. Blau symbolisiert die erlöste Natur. Helligkeisstufungen des Blau sind zu beachten! Romantische Sehnsucht: die »blaue Blume« (Novalis, »Heinrich von Ofterdingen«; dort kommen erstaunlich viele Blaustufungen vor). Kann auch Neptun-Symbol sein: Die Vernebelung (blau sein als betrunken sein) vgl. →Alkohol. Auch Symbol der Niedergeschlagenheit (»I feel blue«). Nicht zuletzt Symbol der Kälte (bes. metallisches Blau).

Blau kann auch wie in dem Begriff »blaue Berge« die Verbindung zwischen Himmel und Erde symbolisieren: Die Farbe des Himmels kommt auf die Erde, und so verbinden sich ganz im Sinne von Thomas Mann Geist und Natur, oder, wie Jung es ausdrücken würde, es findet die Hochzeit zwischen Himmel und Erde statt.

Blaue Mäntel tragen weise Frauen, die als Schwanenjungfrauen Bezug zum Wasser, Nebel und Himmel aufweisen. Farbe des Himmelsmantels Marias: der Schoß, in dem Christus geboren wurde, ist ein Symbol des »geistigen Gefäßes«. Blau ist in der Alchemie die Farbe des Mondes, Stellvertreter des Silbers, und die Farbe der Seele. In der Alchemie steht Blau im Gegensatz zum →Rot und bezeichnet einen kühlen, beruhigenden Zustand (Blau wirkt im Farbheilen beruhigend).

Im Osten steht Blau stellvertretend für Schwarz als Unterweltsfarbe. In Ägypten wird der unterweltliche Osiris schwarz oder blau dargestellt. Die Sufis (eine mystische Gruppe der Mohammedaner) beziehen das Blau auf das Innerste der Flamme. Für sie drückt diese Farbe die höchste Leidenschaft aus. In unserem Kulturbereich tritt auch ein Abglanz dieses leidenschaftlichen Blau in den Begriffen wie blaue Stunde und »blue movies« auf (vgl. auch »Blues-Musik«).

Blech: Quatsch (z. B.: Blech reden), Formbarkeit, geringer Wert.

Blei: Saturn-Symbol, Körperlichkeit, Schwere (Schwerfälligkeit), aber auch relative Weichheit; ist haltbar, läßt sich jedoch gut einschmelzen und umgestalten. Blei ist giftig und wurde schon in der Antike mit dem Fluch assoziiert. Sind Sie giftig zu anderen, oder ist man Ihnen gegenüber giftig gewesen? – Auch: Beschwerung, Beschwerden, Schwerpunkt.

Bleistift / Füller: Nachricht, Notiz. Kommt oft im Traum vor, wenn man etwas zu vergessen droht, was man besser behalten sollte (man sollte es aufschreiben). Penissymbol nach Freud (bes. der gefüllte Füllfederhalter).

Blendung: Täuschung meist durch Großartigkeit. Zuviel Sonne oder zuwenig Schatten, Überbelichtung:

Blick

dahinter steht die Aufforderung, die eigenen dunklen Seiten zu erhellen.

Blick: →Augen. Wahrnehmung. Was sollten Sie genauer betrachten? Von wem möchten Sie (mehr) gesehen werden?

Blindheit: Gefahr! Man sieht etwas nicht oder will sich der Selbstverantwortung bzw. -reflexion entziehen. Man ist unbewußt. – Der Augenschein führt nicht weiter. Suchen Sie nach (neuen) Erkenntnissen?

Blitz: wenn Blitz nur leuchtet: plötzliche Eingabe (Gedankenblitz). Descartes sah in seinen Träumen am 10. 11. 1619 u. a. einen Blitzstrahl, der ihn zeigte, daß er nun seine eigene Methode des Verstehens gefunden habe. Vgl. auch hierzu →Engel. Als gewaltsames Naturereignis: Affektstau, Verdrängung, die durch plötzliches aggressives Handeln abreagiert und ausagiert werden möchte; unkontrollierte Entladung großer Energien. Streit (»jemanden abblitzen lassen«). Nach Artemidor gutes Omen. Nach Freud phallisches Symbol. Jung sagt ebenfalls, daß alles, was einschlägt, als phallisches Symbol zu deuten sei.

Blöße: →Nacktheit, →Ausziehen. Häufiges Traumsymbol, wenn man etwas verstecken will. Oder die Suche nach den »nackten Tatsachen« ist hier angesprochen.

Blüte/blühen: wie →Frühling: Freude, Fülle, körperlicher Aspekt des Gefühlslebens, Sexualität (bes. die weibliche). Nach Freud Bezug zur weiblichen Sexualität: bes. die Farbe der Blüten ist wichtig: weiße Blüten sexuelle Unschuld, rote dagegen sexuelle Reife.

Blume: traditionelles Symbol für Gefühle (der Blumenstrauß, bes. →Rosen), die man indirekt ausdrückt (»sage es durch die Blume«), und für Schönheit und Fruchtbarkeit. Werden und Vergehen einer Blume parallel zu Lebenslauf der/des Träumenden. Erwartung und Hoffnung in Liebes- und Beziehungsdingen. Wichtig sind die Farben und die Art der Blumen. Rote Rosen verweisen auf sexuelle Liebe, weiße Rosen und auch andere Blumen auf Unschuld, blaue Blumen auf die Kraft der Seele und des Gefühls. Schneeglöckchen weisen auf Überwindung der Kälte hin, Astern auf den Herbst und den Tod. Blumen zu pflücken gilt als Symbol sexueller Erfahrung (vgl. die Doppeldeutigkeit des lat. Wortes »deflorare«, auf die mittelalterliche →Narren oft anspielten, und ebenfalls William Blake in »Visionen der Töchter Albions«), gebrochene

Blumen bedeuteten im Mittelalter Sexualverkehr.

Für die indische Traumdeutung (Jagaddeva) höchstes Glückssymbol. Bei Freud in der »Traumdeutung« sehr ausführlich behandelt, symbolisiert Frau, Zärtlichkeit, weibliches Genital und das Genitale allgemein wie auch die →Blüte (vgl. auch Anais Nin, »Das Delta der Venus«). Nach C. G. Jung bedeuten Blumen Gefühle.

Blumenkohl: von der Form erinnert er an das Gehirn: mehr Denken und überlegteres Handeln bringt Nahrung, behagliches Zuhause und wie bei allen Gemüsen eine gute Gesundheit.

Blumentopf: Häuslichkeit und Kultivierung der Natur. Die Eigenschaft des Hegens und Pflegens wird hier angesprochen. Allerdings kann dieses Traumbild auch auf den Ersatz des Echten verweisen: Die Blume im Topf ist die beherrschte (und im Grunde die unechte) Natur.
Nach Freud weibliches Symbol wie →Vase.

Blut: →Rot. »Blut ist ein ganz besonderer Saft« (Goethe: Faust I), es ist das Lebendige im Leben, die Triebsubstanz, es drückt Feuer und Passion aus (darin sind sich Freud und Jung einig). Leben, Liebe und Leidenschaft, aber auch Verletzung und Enttäuschung. Das Blut verweist oft auf die Mutter und kann die Seele und den Willen symbolisieren. Wo »die Stimme des Blutes« spricht, ist eine besondere Empfindsamkeit oder auch Triebhaftigkeit angesprochen.
Austausch von Blut (Blut trinken) stellt eine Verbindung der Lebenskraft (Blutsbrüderschaft) dar. Das Blut Christi wird beim Abendmahl getrunken, es ist das universale Heilmittel. Blutverlust symbolisiert meist Liebesverlust; Bluttransfusion entsprechend Bereicherung der Lebenskraft. →Menstruation, →Blutung.

Blutegel: Ekelgefühl (vor eigenem Körper). Das Gefühl, ausgesaugt zu werden, wie bei →Vampir.
Nach volkstümlicher Traumdeutung ein Glückssymbol, da Blutegel heilen.

Blutung: Leben, Leidenschaft, Kühnheit oder Enttäuschung wie bei →Blut, aber auch Laufen-lassen, sich hingeben wie bei allen →Wassersymbolen. Menstruationstraum. Verweis auf eine Verwundung oder Verwunderung. Geheimnis des Lebens. Ist diese Blutung mit Schmerzen verbunden?

Bock: bekanntes Symbol erdhafter Urkraft, Geilheit (Bock und →Hahn gelten schon in mittelalterlichen Allegorien als Bilder einer männlichen, aber auch hexenhaften Geilheit und Fleischlichkeit),

Boden   56

das Tierische und Wilde, aber auch die Dummheit. Die Aufgabe, den Bock zum Gärtner zu machen, d. h. ihn zu entwickeln und ihm menschliche Züge zu verleihen.

Boden: Erdung und Erdverbundenheit. Basis und Grundlage einer Angelegenheit.

Börse: riskante Geschäfte, man spekuliert auf etwas (dessen Ausgang ungewiß ist). Habens-Modus nach Fromm wie bei →Auktion, →→Beute, →Börse, →Brieftasche und →Aktie. Bezieht sich meist auf eigene Finanzen.

Bogen/Bogenschütze: Zielgerichtetheit, Konzentration auf ein Ziel, Disziplin.

Bogen/Torbogen/Brückenbogen: Spannung und Überbrückung von Gegensätzen.

Bohne: symbolisiert wie alles Keimende das weibliche Geschlechtsorgan, aber auch die männliche Sexualität und ganz allgemein die Nahrung. Etwas Geringes (nicht die Bohne wert).

Bohrmaschine/Bohrer: bekanntes Penissymbol. Der Vorgang des Bohrens bedeutet Geschlechtsverkehr. Heute häufiges Traumsymbol des Zweifels oder in die Tiefe gehen, um dort Widerstände zu überwinden.

Boje: Orientierungshilfe, Hoffnung und Sicherheit wie bei →Anker und →Arche, aber auch →Familie, →Aufgebot und z. B. →Beamter.

Bombe: →Atombombe. Aggression und Zerstörung, Kriegsangst wie bei →Helm, →Bajonett und →Belagerung. Häufiges Traumsymbol, wenn man zu dominierend und aggressiv ist oder es mehr sein sollte.
Für die Psychoanalyse symbolisiert das Einschlagen der Bombe den Orgasmus. Das Bild der Bombenexplosion verweist auch auf Befreiung und Entladung. Es ist die Enthemmung und das Sprengen von Grenzen angesprochen.

Boot: →Schiff.

Bordell: →Hure. Neue Erfahrung. Man tut etwas um des Geldes willen, was man besser nicht täte. Ausdruck der Berechnung in der Sexualität. Sehnsucht nach oder Angst vor geiler Sexualität. Meist ein Symbol der Entgrenzung und des Suchens nach neuem Ausdruck seiner Lust.

Borsten: Man ist widerspenstig. Oder das eigene Durchsetzungsvermögen ist angesprochen. Sich einigeln und abschotten.

Bote/Botin, Botengang: Spielen Sie die Rolle einer vermittelnden

Person? Sie Sie zufrieden damit oder würden Sie lieber in eigener Sache tätig werden? Was haben Sie mitzuteilen?
Kommt ein Bote zu einem, empfängt man wichtige Nachrichten. In jedem Fall ist die Art der Nachricht wichtig.

Boxkampf: Durchsetzungsvermögen und Aggression als naheliegende Bedeutung. Häufiges Traumbild für die Berufs- oder Ehesituation. Kann aber auch auf positives Kämpfen verweisen.

Brand: → Feuer. Häufiges Traumbild bei Angst vor oder Sehnsucht nach eigenem Feuer. Warnung vor Unbedachtsamkeit. Hier ist immer das Lebensfeuer angesprochen. Man zerstört etwas oder setzt ein Zeichen (Fanal). Triebstau wie bei Abbruch, → Anfall, → Angriff, → Brandung, → Elektrizität, → Entführung, → Entjungferung, → Flamme, → Gewalt, → Gier, → Harem, → Hautausschlag, → Hochspannungsleitung und → Hure.

Brandung: Triebstau wie bei → Brand und → Feuer, aber von größerer Gefühlstiefe (→ Wasser). Gefühlswallungen, aber auch Urlaub, Ferien und Naturerlebnis. Meist drückt die Brandung die Wogen der Seele aus, die als Naturkraft erfahren werden. Es können auch ozeanische Gefühle angesprochen

sein, vor denen man Furcht empfindet oder nach denen man sich sehnt.

Braten: Man hat beruflich etwas vor, das gelingen soll. Sehnsucht nach Häuslichkeit wie oft bei Symbolen vom → Essen wie → Abendessen, → Backen und → Festmahl. Lebensart und Lust finden Sie hier ausgedrückt – aber Achtung: »Nichts anbrennen lassen!«

Braun: Natur, Naturverbundenheit, Vitalität, Erdung und auch Urlaub und Sonne. Lehm, Matsch, Fäkalien. Verweist gegebenenfalls auf Unterdrückung und die »braune Gefahr« in und aus der deutschen Geschichte.

Braut/Bräutigam: Ein entscheidendes Ereignis für die eigene Entwicklung wird erwartet. Der Wunsch nach einem Partner, einer Partnerin und nach Bindung oder nach Ausgleich innerer und äußerer Gegensätze. Sehen Sie hier Ihren Traumpartner? Dieser Traumpartner oder diese Traumpartnerin stellt sehr oft ein Bild Ihrer Seelenideale dar. Selten Warnung vor unerwünschter → Schwangerschaft wie auch bei → Baby.
Unglückliche oder häßliche Braut/Bräutigam weist auf Partnerkonflikte hin.
Alchemistisches Symbol für die Verbindung der Gegensätze, die Verbindung männlicher und weiblicher Seelenanteile nach Jung.

Bremsen

Bedeutet erstaunlicherweise in der volkstümlichen Traumdeutung durchweg Unglück und große Enttäuschung, bes. wenn man selbst Braut oder Bräutigam ist.

Bremsen: Hindernis, fehlende Beweglichkeit und Hemmung. Oft drückt sich in diesem Traumbild der Anreiz oder auch der Zwang zu größerer Genauigkeit oder Mäßigkeit aus. Wichtig ist zu sehen, was bremst und was gebremst wird. In seltenen Fällen die Bedeutung von Sicherheit.

Brennholz: → Holz. Antrieb, kurze Affaire.

Brett: das Flache, Glatte und Verbindende. Wichtig ist die Funktion des Brettes.

Brief: Verbindung (zur geliebten Person), Nachricht, Kommunikation mit der Außenwelt. Botschaft, die noch nicht ins Bewußtsein gedrungen ist.

Briefmarke: Wert der Kommunikation nach außen. Wichtig ist der Wert der Marke wie auch ihr Bild.

Brieftasche: → Geld, Reichtum. Sinnbild des Eigenen, denn die Brieftasche tragen wir immer bei uns.
Verlust der Brieftasche kann auf Identitätsverlust verweisen.

Brille: Hilfe oder Hindernis, etwas genauer zu erkennen. Hier wird auf die eigene Optik verwiesen und der Mut zur subjektiven Sichtweise angesprochen. Einsicht, Weitsicht, Überblick wie bei → Auge und teilweise bei → Vogel, hier ist jedoch ein Hilfsmittel nötig. Auch Ausdruck der gefährdeten, geschützten oder geschärften Subjektivität (und Emotionalität).
Sonnenbrille weist auf Sommer, Ferien und → Blendung; Schutzbrille auf Arbeit. Vgl. auch »rosarote Brille«.

Brombeere: Verweist auf Natürlichkeit.
Klassisch tiefenpsychologisch wie alle → Beeren sexuelle Anspielung (Kitzler). Volkstümliche Traumdeutung: schlechtes Omen aufgrund der schwarzen Farbe.

Brosche: Wie bei allen Schmucksymbolen Verweis auf Eitelkeit oder Bereicherung des Lebens. Man möchte Anerkennung, etwas darstellen im Leben oder beschenkt werden.

Brot / Brötchen: Lebenserhaltende Speise, Stärkung, nährende Substanz. Ökonomische Sicherheit wie bei → Beamter, aber nicht derart materiell wie bei → Aktie, → Auktion und → Brieftasche. Wegen der Form häufig Symbol für das weibliche Genital. Dieses Symbol verweist ferner auf das Alltägliche

(»unser täglich Brot gib uns heute«). Achten Sie darauf, ob Sie große oder kleine Brötchen backen. Nach Jung der Leib (Brotlaib), vgl. auch Schaubrote im Tempel Davids oder Abendmahl der Christen. Häufiges Traumsymbol, wenn die Triebenergie auf die vorsexuelle Stufe (orale Befriedigung) zurückfällt (Jung). Freud nennt das die Regression in die orale Phase.

Bruder: Beim Mann das zweite Ich. Man ist ganz auf sich selbst angewiesen, bekommt Hilfe aus sich selbst heraus oder die männliche Seite sollte gestärkt werden. Bei der Frau ihre männliche Seite.

Brücke: Ein häufiges mythologisches und Traumsymbol ist die Brücke über dem Abgrund. Oft Ort der Gefahr und des Absturzes im Traum, man überschreitet eine Grenze. Vor dieser Gefahr schützt im katholischen Glauben der Heilige Johannes von Nepomuk (Schutzheiliger der Brücken). Vereinigung, Wiederaufnahme von Beziehungen, Gegensätze werden überbrückt. Hat der Träumer große Sicherheit, schwindet die Angst vor dem Abgrund, die Brücke wird breiter und sicherer, aber sie bleibt ein potentieller Ort der Gefahr. Wichtig ist der Zustand der Brücke, ihr Material. Wie fühlt man sich auf der Brücke? Man hat ein gutes Stück Seelenarbeit geleistet, wenn man über die Brücke gelangt ist, eine Änderung hat sich vollzogen (man ist am anderen Ufer).

Im Koran: Brücke über die Hölle, die dünn wie ein Faden ist und die nur der Gerechte überschreiten kann. Auch bei den Kelten gibt es die Brücke der Schrecken, die nicht breiter als ein Faden ist. Die Brücke leitet meist über einen Abgrund, in dem sich fast immer ein Geist, Teufel oder Gott befindet. Oft muß man ihm im Traum ein Opfer bringen, um über die Brücke zu gelangen. Auf Brücken stehen deswegen manchmal Kapellen, wo solche Opfer dargebracht werden können (Paris und Leeds).

Jung bezieht die Brücke immer auf unsichere Stellen des Bewußtseins. Psychologisch repräsentiert sie nach Jung das dünne, unsichere Bewußtsein, das immer wieder vom Unbewußten bedroht wird. Zeigt aber auch die Bewußtseinskontinuität, denn sie verbindet die einzelnen Bewußtseinsinseln.

Brunnen: häufig in Träumen von Schwangeren als Ursymbol des Lebendigen (z. B. Jungbrunnen). Kapital des Menschen, aus dem er schöpft. Tiefe (der Seele), weibliches Sexualsymbol wie auch →Quelle.

Brust: Starke Mutterbindung, Regression, Nahrung, weibliches Symbol. Beim Mann: Leidensfähigkeit, Geduld, treue Freundschaft. Ausruhen und Heilung wie

Buch 60

auch bei →Busen. Hier wird häufig die Aufgabe angesprochen, sich selbst zur »guten Mutter« zu werden und sich selbst als »eigenes Kind« anzunehmen.
Freud: frühkindliches Sexualsymbol.

Buch: Belesenheit und Klugheit als naheliegende Bedeutung. Man sollte sich mehr dem realen Leben zuwenden. Im »Buch des Lebens« ist das eigene innere Wissen niedergeschrieben, d.h. hier finden wir das Drehbuch oder das Skript zu unserem Leben. Der Inhalt des Buches, sein Titel und die Farbe des Einbandes sind wichtig. Vgl. auch →Autor/in.

Buckel: Altes Glückssymbol (Glöckner von Notre Dame), Periode vieler Belastungen. Mehr Aufrichtigkeit wird von Ihnen gefordert. Sie können aber auch Ballast abwerfen.

Büchse: →Behälter.

Büffel: bekanntes männliches Sexualsymbol, männliche Triebkraft wie →Bulle und →Bock.

Bügeleisen: Es gibt etwas zu verbessern, »auszubügeln«. Könnten Sie zu konventionell sein? Häuslichkeit wie bei →Abendmahl, nur daß hier die soziale Bedeutung mehr oder weniger fehlt, eher wie bei →Blumentopf, →Backen und →Braten, vgl. a. →Henne, →Kissen, →Porzellan und →Schürze.

Bühne: Verweist auf eine wichtige Stellung oder Stelle im Leben. Man möchte wie bei →Arena mehr im Rampenlicht stehen. Kommen Sie aus sich heraus und zeigen Sie sich! Welche Rolle haben Sie gespielt, oder hinter welcher Maske versteckten Sie sich? Welches Stück haben Sie gesehen?

Bürgersteig: verweist fast immer auf Sicherheit, nach der man sich sehnt, um weiterzukommen wie auch bei →Aktie und →Beamter.

Büro: berufliche Tätigkeit, Arbeit, Gemeinschaftsgefühl.
Das eigene Büro verweist auf Ihre eigene Arbeitshaltung, ein fremdes Büro mag darauf hinweisen, daß Sie sich zu sehr (in Ihrer Arbeit) nach anderen richten.

Bulldozer: Kraft, etwas beiseite (bzw. aus dem Weg) zu räumen, oder fühlen Sie sich abgeschoben?

Bulle: Männliches Sexualsymbol wie →Büffel und →Bock. Polizist, Symbol des Feindes, aber auch der Hinweis auf Ruhe im Sinne von In-sich-ruhen.

Burg: →Schloß, →Stadt. Macht und Abkapselung, aber auch Symbol der Mitte. Als →Muttersymbol

bergend, vereinnahmend oder schützend.
Nach Freud sind Burg, Schloß und Festung wie auch Stadt immer Symbole der Frau.

Bus: →Omnibus. Schnelles Vorwärtskommen auf der Lebensstraße, aber im Gegensatz zum →Auto mit der Gemeinschaft verbunden. Man will mit Gewalt und meist auch allein zum Ziel kommen, was dem Träumer nicht gut tut. Weniger Gewalt und mehr Ausdauer wäre besser. Erinnert ans Kollektive; die Kraft, die viele mitzieht. Verreisen, Ortsveränderung.
In welchem Zustand befindet sich der Bus? Wie verläuft die Fahrt?

Busch/Gebüsch: Heimlichkeit (hinterm Busch halten). Schutz vor unangemessener Öffentlichkeit oder Angst vor Offenheit. Weib-liche Gefühle, Neigungen und Wünsche (Merlin wird von Viviane hinter einem Weißdornbusch verführt).
Ist der Busch kahl oder blüht er? Ist etwas im oder hinter dem Busch versteckt (Gott erscheint Moses im brennenden Busch)?

Busen: Sehnsucht nach Verbundenheit, Zärtlichkeit, Ruhe wie bei →Brust. Wen man an seinen Busen nimmt, der ist einem verwandt. Nach altgermanischem Recht wurden Verwandschaftsgrade durch Körperteile bezeichnet; »Busen« gehörte zu den nahen Blutsverwandten.

Butter: positives Symbol, alles ist in Ordnung (»in Butter«). Symbol des Nahrhaften und der Verfeinerung. Hier ist auch die sprachliche Nähe zu →Mutter zu beachten.

Café: naheliegendes Symbol für den Ort der Muße und Erholung, Genuß. Treffpunkt und intellektuelle Anregung.
Was nehmen Sie im Café zu sich?

Campingplatz: vgl. auch →Zelt. Wunsch nach Erholung und Urlaub. Gemeinschaftsgefühl, Sehnsucht nach einfachem Leben.

Cassette(nrecorder): →Tonband.

Champagner: →Sekt. Aufstieg, Ausgelassenheit, man sollte sich etwas gönnen. Luxus wird ersehnt wie bei →Austern, warnt zugleich vor Verschwendung.
In Champagner zu baden, gilt als Symbol prickelnder Sexualität und des dekadenten Luxus.
Volkstümliche Traumdeutung: unglückliches Zeichen in bezug auf Liebesbeziehungen (Fremdgehen oder Verschwendungssucht des Partners).

Champignon: Erdverbundenheit.

Chauffeur: Man bewegt sich nicht aus eigenem Antrieb, man wird gesteuert, was auf die Seele oder das Unbewußte verweisen kann, das uns vorwärtsbringt. Fremde Hilfe (wenn man gefahren wird). Ist man selber der Chauffeur, wird mehr Demut angesagt sein, man sollte dienen statt herrschen, ähnlich wie bei →Kellner. – Wie steht es um Ihre Selbsterfahrung?

Chef: Symbol der männlichen Autorität wie der →Vater. Der reale eigene Chef. Oder der Chef als Sinnbild der eigenen obersten Instanz in jedem/r von uns: Fähigkeit zur Selbst-Regierung. Positive Färbung dieses Traumsymbols: die positive Männlichkeit, »Herrscher« in eigener Sache. Sich selber als Chef zu sehen, ist meist ein Wunsch- oder kompensatorischer Traum: man fühlt sich unterlegen und minderwertig. Oder man nutzt seine Macht zuwenig.
Vom eigenen Chef zu träumen soll nach volkstümlicher Traumdeutung Aufstieg anzeigen und somit Wohlstand. Nach Jung spricht hier meist die herrschsüchtige männliche Seite in uns.

Chemiker: →Alchemist, →Apotheker. Es geht um neue Zusammensetzungen oder Analyse und Veränderung. Oft Hinweis, daß man entweder zu einseitig intellektuell ist oder intellektueller sein sollte. Wie der →Arzt und →Apotheker der Mann im weißen Kittel, der reine Mann (Hinweis auf den Geist, dem die weiße Farbe zugeordnet wird). Träumen Frauen vom Chemiker, klingt hier fast immer deren Animus-Bild an.

Chirurg: Durch Abschneiden (Vergessen) muß etwas geheilt werden. Der Retter in der Not. Autorität, häufig männlicher Held oder dessen Beschränktheit im zeitgenössischen Frauentraum. Auch der angeschwärmte Mann der Arztromane und Fernsehserien.

Chor: Verschmelzung, Fröhlichkeit, Harmonie (himmlische Chöre) und Kunstverstand. Wie können Sie sich in eine Gruppe einordnen, und wie können Sie dort Sie selber bleiben?
Singen Sie mit oder hören Sie nur zu?

Cello: Harmonie wie bei →Chor. Tiefe, Erdung und Führung ins Unbewußte.
Spielen Sie selbst oder hören Sie zu?
In der Psychoanalyse der weibliche Körper.

Clown: das Leben sollte nicht so ernst genommen werden. Spiel,

Leichtigkeit. Angst, sich lächerlich zu machen aus einem Minderwertigkeitsgefühl heraus, oder man hat zu große Ansprüche an sich und andere. Wichtig sind die Handlungen und Stimmungen des Clowns.

Computer: Arbeitshilfe, unpersönliche Perfektion, gefühllose Präzision: es fehlt Gefühl und Seele. Warnt vor Karrierismus. Symbol des geistigen Ordnungs- und Kombinationsvermögens.

Couch: Ruhe, Rast wie →Armsessel. Couch hat fast immer sexuelle Anklänge.
Mit wem sitzt man dort, welche Farbe hat die Couch?

Cousin (-e): das Verwandte, meist Eigenschaft des Träumers selbst.

Cowboy: Abenteuerlust und Selbständigkeitsdrang. Übertriebene Geltungssucht. Wunsch nach Unmittelbarkeit und Nähe zu sich selbst →Schütze.

Creme: Verweist auf die »Charaktermaske« im alltäglichen Leben. Man möchte schöner sein, als man ist. Allerdings stellt die Creme auch den »Seelenbalsam« dar. Im tieferen Sinne ist hier die Schönheit der Seele angesprochen, und die schöne Seele ist im übertragenen Sinne immer auch die wahre Seele.

Dach: Geborgenheit, Schutz, Kopf und Intellektualität. Bereich der bewußten Gehirntätigkeit. Wir sprechen vom »Dach über dem Kopf«, d. h. im Bild des Daches drückt sich häufig ein höheres geistiges Fassungsvermögen aus. Sollten bei Ihnen neue Erkenntnisse anstehen? Das Dach kann auch für das ganze → Haus stehen.
Die volkstümliche Traumdeutung spricht vom Wohlergehen und Wohlstand.

Dachboden: Dort liegen vergessene Ansprüche und Erwartungen.
Nach Jung Ort erster sexueller Erfahrungen, wie auch im Märchen »Dornröschen«, wo der Spindelstich in der Turmkammer, also im »Oberstübchen« geschieht. Hier auf dem Dachboden und im Oberstübchen sind die Tabus im geistigen Bereich angesprochen. Neben der Sexualität ist das selbständige Bewußtsein eines dieser Tabus.
Hier auf dem Dachboden liegen vorzugsweise die Gedanken, die wir uns nicht zu denken trauen und Einstellungen, die wir nicht zu äußern wagen.
Volkstümliche Traumdeutung:

Verlobung (weils da so romantisch ist).

Dachgiebel: Guter Rat und Sicherheit wie bei → Arche.

Dachs: Man hat Arbeit vor sich. Seltenes Sexualsymbol im Traum.

Dachziegel: Schutz, Sicherheit wie bei → Dach(giebel) und → Arche.
Volkstümliche Traumdeutung: Beförderung im Beruf.

Dackel: Ein guter Kamerad, der uns aber nicht hilft, dafür aber lustig ist. Wir müssen für das Tierische (in uns) sorgen und mehr auf unsere Instinkte achten. Man soll nicht so »hündisch« sein.

Dämmerung: Romantik, Zwischenbereich: man steht zwischen zwei Welten und sieht nicht klar. Die Dämmerung bezeichnet den Moment des Überganges an, in dem die Dinge ungeschieden und ungeformt wirken. Das Morgengrauen ist den Ängsten verbunden, jedoch auch teilweise ein Symbol des Neuanfangs, der Neugier (was der neue Tag bringen mag) und der Offenheit. Das Morgen- und Abendrot ist eine Zeit der Lust (→Rot).

Dahlie: wie bei allen →Blumen: man blüht auf. Buntheit und Offenheit.

Damm (wie Staudamm und Deich): Einengung, Aggressionsstau ähnlich wie bei →Dampf, beherrschte Gefühle, unterdrückte Wünsche. Auch Sicherheit und Stütze wie →Anker, →Arche und →Boje (vgl. Th. Storm »Der Schimmelreiter«). Dammbrüche: aggressive oder triebhafte Entladung. Sich auf dem Damm befinden: gesund sein.

Damm (wie Bahndamm): Dieses Traumbild weist immer auf einen bestimmten vorgegebenen Weg hin. Der Bahndamm besitzt dabei möglicherweise sexuell-erotische Bedeutungen als zwielichtiger Ort erster sexueller Erfahrungen. »Damm« wird ferner die Körperzone zwischen Geschlechtsorgan und After genannt.

Dampf/Dampfkessel: Gestaute seelische Energie wie bei →Damm, die sich entladen möchte (Dampf ablassen). Man steht unter Dampf oder ist der Hans-Dampf in allen Gassen. Steht der Dampf nicht unter Druck, dann sind eher Auflösungserscheinung und die Lust, sich zu verströmen gemeint: Der

Dampf als Symbol der Hingabe. Der Dampf als Mischung von heißem Wasser (»heiße Gefühle«) und Luft (Intellekt) weist auf bewußte Leidenschaften hin.

Dattel: Symbol des weiblichen Geschlechtes. Nach orientalischer Auffassung eine sinnliche Frucht; verweist dort auf eine sich anbahnende leidenschaftliche Beziehung.

Daumen: Weist auf die Produktivität bei Mann und Frau (auch auf Penis/Klitoris). Symbolischer Ausdruck der Kreativität. Deutet häufig auf die eigene Person, die als klein empfunden wird. Daumenstellung kann Leben oder Tod bedeuten: zum Beispiel bei den Gladiatorenkämpfen im alten Rom. Volkstümliche Traumdeutung: Hindernisse liegen im Weg. Nach Freud Symbol für sexuelle Triebhaftigkeit.

Daumenlutschen: Flucht in die Kindlichkeit.
In der Psychoanalyse ein bekanntes Onaniesymbol.

Deck: →Schiff. Reise und Erholung. Befinden Sie sich auf dem Ober- oder Unterdeck? Verweist darauf, ob Sie zur Zeit mehr im Kopf oder im Bauch zentriert sind.

Decke (wie Bettdecke): Schützen und wärmen, verbergen und verheimlichen. Mit einem anderen unter einer Decke zu stecken, zeigt engste Verbunden- und Vertrautheit an.

Decke (als Zimmerdecke): Begrenzung des Denkens und der Ideen. Im Traum fällt einem die Decke entweder auf den Kopf und macht so ein Gefühl der Enge und des Eingesperrtseins drastisch klar, oder sie ist unendlich hoch, und man versucht, sich nach ihr zu strecken, um sie zu erreichen. In jedem Falle ist entweder noch mehr intellektuelle Anstrengung nötig oder man strengt sich zu sehr intellektuell an.

Defloration: →Entjungferung, →Blume.

Degen: Machtstreben wie bei →Denkmal und Aggression. Häufiges Symbol geistiger Arbeit, da der Degen trennt und so zu Unterscheidungen führt. Mit dem Degen hält man sich einen anderen von Leib, so ist er häufig ein Bild für Distanz und Individualität.
Nach Freud Penissymbol wie auch →Dolch. In heutiger Psychoanalyse: Trennung bzw. Angst vor Trennung wie bei →Aas, →Abschied, →Abtreibung, →Leiche, →Tod, →Scheidung und →Beerdigung.

Delphin: Der kluge →Fisch, das hochentwickelte Tierische, intelligente Emotionen.

Demonstration: Sind Sie beteiligt oder betrachtend? Was empfinden Sie in dieser Traumszene? Wer demonstriert wofür? Und die wichtigste Frage, die Sie sich bei diesem Traumbild stellen sollten: Was würde ich fordern oder wünschen? Welche Ziele setzen mich in Bewegung?

Denkmal: Erfolg, Belohnung für Mühen, Machtstreben wie bei →Degen, nur nicht derart aggressiv.

Detektiv/in: Die Wunder und Gefahren des Alltags. Dieses Traumbild zeigt oft die Suche nach den eigenen unbekannten Möglichkeiten, aber auch Gefahren an.

Diadem: Eitelkeit oder Freude an der eigenen Ausstrahlung.
Volkstümliche Traumdeutung: bei Frauen Ambitionen; bei Männern: sie wollen das Juwel, die Frau besitzen.

Diamant: Archetypisches Bild für das Selbst des Menschen und sein durchsichtiges, unveränderliches, hartes Wesen. Der Diamant steht für das reinste →Wasser und die gereinigte →Erde. Er ist ein Symbol seelischer Ganzheit, Klarheit und des bes. Wertvollen. Wer den Diamant besitzt, der kann nicht nur nach buddhistischer Auffassung allen Anfechtungen trotzen. Auf der anderen Seite kann dieses

Traumsymbol auf Eitelkeit (wie jeder Schmuck) und auf unnötige Härte und kühle Distanz verweisen. Sehen Sie den durchsichtigen Diamanten im Traum, dann sollten Sie sich zu Ihrem eigenen Wesen rückhaltlos bekennen und trotz aller Unvollkommenheiten zu sich stehen. Sie mögen sich auch fragen, ob Sie genug Klarheit und Härte im Leben besitzen. Nach Physiologus der Sonnenstein, der nur nachts gefunden werden kann und nicht im Feuer schmilzt. Höchste Vollendung des irdischen Körpers nach Jung (der Auferstehungsleib).

Dichter/in: Verlangen nach kreativer Tätigkeit, Phantasie und Inspiration. Die Vorstellung des Schaffens aus dem Leiden heraus wird häufig mit diesem Traumbild verbunden. Letztendlich geht es hier meist darum, sein Leben zu verdichten, es dichter werden zu lassen, d. h. es zu intensivieren und gezielter auf das persönliche Wesentliche hin zu leben.

Dieb/Diebstahl: Angst vor Verlust bes. in persönlichen Beziehungen oder man möchte sich aus der Beziehung wegstehlen. Werden Sie bestohlen oder sind Sie der Dieb? Was wird gestohlen?

Diener: Verweist wie →Chauffeur meist auf notwendige Demut oder zu viel Unterordnung. Symbol des eigenen Verstandes oder auch ein Zeichen der Faulheit.

Diktator: →Chef, nur stärker und bes. aggressiver. Angst vor dem →Anderen. Wie sieht es mit Ihrer Geltungssucht aus? Vgl. auch →Admiral.

Dinosaurier: Häufig »die großen Eltern«: Großeltern, Ahnen etc., Erinnerung an eine Kindheitssituation, denn Kinder sehen ihre Eltern als sehr groß an (Perspektive des kleinen Kindes). Das Bild verweist auf frühe Phasen der Evolution, auf ererbte oder frühkindliche Erfahrungen. Es geht hier auch nicht zuletzt um die Faszination des Großen und Monumentalen: Entweder sehnt man sich nach Größe, oder man ist in seine Größe zu verliebt.

Diplom: Man möchte sich intellektuell auszeichnen und öffentlich anerkannt werden. Oder streben Sie zu sehr nach dieser Anerkennung? Im Prüfungstraum tritt meist die Angst vor der Diplomprüfung auf.

Diplomat: Seien Sie diplomatischer, wägen Sie Ihre Worte und Taten mehr ab. Oft der Ausdruck eines Bedürfnisses nach Welt- und Selbsterfahrung.

Dirigent: Autoritätsfigur ähnlich wie →Chef und →Admiral – nur daß es hier um die Harmonie geht. Man möchte etwas leiten, auf daß alles harmonischer wird.

Dirne/Hure/Prostituierte: wie →Bordell, nur aktiver. Das Triebleben meldet sich zu Wort, bes. häufiges Traumsymbol bei zu starren Lebensprinzipien. Sehnsucht nach wilder Sexualität in Zeiten unfreiwilliger Enthaltsamkeit. Verweist auf Schwierigkeit der/des Träumenden, Liebe und Sexualität zu verbinden. Häufig beim Typ des ewigen Junggesellen und bei Männern mit Mutterbindung, wie auch bei bes. behüteten Mädchen. Stehen Sie mehr zu Ihren Trieben und haben Sie den Mut, Sie selbst zu sein!
Deutet bei Jung auf Schattenproblematik, auf verdrängte Wünsche in bezug auf das Ausleben des eigenen Trieblebens bei Freud.
Bedeutet in der volkstümlichen Traumdeutung einen Lotteriegewinn und allgemein Glück im Spiel um Geld.

Diskothek: →Jugend, →Tanz. Auch ein Traumsymbol entfremdeten Kontaktes bei gleichzeitiger Sehnsucht nach Kontakt. Körperliches Ausagieren. »Jahrmarkt der Eitelkeiten« und Sehnsucht nach bunter Lebensintensität.

Diskussion: Oft bei Bearbeitung von ungelösten intellektuellen Problemen (Tagesresten); unbewußte Problemlösungsstragie. Hinweis, daß ein bestimmtes Problem nur kollektiv gelöst werden kann.

Distel: Arbeit, Mühsal und Streit. Nach Artemidor Sorgen und Schwierigkeiten mit einem Mann.

Doktor/in: →Arzt. Helfer, Heiler, der weise Mann, der Ratgeber und Führer. Symbol der heilenden Kraft in einer/m selbst, auf die man sich verlassen kann. Auf der anderen Seite weist der »Doktor« als Titel auf das hin, was wir gerne öffentlich zur Schau stellen. Ist dies der Fall, dann sollten Sie sich immer die Frage nach Ihrem wahren Ich stellen.
Die volkstümliche Traumdeutung spricht hier von einem allgemein guten Omen.

Dolch: Machtstreben, Aggression und Männlichkeitssymbol. Der Dolch kann aber auch auf Schutz und Sicherheit verweisen. Oft finden Sie hier Ihre inneren Leiden und Leidenschaften angesprochen, es wird auf Ihre inneren Geheimnisse verwiesen, die Sie zu verbergen suchen. Die Frage, wie Sie Ihre unbewußten Kräfte nutzen, mag hier weiterführen. Können Sie Ihre Wunden zeigen und Ihre Verletzlichkeit zugeben? Sehen Sie, daß eine Wunde und eine Verletzlichkeit Sie menschlich und sympathisch macht? Wenn man zu seinen Wunden steht, braucht man keine

Angst zu haben, sich selbst nicht behaupten zu können, dann ist keine aggressive Abgrenzung mehr nötig. Nach der Psychoanalyse bei Frauen der Wunsch nach völliger Hingabe. Volkstümliche Traumdeutung: Verrat und Betrug.

Dom (als Haus Gottes): Heiliger Ort, (Selbst)Besinnung, Ruhe in Zeiten der Unrast wie →Kapelle und →Kirche nur stärker, da größer. Nostalgie, Erinnerung an alte Zeiten. Die Gestaltung des eigenen Lebens kann man als Dom sehen: Großes Werk, Vereinigung vieler Kräfte, verwirklichte »Berufung«.

Donner: →Blitz. Man sollte sich mehr durchsetzen und sich nicht alles gefallen lassen. Man sollte einmal »losdonnern«. Hier steht als Aufgabe an, sein Leben und seine persönliche Welt mehr zu gestalten.
Im I GING bezeichnet der Donner das Erregende und somit den ersten Sohn. Altägyptische Traumdeutung: schlechte Nachricht, Zorn, Wut, aggressive Gefühle. Zeus, der joviale Donnerer bei Homer. Volkstümliche Traumdeutung: große Schwierigkeiten.

Dorf: Symbol der Persönlichkeit der/des Träumenden: natürlich und ausgeglichen (zumindest als Ideal). Kann aber auch Enge wie bei →Belagerung, →Bernstein und

→Falle sowie falsche Romantik bedeuten.
Schon in altägyptischer Traumdeutung: friedliches Dasein, Familie, Schutz, Zugehörigkeit.

Dornbusch: Probleme und Schwierigkeiten wie bei →Busch − oft in der Partnerschaft.

Dornen: →Stachel, →Distel, →Rose.
Nach Artemidor: Hindernisse oder Schwierigkeiten mit einer Frau. Volkstümliche Traumdeutung: Armut.

Dose: →Behälter, →Büchse. Weibliche Sexualität. Wichtig ist, was sich in der Dose befindet und was Sie damit anfangen können. Dosen, Schachteln, Behälter, Büchsen symbolisieren den Frauenleib nach Freud.

Drache: Angst vor einer Frau, meist die Partnerin oder Mutter. Große Reichtümer und Glück. Der Drache kann bedrohlich und kriegerisch wirken (bei Blake: geistiger Krieg). Oft − wie in den allegorischen Darstellungen von Hl. Michael oder St. Georg und dem Drachen − Symbol des Triebes, den es um der geistigen Entwicklung willen zu bekämpfen gilt. Verweis auf die eigenen »giftigen« und zerstörerischen Anteile. Horten Sie zuviel? Welche Schätze möchten Sie besitzen?

Draht

Nach Artemidor: Reichtum und Schätze. Chinesisches Glücksymbol (vgl. auch »Die unendliche Geschichte«).

Draht: Verbindung zu jemanden, zu einem anderen Ort (einen heißen Draht haben); informiert und clever sein (auf Draht sein). Häufiges Symbol der Nerven und der geistigen Verbindungen. Ein elektrisch geladener Draht zeigt meist Spannungen der/des Träumenden an.

Dreck: Unsaubere Gefühle, die den Träumer belasten. Häufig sexuelle Gefühle, die Eltern den Kindern gegenüber als »dreckig« bezeichnet haben. Die Aufgabe, sich zu reinigen und eine Angelegenheit zu bereinigen, wird in diesem Bild oft angesprochen.

Drei: Drei ist Spannung, Dynamik, Rhythmus (vgl. Hegels Dialektik) und Vollständigkeit (hl. Dreieinigkeit). Sie ist ein Symbol des Geistes, da sie der dritten menschlichen Bewußtseinsstufe (nach körperlich und emotional) zugeordnet wird. Im Nahen Osten gilt die Drei als heilige Zahl. Die Drei steht immer mit der Zeit in Verbindung: Vergangenheit – Gegenwart – Zukunft. Schicksalsgöttinnen der Römer treten fast durchgehend als drei Göttinnen auf (z. B. die drei →Parzen). Die Weiblichkeit stellt man sich seit alten Zeiten unter drei Aspekten vor: die Jungfrau (Artemis), die Frau (Hera) und die alte Frau (Hekate).

Faust muß dreimal rufen, ehe Mephisto eintritt, auch dreimalige Verleugnung Christi durch Petrus: dreimaliges Tun des Gleichen ist ein Wirksamkeitszauber, er stellt die Verbindung mit der Wirklichkeit her.

Verweist nach Freud auf männliche Genitalität. Nach Jung ist die Drei eine numinose Zahl, die drei Dienerinnen der Königin der Nacht in der Zauberflöte, die drei Hexen in Macbeth, die drei Wünsche, die man frei hat, und die drei goldenen Haare des Teufels im gleichnamigen Märchen. Dies alles geht wie die vielen Göttertrinitäten auf eine ursprüngliche Dreiheit: Vater-Mutter-Sohn zurück. Es ist hier ausdrücklich das männliche Kind gemeint, da die Drei nach westlicher Tradition (z. B. Kabbala) als ungerade und dazu noch als Primzahl eine genuine männliche Zahl ist. Außerdem wird in dieser Tradition im Kind vor allem die männliche Zeugungskraft gesehen. Die Drei als weibliche Zahl andererseits gehört eher in den Mittelmeerbereich, woher wir die dreifaltige Göttin kennen, die über die christlich-katholische Marienverehrung und die Wiederentdeckung der Matriarchate auch in heutiger Zeit von Bedeutung ist.

Nach Jung hängt die Drei mit dem Teuflischen zusammen: Die Triebhölle in der Alchemie wird als dreiköpfige Schlange dargestellt (serpens mercurii). Die dreiköpfige Schlange ist in der Mythologie immer Satan (bei Dante im Inferno hat der Satan drei Köpfe als Gegenbild zur christlichen Trinität). Die Drei gehört nach Jung der Jugend an und verweist seit Urzeiten in China und im patriarchalen antiken Griechenland auf das männliche Attribut und dessen Funktion. Goethes »Faust. Der Tragödie zweiter Teil« dagegen endet mit den bekannten Worten: »Das Ewig-Weibliche/Zieht uns hinan« sowie mit der Anrufung der großen Göttin in ihrer dreifachen Gestalt als »Jungfrau, Mutter, Königin« (Verse 12 102 + 12 110 f.)

Dreieck: Vergeistigung. Weibliches Sexualsymbol, wenn Spitze nach unten deutet. Männliches, wenn Spitze nach oben deutet (siehe heilige geometrische Abbildungen im Tantrismus und die Form der Schambehaarung bei Mann und Frau).
Dreiecksverhältnis nach volkstümlicher Traumdeutung.

Droge: →Opium. Vernebelung (Neptun-Symbolik); man sollte wacher, klarer und bewußter werden.

Drossel: wie alle →Vögel Vermittler zwischen Himmel und Erde, zwischen Göttlich und Menschlich. Überblick.

Vermittelt Frauen im Traum neue Bekanntschaft und Männern unerwartete Zuneigung nach mittelalterlicher Traumdeutung.
Siehe das Märchen »König Drosselbart«.

Dschungel: weist oft auf Schwierigkeiten hin, bes. wenn man sich im Traum einen Weg durch den Dschungel bahnen muß. Symbol des Erwerbs-und Alltagsleben. Beängstigende und undurchschaubare Situationen (meist emotional), →Urwald.
Volkstümliche Traumdeutung: finanzielle Schwierigkeiten.

Dudelsack: Urlaubserinnerung; Androgynität (Schottenrock).
Volkstümliche Traumdeutung: Beziehungsprobleme.

Duell: →Duett. Ärger mit Umwelt. Widersprüchliche Gefühle. Dieses Traumsymbol kann auch sexuellen Aspekt besitzen. Häufiges Traumbild, wenn man mit sich selber im Krieg steht (»zwei Seelen wohnen, ach, in meiner Brust« Faust).

Düne: Reiseerinnerung; Vergänglichkeit. Etwas versandet, läuft aus. →Treibsand, →Sand, →Strand.

Dürre: ökonomische Verluste, Leiden. Biblischer Traum des Pharao: sieben magere und sieben fette Jahre.

Düsenjäger: Schnelligkeit der Gedanken, Kriegsangst wie bei →Helm, →Bajonett und →Bombe nur noch unpersönlicher und technischer. Aggression. Ist häufig auf realen Düsenjägerkrach zurückzuführen.

Duett: widersprüchliche Gedanken und Gefühle wie bei →Duell, nur harmonischer. Harmonie, bes. in Beziehungen.
Volkstümliche Traumdeutung: häusliches Glück.

Duft/Geruch: zunächst ist einmal zu schauen, ob nicht ein realer Duft im Schlaf einem in die Nase drang. Dufterfahrungen sind sehr selten im Traum, verweisen auf Lebensgenuß und Sinnlichkeit. Die Art des Duftes zeigt, wie man der duftenden Sache gegenüber eingestellt ist (man kann jemanden nicht riechen).
Nicht nur nach Freud können gerade Gerüche sehr gut Erinnerungen an bestimmte Orte und Personen wachrufen.

Dunkelheit: →Finsternis. Bekannte Schattensymbolik, wobei der Schatten vor allem etwas Unsichtbares darstellt. Angst vor Menschen, Gefühlen, Gedanken, Handlungen und Situationen, die wir nicht verstehen. Man sollte seinen Weg nicht aus den Augen verlieren. Was im Dunkeln liegt, das kann man nicht durchschauen. Unklare Ahnungen, Unwissenheit, Geheimnis und Zweifel. Fast immer ist mehr Bewußtsein (→Licht) nötig: Entweder sollte man das Dunkele (geistig) erhellen oder bewußter mit dem Unbekannten leben.

Dunst: Unklarheit, wie →Dunkelheit, nur nicht ganz so stark. Sonst wie →Dampf und →Nebel (Neptun-Symbolik).

Durst: häufig realer Durst im Schlaf. Innere Unruhe. Hindernistraum.
Wichtig ist, wonach einem dürstet, oft ein Zeichen seelischer Sehnsucht.

Dusche: Wunsch nach Reinigung wie bei →Bad, →Seife und →Sauna, die Verschmutzung wird aber nicht so negativ wie bei →Abort, →Abzeß und →Abwässer empfunden. Der Wunsch, wieder neue Kraft und Lebensgeister zu bekommen (seelische Erneuerung). Entspannung.

Ebbe: seelische Entspannung oder aber Spannungslosigkeit, Beruhigung des Gefühlslebens. Es geht einer/m ökonomisch schlecht (Ebbe im Portomonaie).

Ebene: Langeweile aber auch Ausgeglichenheit. Weite Voraussicht, Übersicht ähnlich wie bei der → Vogelsymbolik.
Volkstümliche Traumdeutung: materielle Gewinne.

Ebenholz: → Schwarz, → Holz. Schönheit.
Volkstümliche Traumdeutung: Reise in ein fernes Land.
Märchen: spielt zu Beginn von »Schneewittchen« eine Rolle.

Eber: animalisch männliche Triebkraft wie bei → Bock und → Bulle.

Echo: wird meist durch Geräuschimpulse der Umwelt erzeugt. Man sollte mehr die Wirkungen der eigenen Rede beachten; alles, was man aussendet, fällt auf eine/n zurück. Auch häufig Symbol der Seele, in der alles wiederschwingt. Man hofft auf Reaktionen der Umwelt. Erinnerungen an etwas längst

Gesagtes, das sich womöglich in einem neuen Sinn darstellt.
Volkstümliche Traumdeutung: Man hört von einem positiven Ereignis.

Ecken und Winkel: Wagen Sie mehr Direktheit und Offenheit in Ihrer Kommunikation (vgl. »Winkeladvokat«). Es ist auch möglich, daß sich etwas vor Ihnen versteckt, oder verstecken Sie etwas?
Nach dem Volksglauben versteckt sich der Teufel in Ecken und Winkeln. Wobei nach heutiger Sicht der Teufel auf noch unbekannte Gefahren oder noch unerkannte Chancen bezogen werden kann.

Edelstein: Der Schatz des eigenen Inneren, das höhere Selbst. Verweist darauf, daß im eigenen Inneren etwas sehr Wertvolles gereift ist. Beständigkeit, Treue, Zuverlässigkeit, aber auch Stolz. Je glänzender der Stein, umso mehr wird Stolz und Eitelkeit betont.
Farbe und Art des Steines beachten! Angestoßene Steine haben negativen Symbolwert.

Efeu: Festigung bestehender Verhältnisse aber auch Warnung vor falschen Freunden. Man kann erdrückt werden (Parasit an Bäumen); vgl. auch →Vampir. Allerdings finden wir hier auch die Beständigkeit und die Belastbarkeit angesprochen (der Efeu ist eine immergrüne Pflanze). Volkstümlich: gute Gesundheit.

Ehe/Ehefrau/Ehemann: Ausgleich und Versöhnung von Gegensätzen, Verschmelzung männlicher und weiblicher Kräfte. Hier sind meist Persönlichkeitsanteile der/des Träumenden selbst bezeichnet. Wunsch nach Partnerschaft – bes. häufig in Scheidungs- und Trennungssituationen – oder Angst vor der Ehe und Bindung. Mit dem Bild der Ehe hängt auch die Entdeckung und das Sich-Einlassen auf den anderen zusammen. Können Sie das →Fremde und →Andere annehmen und akzeptieren? Können Sie den Abstand zwischen sich und dem anderen wahren und positiv erleben? Allerdings sollten Sie sich hier auch fragen, ob Sie die Erfüllung Ihrer Wünsche vom anderen, von Ihrem Partner erwarten, statt sich selbst darum zu bemühen. →Übertragung.

Ehering: Trennung oder Sehnsucht nach Verbindung. Volkstümliche Traumdeutung: Trennung.

Ehrung: Anerkennung wie →Applaus und →Beifall.

Ei: Symbol des Anfangs – in vielen Mythen entsteht die Welt aus einem Ei. Wiedergeburtssymbol: vgl. Ostereier. Das Zerbrechliche. Sehnsucht nach oder Angst vor Schwangerschaft wie bei →Baby und →Geburt. Im Koran: unberührte Frauen, die wie wohlbewahrte Eier sind. Verweist auf weibliche Sexualität und Mütterlichkeit bei Freud. Nach J. Fiebig Symbol des Tierkreiszeichens Krebs.

Eiche: Persönlichkeit des Träumers bzw. der Träumerin. Wichtig ist der Zustand und die Eigenart des →Baumes. Trägt er z. B. Blätter oder gar Früchte? Ist er unbelaubt, steht er im Wald oder alleine? Verkörperung der Naturkräfte (vgl. Druidentum). Nach Psychoanalyse deutet die Eiche im Frauentraum auf Unbefriedigtsein hin. Volkstümliche Traumdeutung: glücksverheißendes Omen.

Eichel: Vorsorge. Bekanntes Phallus-Symbol.

Eichhörnchen: flinkes, scheues, neugieriges Tier, das Ideen, Pläne und Hoffnungen symbolisiert. Natursehnsucht. Volkstümliche Traumdeutung: harte Arbeit steht einem bevor.

Eid: Wahrhaftigkeit, man möchte willensstark und zuverlässig in Zeiten der (inneren) Unsicherheit sein; Bindung an etwas.

Eidechse: im Traum oft die harmlose Miniaturausgabe eines →Drachen, bringt Glück. Volkstümlich: Verrat.

Eigenheim: Heimat und Geborgenheit, aber auch Abnabelung und seelische Eigenständigkeit. Achten Sie auf die Art des Hauses, das oft ein Bild für die eigene Identität wiedergibt – teilweise auch für die Gestalt Ihrer Persönlichkeit.

Eile: Trotz Eile kommt man im Traum meist nicht ans Ziel. Man befürchtet etwas zu versäumen, soll auf seine Planung achten, innehalten und in sich gehen. Bei allen Traumbildern, die mit der Zeit zusammenhängen, ist immer zu bedenken, daß »Zeit« oftmals nur ein anderes Wort für »Persönlichkeit« darstellt. Volkstümlich: warnt vor Gefahr, bes. Unfall und Feuer.

Eimer: →Gefäß, das gefüllt werden möchte oder gefüllt ist. Das volle Gefäß zeigt immer an, daß man viel zu geben hat. Weibliches Sexualsymbol. Etwas wird zunichte gemacht (»alles im Eimer«).

Einbahnstraße: Einseitigkeit (oft im Sinne von Gefangensein) aber auch Zielgerichtetheit.

Einbrecher: Bedürfnis, sich heimlich etwas anzueignen. Besitzgier (man bricht selbst ein). Man kann Menschen seiner Umgebung nicht trauen. Einer verletzt die Grenzen des Träumers gefühlsmäßig oder physisch (eine andere Person bricht ein). Es bricht etwas Neues herein: Angst vor Verlust (wie bei →Elster) bei Veränderungen. Was nehmen die Einbrecher mit?

Einfahrt: Offenheit. Sexuelle Bedeutung naheliegend.

Einhorn: Uraltes Symbol der Unschuld und Reinheit. Es legt sein Horn in den Schoß der Jungfrau, anders ist es nicht zu fangen. Es kann allen Giften ihre Wirkung nehmen, liebt die Lustigkeit. Ein Traumbild, das auf die Flucht in die irreale Märchenwelt deuten kann. Heute bedeutet das Einhorn sowohl die Hoffnung auf die Aufhebung von Gegensätzen als auch die Angst vor Widersprüchen. Unschuld und phallischer Drang werden im Bild des Einhorns verbunden, und so stellt sich der/dem Träumenden die Frage: Wie sehen meine Triebe ohne jedes Schuldgefühl aus? Es ist die Frage nach der »geläuterten Animalität«. Bei Jung Symbol des Selbst.

Einladung: →Einsamkeit, Sehnsucht nach sozialem Kontakt. Oder man lädt (einen Teil von) sich selber ein.

Eins: →Einheit, →rund, →Kreis und →Ball. Das Unteilbare, das Individuum.

Einsamkeit: Innerer Ruf nach sozialen Kontakten wie bei →Einladung. Man hat sich selbst im Stich gelassen (ist sich untreu geworden). Neigung, zu sehr auf sich bezogen zu sein. Selbständigkeit, man muß auf eigenen Füßen stehen.

Einsiedler: →Eremit. Gefahr, den Kontakt zu anderen Menschen zu verlieren. Selbstbesinnung, Läuterung, Verinnerlichung, Weltflucht oder aber Selbstbestimmung und Autonomie.

Eis: →Erfrieren. Man ist zu »cool«, zu distanziert. Einfrieren von Beziehungen, seelische Kälte wie bei →Eisen, Vereinsamung. In seltenen Fällen wird hier darauf verwiesen, daß das Wasser (der Seele und Emotionen) sich als tragfähig erweist.
Einbruch ins Eis: Gefahr vor Gefühlseinbrüchen.

Eisberg: große Stärke durch Disziplin. Distanz wie bei →Eis.

Eiscreme: (Sexual-)Genuß, Sommerfreuden, Ausspannen.

Eisen: Stabilität, Willenstärke, Widerstandskraft, Härte und Kälte wie bei →Eis. Man kann allerdings auch seine »Eisen im Feuer haben«, was auf Lebenskraft und Verwandlung (Umschmieden, Formung) hinweist.
Volkstümliche Traumdeutung: Schwierigkeiten.

Eisenbahn: →Zug. Urlaubs- oder Geschäftsreise? Angst, nicht zum Zuge zu kommen, oder »es ist höchste Eisenbahn« (→Eile). Vorwärtsentwicklung der Persönlichkeit, Erfolgsstreben und Kontaktfreudigkeit. Flucht aus jetziger Situation.
Sehen Sie einen Zug nur von außen oder fahren Sie im Zug (Sie sehen sich nach der Bewegung oder sind selbst Teil dieser Bewegung)? Welche Ereignisse gibt es auf der Zugfahrt, was charakterisiert diese?
Für Freud verweist das Abreisen mit der Eisenbahn und mit der Eisenbahn zu fahren auf den Tod (Freud litt allerdings an einer Eisenbahn-Phobie).

Eiszapfen: Glück und Zufriedenheit oder Gefühlskälte wie bei →Eis.

Elch: in der Natur: deutet auf natürliches Leben und Sehnsucht nach Freiheit und Einfachheit; ein-

Elefant

gesperrt: man kann seine Triebe nicht ausleben; männliche Triebhaftigkeit, Umherziehen. Mit dem Bild des Elches ist auch die Vorstellung großer Weite verbunden, die meist die Sehnsucht nach geistiger Klarheit und Offenheit ausdrückt. Als mächtiges großes Tier ruft das Bild des Elches ein Erstaunen über die Natur der Triebe hervor.

Elefant: Machtvolle Selbstdarstellung, oder man läßt etwas nicht an sich heran. Macht, Gelassenheit und Ruhe, aber auch Schwerfälligkeit. Kraft des Unbewußten, die dem Bewußtsein nicht zugänglich ist, vor der man sich fürchtet. Dickhäuter, der sich seiner zerstörerischen Kraft kaum bewußt ist (»Elefant im Porzellanladen«). Warnung vor der eigenen verdrängte Sexualität. Man sollte geduldiger (dickhäutiger) sein, oder man besitzt eine übermäßige Geduld.
Stoßzähne und Rüssel stellen männliche Sexualsymbole dar. Kranker oder schwacher Elefant weist auf gefühlsmäßige Verletzungen. Friedfertiger Elefant: man kann mit seinem Unbewußten gut umgehen.
Nach frühchristlicher Auffassung (Physiologus) besitzt er keinen Geschlechtstrieb und ist ein mächtiger Feind der → Schlangen; Elefantenhaare und -knochen sollen im Haus verbrannt vor bösen Geistern schützen.

Elektrizität(swerk): Energiesymbol, Zufluß und Umsatz von Energie, oder man steht unter Spannung.
Bei Unfällen im E.-Werk: man kann mit seiner inneren Spannung nicht umgehen, Triebstau wie bei → Abbruch, → Anfall, → Angriff, → Brand, → Brandung, → Entführung, → Entjungferung, → Flamme, → Gewalt, → Gier, → Harem, → Hautausschlag, → Hochspannungsleitung, → Hure und teilweise auch → Elfen.

Elfe: Hilfreiche Naturgeister, Lichtgestalten. Als komplementäres Symbol verweisen sie oft auf innere Spannung und Unausgeglichenheit wie teilweise auch → Elektrizitätswerk. Diese Wesen stellen Gefühle und Situationen des alltäglichen Lebens dar und sind dem Menschen gegenüber freundlich. Solche Traumsymbolik deutet u. a. auf Flucht in die Märchenwelt und auf Realitätsflucht hin. In diesem Bild wird dem Träumer/der Träumerin eine ihm/ihr unbekannte Leichtigkeit, Sorglosigkeit und Selbstlosigkeit gezeigt.
Die Fee ist nach Jung die Seelenführerin. Auf der anderen Seite haben nach dem Volksglauben Elfen keine Seele und der Tanz der Elfen wurde seit dem Mittelalter als Verleitung zur »Unzucht« betrachtet.

Elfenbein: → Elefant. Männliche Sexualität. Das Wertvolle, das gesucht und geraubt wird; auch das Geschützte.

Ellipse: wie →Kreis, jedoch mit *zwei* Brennpunkten, doppeltem Zentrum.

Elster: der →Vogel, der Schwarz und Weiß auf sich vereinigt wie die →Birke im Pflanzenreich. Licht und Schatten sind im eigenen Inneren zu verbinden wie bei →Hochzeit, →Beischlaf und →Bräutigam. Die Elster ist diebisch: es wird einem etwas genommen wie bei →Einbruch.

Eltern: →Vater, →Mutter. Man hofft auf Hilfe von außen wie bei →Arzt, →Arznei und →Apotheke, doch ist die Gefahr nicht so groß. Häufig ein Zeichen ausgeprägter Kindlichkeit bei Erwachsenen. Oft deuten die »Traumeltern« darauf hin, daß man sich selbst ein guter Vater bzw. eine gute Mutter sein sollte. »Bemuttern« Sie sich selbst genug? Sind Sie sich selbst ein liebevoller Vater?

Elternhaus: Ablösung von den →Eltern, Neuanfang (bes. wenn man aus dem Elternhaus auszieht). Sicherheit wie bei →Familie, →Aufgebot, →Bürgersteig und →Beamter. Hinweis auf Unselbständigkeit. Tritt dieses Traumbild auf, sollten Sie sich immer fragen, wie Sie Ihre Kindheit erlebt haben. Wie hängen Gefühle Ihrer Kindheit

mit Ihrem heutigen Leben zusammen? Außerdem wird hier die Frage nach der Elternschaft angesprochen: Was werden Sie neu in die Welt bringen?

Endstation: Man ist endweder am Ende, fühlt sich erschöpft wie bei →Sackgasse oder hat sein →Ziel endlich erreicht.

Enge/Spalte: große Anstrengung wird auf dem Lebensweg vorhergesehen. Man fühlt sich eingeengt wie bei →Belagerung, →Bernstein, →Falle und →Dorf. Weibliches Sexualsymbol nach allen tiefenpsychologischen Schulen.

Engel: →Fliegen. Lichtes Gegenbild des →Teufels, vermittelnde Funktion. →Boten Gottes, im übertragenen Sinne Boten des eigenen Inneren bzw. des Höheren Selbst, die den Träumer oder die Träumerin führen. Eine Frau oder auch ein Mann, in die/den man verliebt ist und die/den man zu überhöhen neigt. Engel sind oft ANIMUS-Gestalten im Sinne Jungs: Sie stellen häufig abgespaltene, noch unfertige, unverstandene, überraschend-neue Geistesgaben, Gedankenkräfte oder Persönlichkeitsideale dar. Volkstümliche Traumdeutung: Glück in der Liebe (ein Engel wird einem beschert), Wunsch nach Harmonie und Reinheit. In der Nacht zum 10. November

1619 hatte René Descartes drei aufeinanderfolgende Träume, in denen ihm der Engel der Wahrheit erschien. Aufgrund dieser Offenbarungen entwickelte der dreiundzwanzigjährige Descartes seine Philosophie. → Blitz.

Entdeckung: Etwas Neues oder Vergessenes kommt auf einem zu. Was wurde entdeckt? Das sind fast immer eigene, oft unbekannte Eigenschaften.

Ente: Symbol für (befreundete) Frauen, aber auch für Falschheit (Zeitungsente).

Entführung: Triebstauung ähnlich wie bei → Bombe, → Abbruch, → Anfall, → Angriff, → Brand(ung), → Explosion und → Elektrizität, → Entjungferung, → Flamme, → Gewalt, → Gier, → Harem, → Hautausschlag, → Hochspannungsleitung und → Hure. Verdrängung, Minderwertigkeitsgefühle. Man sehnt sich, aus seiner Situation gerissen zu werden, ist aber nicht aktiv genug, selbst etwas zu tun.
Volkstümlich: die eigene Lage verbessert sich zusehends.

Enthauptung: man wird kopflos, verliert sein Bewußtsein, sieht nicht klar seine Situation. Man sollte seinen Kopf als Kontrollorgan verlieren, oder man soll wieder vernünftig werden.

Entjungferung/Defloration: Man verliert seine Naivität oder man öffnet sich der Lust und den Lebensfreuden. Es wird hier auf etwas verwiesen, das nicht mehr rückgängig zu machen ist. Außerdem wird mit diesem Traumbild auf eine tiefe Erfahrung verwiesen.

Entkleiden: Offenheit, sich preisgeben. Was liegt hinter der Oberfläche (der Verkleidung)?

Erbrechen: unverdaute Eindrücke und Gefühle werden losgelassen, man muß sie loswerden, sich reinigen (ähnlich wie bei → Abwässer und → Toilette). Entlastung von unangenehmen Gefühlen.

Erbschaft: → Erbstück. Die eigenen Anlagen, seine eigenen Mittel sind besser zu nutzen. Man hat viel, auf das man zurückgehen kann. Man sehnt sich danach, Geld ohne Arbeit zu bekommen.

Erbse: Weibliches Sexualsymbol (Kitzler). Leichte Irritierbarkeit oder gute Empfindsamkeit (im Märchen »Die Prinzessin auf der Erbse«). In Anlehnung an das Märchen »Aschenputtel« verstehen wir das geflügelte Wort von der »Erbsenzählerei«, das entweder Kleinlichkeit, Kleinkariertheit oder auch Genauigkeit und Sorgfalt im Umgang mit dem Unscheinbaren bedeutet.

Volkstümlich: glücksverheißender Traum, nur etwas Geduld.

Erbstück: →Erbschaft. Wertvolle Eigenschaft. Talent und/oder eine Aufgabe, die mit der Bewahrung von Überkommenem zusammenhängt. Volkstümlich: sich nicht dominieren lassen.

Erdbeben: Großes Ereignis, starke seelische Erschütterung, oft Verweis auf selbstzerstörerische Kräfte. Zeichen von allgemeiner Verunsicherung. Hat nach Jung immer die Bedeutung einer Erschütterung des Standpunktes; es tritt etwas an einen heran, dem man nur gewachsen ist, wenn der alte Standpunkt gänzlich aufgegeben wird. So zeigt dieses Traumbild immer auch eine Chance zu einem Neuanfang an.

Erdbeere: Sexualsymbol (Analogie zu Brustwarze). Ehe und Mutterschaft, Sommerfreuden. Vgl. hierzu auch Ingmar Bergmans Film »Wilde Erdbeeren«. Volkstümlich: Zeichen unerwarteten Erfolges.

Erde: Verwurzelung, Erdung, Schutz. Im Schoß der Erde wächst alles empor: Symbol der Mütterlichkeit und Fruchtbarkeit. Die Art der Erde kann auf die eigene Person deuten(z. B. Lehm, Sand, Humus etc.). Tief in der Erde wohnen die Erinnerungen und die Ahnen. Auch Symbol der schwer verdaulichen Realität. Im I GING bezeichnet die Erde das hingebend Empfangende, die Mutter. Die Speise der Bewohner der babylonisch-sumerischen Unterwelt war Erde, auch diejenige der Toten im Gilgamesch-Epos. Nach Jung sind Erde und Lehm Unterweltsnahrung, denn wie die Erde den Toten in sich aufnimmt, so frißt dieser die Erde.

Erektion: Erektionen während der Traumphasen sind normal, allerdings geht es hier um das Bild der Erektion im Traum. Symbolisch gesehen verweisen sie auf Angst vor Impotenz oder auf der anderen Seite auf die Freude an der männlichen Kraft. Es geht um die Eigenschaften des Willens und der Tatkraft in Mann und Frau. Fast immer führt bei diesem Traumbild die Frage nach der Zielgerichtetheit des eigenen Verhaltens weiter. Für Männer wie für Frauen ist dieses Traumbild auf ein Bedürfnis nach Hetero-, Auto- oder Homosexualität deutbar. Nach Freud im Frauentraum Hinweis auf Penisneid.

Eremit: →Einsiedler. Einseitigkeit und Kummer, Sehnsucht nach sozialem Kontakt, aber auch Weisheit (siehe im Tarot die Karte »Der Eremit«). Der Eremit ist einsam oder aber: alleine im Sinne von ganz eins mit sich und ganz sicher einer, auf den man sich verlassen kann und den man um Rat fragen kann. Wenn Sie den Eremiten-Traum erinnern, fragen Sie den Eremiten, sprechen Sie ihn an, und Sie werden sehen, daß Sie (aus Ihrem Inneren) eine Antwort bekommen. Seit alters her gilt der Eremit als ein Wegweiser durch den oft grauen und herben Alltag. Der Eremit ist derjenige, der Ihnen Wärme, Zuneigung, Brillanz und Weisheit bringen kann.

Erfolg: sehnen Sie sich nach Erfolg?

Erfrieren: → Eis.

Erkältung: Man sehnt sich nach Wärme, hat die Nase voll und möchte allen eins husten. Man lebt zu distanziert wie bei → Eis.

Erlösung: verweist fast immer auf Sehnsucht nach Freiheit.

Ernte: Sehnsucht nach Anerkennung, → Erfolg und Sicherheit wie z. B. → Aktie, → Besitz und geistiges Gut. Hier stellt sich die Frage nach den Lebenszielen. Was möchten Sie in Ihrem Leben erreichen (ernten)? Hierbei können sowohl kurzfristige Tagesziele als auch längerfristige Ziele angesprochen werden. Wie → Ähre, → Acker und → Bauerhof romantische Sehnsucht nach dem Land- und einfachen Leben beim Städter.

Mißernten verweisen auf Minderwertigkeitsgefühle. → Volkstümlich: Glück (in der Liebe).

Eröffnung: Bekanntes Symbol des Neuanfangs wie bei → Baby, ‹ Geburt und → Kind.
Wird ein Laden oder eine Kunstausstellung eröffnet? Was wird dort gezeigt oder verkauft? Die Art der Ware, die Sie ausgestellt sehen, verweist symbolisch auf den Bereich des Neuanfangs. Ein Buchladen z. B. zeigt die Richtung der Bildung und Intellektualität an, eine Kunstausstellung verweist auf die kreative künstlerische Selbstentfaltung.

Erschießen: → Mord. Etwas in sich (gewaltsam) abtöten, das kann eine Beziehung, ein Gefühl, ein ungenutztes Talent oder was auch immer sein. Auf der anderen Seite ist genauso häufig eine große Befreiungstat angesprochen, bei der sich seelische Energien lösen. Häufiges Traumsymbol am Ende depressiver Phasen, da man nun beginnt, nach einer (Er-)Lösung und Befreiung zu suchen.
Solche Träume setzen immer etwas symbolisch in Szene und sind als solche keineswegs auf reale Todesgefahren bezogen!

Erspartes: Kräfte, auf die man zurückgreifen kann im Sinne von inneren Reserven und innerem Rückhalt. Es können auch zurückgehaltene Energien hier gemeint sein, die man besser ausdrücken würde. Außerdem geht es hier um Einsparungen, was sowohl auf Geiz als auch auf gutes und kluges Haushalten deutet. Hängt bisweilen mit Verarmungsängsten, wie auch z. B. bei →Almosen, →Armut, →Asyl und →Bettler, zusammen. Allerdings nicht so negativ, eher wie bei →Besitz, →Lebensmittel und →Münze.

Erstaunen: Gutes kommt auf einen unerwartet zu.

Erstechen: →erschießen, →Mord. Deutliche sexuelle Komponente, da hierbei der →Stachel und der Stich anklingt und so das Eindringen in die Haut und →Blut symbolisiert wird. Der Stich weist, wie im Märchen »Dornröschen« und »Schneewittchen« auf das erwachende Bewußtsein. Man öffnet sich und etwas ganz Eigenes (das Blut) tritt heraus. Eine solche Traumsituation weist häufig auf erlittene Verwundungen hin. Wo liegt Ihre Wunde? Können Sie sich gegen Verwundungen wehren? Wurden Sie erstochen, oder erstachen Sie? Wie geschah es? Von vorne, in den Rücken? Wie in der Traumsituation des →Erschießens ist auch diese Traumsituation ein symbolischer Hinweis auf innere Kräfte in Ihnen und hängt als solche nie mit realer Lebensgefahr zusammen!

Ersticken: erst ist zu klären, ob reale Atemnot im Traum vorlag (z. B. häufig bei Schnupfen). Fühlen Sie sich zu beengt? Gibt es da ungelöste und unklare Gedanken, die Ihnen die Luft nehmen, die Sie bedrängen und Krampf und Anspannung erzeugen? Es geht es nicht um reale Lebensgefahr, sondern um ein Verlangen nach mehr →Luft als symbolischer Ausdruck von mehr Intellekt und größerer geistiger Klarheit.

Ertrinken: Versinken im Unbewußten, Hilflosigkeit, mangelnde Lebensplanung, man wird vom Gefühlsfluß weggerissen. Angst vor der Rückschlingung ins Unbewußte nach E. Neumann. Wie es beim →Ersticken um mehr Luft geht, so geht es hier um mehr Sicherheit im →Wasser: um solche Gefühle und (seelische) Bedürfnisse, welche Ihnen mehr Kraft und inneren Halt verleihen.

Erwachen: man wird sich seiner selbst oder bestimmter Eigenschaften bewußt. Oder Angst vor bösem Erwachen (böse Überraschungen). Positive Bewußtseinsentwicklung, neue Perspektiven, Wunsch nach Neuem, neuer Anfang wie bei →Eröffnung und auch →Baby und →Geburt.

Erwürgen: Ihnen wird die Luft genommen, etwas schnürt Ihnen die Kehle zu. »Spucken Sie aus, was Ih-

nen im Halse steckt!«, d. h. schau-
en Sie sich genau an, was Sie bedrängt und werden Sie es so los. Sie
schreien nach mehr Freiraum. Geraten Sie nicht in Panik bei einem
solchen Traum, er gibt Ihnen die
Chance zu sehen, was Sie behin-
dert!

Esel: naheliegende Bedeutung:
Dummheit (Eselsbrücke). Aber
auch Eigensinn, sexuelle Kraft und
Vitalität (in der Bildersprache des
15. und 16. Jahrhunderts bedeutet
»den Esel treiben« das männliche
Glied erregen, vgl. z. B. im Lieder-
buch des Arnt von Aich um 1500).
Heute hat dieses Symbol seinen
mehr oder weniger negativen Charakter gewandelt, da der sprichwörtliche Eigensinn des Esels als
seine Stärke angesehen werden
kann: Er folgt seinem eigenen Sinn
und besitzt einen Sinn für das Eigene (H. Hesse). Und in der Verfolgung seiner Triebe kann der Esel
auch sehr schlau sein (der Trieb
muß nicht immer dumm sein! Vgl.
das Märchen vom »Goldesel,
streck dich...«).
Nach Artemidor: wer einen last-
tragenden Esel sieht, der bekommt
eine Last abgenommen. Im Physiologus beißt der Vater dem jungen
Eselsfohlen die Geschlechtsteile ab
(Kastration), von daher kommt die
Sitte der Eunuchen. Volkstümlich:
Liebesglück.
Im Traum des Gudea von Lagasch
(sumerisch 2144–2124 v. Chr.)

wird der König selbst dem Esel verglichen.

Essen: Erdung, etwas in sich hin-
einnehmen, sich berühren lassen
von sinnlichen Genüssen. Im weitesten Sinne handelt es sich hier
stets um seelische Nahrung. Was
müssen Sie tun, um Ihre Seele zu
nähren?

Essig: Kränkung, Enttäuschung,
man ist sauer. Etwas geht zunichte
(damit ist es Essig).
Volkstümlich: vergebliche Mühe.

Estrich: Verweis auf notwendige
Erdung, aber zugleich auch das,
was uns von der nackten Erde
trennt.
Drückt nach Jung wie der →Wald
das Dunkle aus.

Eule: Symbol der Weisheit. Eulen
können im Dunkeln sehen, man
unterstellt ihnen deswegen ein tiefes Ahnungsvermögen, man fühlt
sich durchschaut.

Examen: →Prüfung.

Exekution/Hinrichtung: Geraten
Sie nicht in Panik bei diesem
Traumbild! Es geht hier um eine
symbolische Aussage und um keine
realen Bedrohungen. Die Exeku-
tion kann unter Umständen ein
sehr positives Traumbild sein, da
endlich etwas stirbt, das Sie schon
lange bedrängte. Werden Sie als

Träumer hingerichtet, dann mag dieses Symbol auf starke negative Emotionen wie Selbstzweifel und Schuldgefühle hinweisen. Wird ein Anderer hingerichtet, dann symbolisiert dieser Andere meist Eigenschaften oder Verhaltensweisen, die Sie unbedingt abstellen sollten, vgl. auch → Tod.

Exil: Gefühl des Fremdseins und des Vertriebenseins. Sehnsucht nach Zugehörigkeit. Oder sehen Sie einen Teil von sich, den Sie bislang »in die Verbannung« geschickt hatten? → Eremit.

Explosion: Seelischer Ausbruch, heftigster (innerlicher) Streit. Triebstau wie teilweise bei → Elektrizität und bes. auch bei → Bombe, → Abbruch, → Anfall, → Angriff, → Brand(ung), → Entführung und → Entjungferung. Sie sollten einmal richtig explodieren! Wichtig, was auf welche Weise explodiert.

Expreß: Stress, Schnelligkeit und Wichtigkeit. Volkstümlich: auf Vorgesetzte achten.

Fabrik: Gemeinschaftsgeist, Team, kollektives Handeln, gute Einordnung, und dies alles auch als Symbol der Zusammenarbeit verschiedenster Persönlichkeitsanteile. Aber ebenso Schufterei, Arbeit und Ausnutzung (vgl. z. B. Charlie Chaplins Film »Modern Times«). Auch Verarmung, gesellschaftlicher Abstieg, Entfremdung und Entseelung. Verlust der Ganzheit, Zerstückelung.
Bei Streit in der Fabrik: schlechte Einordnung in die Arbeitswelt.
Volkstümlich: unerwartete Begebenheit.

Fackel: altes Symbol für die Ehe, denn das Feuer des eigenen Herdes wurde rituell durch die Fackel entzündet. Symbol der Weitergabe psychischer Energien und Ideen (Olympischer Fackellauf), das Licht der Vernunft und Freiheit (Freiheitsstatue). Heute allerdings eher ein Symbol des →Lichtes und somit des Bewußtseins, das in das Dunkle (das Unverstandene) eindringt. Auch Symbol der Ehrung (Fackelzug).

Faden: Flüchtige Ideen, spontane Einfälle oder ein Sinnzusammenhang. Der (rote) Faden der Ariadne (→Labyrinth) symbolisiert den Lebensweg und das Leben als solches.

Fähre: Ein Zeichen des Übergangs (manchmal auch der Initiation), das in vielen Märchen, Mythen und Träumen eine große Rolle spielt. Man kommt mit ihr ans andere Ufer, Reise in eine andere Welt. →Brücke. Neues Ziel des Lebensweges. Volkstümlich: Warnung vor Gefahr.

Fährte: man ist etwas oder sich selbst auf der Spur. Man sucht etwas.

Fäulnis: gehört alchemistisch zur Schwärzung (nigredo) und ist ein Symbol der völligen Unbewußtheit, des Verfalls. Häufiges Symbol in Alpträumen. Das, was verfault, weist häufig auf Eigenschaften von Ihnen selbst, die wie abgestorben sind und unbedingt entweder endlich losgelassen oder aber wiederbelebt werden müssen. Angst vor Krankheit. Aufforderung zu mehr Selbstkritik und Selbstvertrauen.

Fahne: Leidenschaft, Intellekt (→Luft, →Wind) und Idealismus, aber auch Krieg.

Fahren: Verweist immer auf die Lebensreise, auf die Entwicklung in Ihrem Leben. Hierbei ist besonders Ihre Beweglichkeit angesprochen. Welches →Fahrzeug benutzen Sie? Wie ist die Fahrt? Fahren Sie selbst oder werden Sie gefahren? Siehe genauer →Auto, →Bus, →Eisenbahn und →Zug, →Flugzeug und →Fahrrad. Symbolisiert den Geschlechtsverkehr nach Freud oder bezeichnet oft bei Patienten der analytischen Behandlung den analytischen Prozeß.

Fahrkarte: Reiselust, neue Lebenspläne und Veränderungen.

Fahrrad: Einsetzen der eigenen Kräfte, um vorwärts zu kommen. Individualität und Selbständigkeit; man geht eigene Wege. Umweltbewußtsein. Die Art des Fahrrads weist auf die Persönlichkeit des Träumers: Kinderrad: kindlich oder kindisch, Sportrad: schnell, lebendig, altes Rad: man fühlt sich alt. Reibungsloses Radfahren: wir gehen problemlos aus eigener Kraft unseren Lebensweg. Volkstümlich: wichtige Entscheidung.

Fahrstuhl: →Aufzug, →Lift (Symbol der Kundalini, der Lebensener-gie im Yoga). Aufstieg und Wunsch nach Erfolg und Selbstbestätigung oder aber Angst vorm →Fallen wie →Abhang, →Abgrund, →Absturz, →Falltüre und bes. →Abschuß. Enge wie auch bei →Belagerung, →Bernstein, →Dorf und →Falle, nur nicht so extrem. Seelische Wandlung, man wird mühelos bewußter.

Fahrzeug: →fahren. Bewegungsfreiheit. Man möchte weg. Man möchte sich in Bewegung halten. Man möchte ankommen. Das entsprechende Fahrzeug zeigt an, ob man einen persönlichen Weg geht und wie man auf ihm vorankommt. – Auch: Symbol der seelischen Eigenständigkeit und Eigendynamik.

Falke: →Adler, →Vogel. Freiheit, Überblick und Erfolg. Aggressionssymbol wie →Habicht. Symbol eines aggressiven oder leidenschaftlichen Menschen.

Falle: schwierige Situation, Gefangensein, mehr Umsicht und Vorsicht ist nötig. Enge, wie auch bei →Belagerung, →Bernstein, →Dorf, →Käfig und →Fahrstuhl. →Fallen.

Fallen: Zweifel und Unsicherheit. Man sollte sich fallen lassen wie bei →Bach, →Blatt und →Fallschirm. Man träumt oft vom Fallen, wenn man am Übergang zu einem neuen

Fallschirm

Lebensabschnitt steht. Besonders wenn man etwas Neues ausprobiert, fällt man zuerst einmal im Traum wie im Leben häufig auf die Nase. Ein Falltraum weist so oft darauf hin, daß man gegen seine Begrenzungen ankämpft. Es hilft sehr, wenn man versucht, Fallträume in Flugträume zu verändern. Fallträume haben nach Freud immer sexuelle Bedeutung: bei Frauen geht es bes. um die Nachgiebigkeit gegenüber erotischen Wünschen (gefallene Mädchen). Freud widmet sich dem Symbol des Fallens sehr ausführlich in »Die Traumdeutung«.

Fallschirm: Kein gefährlicher Sturz, sich sanft fallen lassen, sexueller Anklang wie bei →Fallen, →Bach und →Blatt. Man läßt sich durch die Luft gleiten, was sich symbolisch auf den assoziativen, kreativen und spielerischen Intellekt bezieht. Dieses Traumbild kann auch allgemein auf alle Situationen verweisen, in die Sie sich angenehm fallen lassen können.
Öffnet sich der Fallschirm nicht, dann meist die Bedeutung von angstbesetztem →Fliegen.

Falltüre: im Gegensatz zu →Fallschirm unangenehmes →Fallen wie bei →Abhang, →Abgrund und bes. →Absturz und →Abschuß. Versteck, aber auch Zugang zu den tieferen Persönlichkeitsschichten.

Falschgeld: Unehrlichkeit und Verstellung. Man lebt falsch und zwar zu materialistisch. Verarmungsangst ähnlich wie bei →Almosen, →Asyl, →Armut und →Bettler, allerdings nicht so drastisch, hier traut man eher seinem →Besitz nicht.

Falte: meist weibliches Sexualsymbol. Es ist nicht alles so glatt, wie man möchte. Haben Sie etwas auszubügeln?

Familie: Erfüllung des Bedürfnisses nach Sicherheit und Geborgenheit wie bei →Aufgebot, →Beamter, →Baumstamm, →Arche, →Bürgersteig und →Elternhaus. Auf der Objektstufe: die eigene Familie, die man oft unbewußt aggressiv erlebt. Auf der Subjektstufe: Bedürfnisse, Gefühle und Persönlichkeitsanteile von einem selbst. Es können Gruppen aller Art (Arbeitsgruppe, Freundeskreis etc.) damit gemeint sein. Familie als Traumsymbol weist nach Freud auf ein Geheimnis hin.

Farben: psychisches Erlebnis, es wird besonders auf das farbige Symbol verwiesen. Siehe →Rot, →Gelb und →Blau. Farbensymbolik ist hier wichtig. Einige moderne Traumforscher meinen, Menschen, die farbig träumen, besäßen bes. viel Temperament.

Farm: →Bauernhof.

Farn: Erholung und Freizeit. Gute Zeiten, Vorhaben zu verwirklichen. Märchenwelt. Volkstümlich: üppiger Farn zeigt, daß die Natur einer/m hilft.

Fasan: Der Fasan kam im Mittelalter von Asien nach Europa, wo er im Laufe der Zeit verwilderte. Er ist ein Symbol der Kraft der Natur und ihrer Schönheit (ähnlich wie das Tierkreiszeichen Löwe), aber auch ein Bild der Unfähigkeit, Entschlüsse zu fassen (nach Brehms Tierleben gilt der Fasan als unentschlossener und ausgesprochen dummer Hühnervogel). Können Sie sich häufig nicht entscheiden, da Sie meinen, Ihnen ständen alle Möglichkeiten offen? Fürchten Sie sich, einfach Ihren Trieben und Bedürfnissen zu folgen, und verbieten sich deshalb schon vieles im voraus? Wie wäre es, wenn Sie das Wagnis eingingen, Ihren Gefühlen zu folgen? Der Sage nach stammt der Fasan aus Kolchis. Er wurde von den Griechen unter Jason auf deren Argonautenfahrt dort entführt und nach Griechenland gebracht. In China Symbol des Wohlstandes. Der Fasan war das Wahrzeichen des Kaisers Yü. In Japan weibliches Symbol der Mutterliebe und des Schutzes.

Fasching: →Karneval.

Faß: volles Faß: Fülle, leeres: schlechte Zeiten.

Fassade: es geht um den gesellschaftlichen Status und um die Selbstdarstellung nach außen. Nach Freud der aufrechte menschliche Körper, nach Jung das, was man gesellschaftlich vorgibt zu sein.

Fasten: Verweigerung, etwas von der Umwelt an- oder aufzunehmen. Eitelkeit. Man sollte weniger Raum einnehmen. Wichtig ist, aus welcher Motivation man fastet.

Fax: effektive Kommunikation, Informationsverarbeitung, Mitteilungskraft, nicht zuletzt auch in seelischen Belangen. Treffendes Symbol der →»*Übertragung*«, welche in der psychoanalytischen Traumdeutung eine prominente Rolle spielt.

Feder: Reisen, Leichtigkeit und Bewegung, sich sanft fallen lassen wie auch bei →Blatt. Vgl. auch →Bett, →Bleistift/Füller. Weiße Federn: Unschuld.

Fee: Verlangen nach Rat und Hilfe von außen wie etwa bei →Eltern, →Arzt und →Apotheker. Tendenz zur Kindlichkeit. Die Fee ist ein Seelenwesen und astrologisch ein Krebssymbol. Sie verweist auf die innere Weiblichkeit (ANIMA im

Fehler

Sinne Jungs) bei Mann und Frau.
Die »gute Fee« ist die befreite
Weiblichkeit (die fruchtbare Mutter im Sinne E. Neumanns), die
»böse Fee« ist die verzauberte
Weiblichkeit, die befreit werden
muß (die furchtbare Mutter im Sinne Neumanns).

Fehler: weist meist auf realen Fehler im Wachleben hin. Etwas fehlt.
Volkstümlich: Erfolg (komplementäre Deutung).

Fehlgeburt: →Abtreibung. Kann
auf tatsächliche Körpervorgänge
verweisen. Man wird hinderliche
Eigenschaften los. Oder aber ein
Neuanfang gelingt nicht (kann ein
Warntraum sein!).

Feile: Sich mit etwas Hartem auseinandersetzen, etwas glätten wollen wie bei →Bügeleisen.

Feind: auf der Objektstufe: Menschen der Umgebung, die man ablehnt. Auf der Subjektstufe: eigene
Eigenschaften und Fehler.

Feld: Symbol für Frau(en). Betätigungsfeld.
(Diese sicherlich patriarchale Deutung, die oftmals nicht dem Bewußtseinsstand der/des Träumenden entspricht, trifft dennoch in
den meisten Fällen zu, da unsere innere Einstellung sich nicht gleichzeitig mit unseren Ideologien ändert. Man sollte sich immer vor

Augen halten, daß unser Bewußtsein wesentlich schneller und beweglicher als unser Unbewußtes
ist.)
Brachliegendes oder verwüstetes
Feld: Stagnation, Trauer und Sorge. Grünes Feld: Arbeit und guter
Verdienst, Wachstum. Verwildertes Feld: Unordnung im inneren
und äußeren Leben.

Fell: symbolisiert Natürlichkeit
und Weiblichkeit (Anima), Bedürfnis zu kuscheln.
Bei Pelzmantel: Wohlstand, Luxus
wie bei →Austern, →Chapagner
und →Aristokrat. Selbstbewußtsein, Eitelkeit und Geltungsbedürfnis. Wichtig ist, um welche Art von
Fell es sich handelt.

Fels/Felsbrocken: →Berg. Geistige, körperliche und/oder seelische
Stärke. Härte. Es liegt einem etwas
im Weg.
Altägyptische Traumdeutung: wer
auf einen Felsen klettert, dem stellen sich viele Hindernisse entgegen.
Nach Freud Symbol des männlichen Gliedes. Moderne Traumdeutung: man strebt nach Höherem, hat es aber nicht leicht dabei.

Fenster: →Haus. Hier ist fast immer Ihr Innen-Außen-Bezug angesprochen. Wichtig ist bei diesem
Traumsymbol die Perspektive
durch das Fenster.
In welche Richtung wird geschaut?
Ist das Fenster sauber und klar

oder undurchsichtig? Alles das ist sehr symbolträchtig. Nach Freud verweist es auf Köperöffnungen (das Haus ist der Körper, die Fenster dessen Öffnungen, die Augen).

Fensterbrett: nach Freud Vorsprung im menschlichen Körper, z. B. Busen.

Fernglas: nicht wegen jeder Kleinigkeit in Panik geraten, nicht alles größer sehen oder machen. Genau die Zukunft betrachten. Oder etwas näher heranholen, auch im Sinne von etwas in Erinnerung rufen. Zugang zum Unbewußten suchen. Das Sichtbare klarer sehen.

Fernsehen: Aufgeschlossenheit, Kontaktfreudigkeit oder -armut, Stumpfsinn, Oberflächlichkeit und Ablenkung. Evtl. Spiegelbild des Traumes. Orientierungssuche. Treten Sie dort selbst auf oder was sehen Sie sich an? Wichtig ist, welches Programm dort abläuft. (Das Programm gibt die innere Stimmung der/des Träumenden wieder.)

Ferse: Der wunde Punkt des Träumers, Ort der Verletzung (Achilles-Ferse). Sind Sie gut geerdet?

Fesseln: Verweist meist auf die Arbeitssituation oder die Partnerschaft des Träumers. Man fühlt sich unglücklich gebunden. Auf der anderen Seite hält die Fessel auch etwas zusammen und zwingt einen, nicht gleich wegzulaufen. →Schatten.

Fest/Fete: Genuß nach getaner Arbeit, sozialer Austausch und Kommunikation, Wohlergehen, Spaß und Freude. (Im Traum:) Ausdruck des gesuchten oder gefundenen eigenen Zentrums, einer Lebenssituation, in welcher die persönliche Eigenart viele Anregungen und Bestätigungen erfährt. Volkstümlich: ungünstiges Omen.

Festival: →Fest/Fete.

Festmahl: Sehnsucht nach sozialem Kontakt wie →Abendessen und →Abendmahl. Essen kann auf alle möglichen Bedürfnisse bezogen werden, die hier befriedigt werden wollen.

Festnahme/Verhaftung: Das eigene Leben wird aufregend als Krimi gesehen und erlebt. Man fühlt sich schuldig. Man sollte bestimmte Eigenschaft schnell ablegen, da sie sonst zu Komplikationen führen. Man erfaßt »den Täter« oder »die Täterin« in sich, d.h. man begenet sich selbst, seinen eigenen Motiven, Taten, Absichten und deren Auswirkungen.

Festung: →Burg, →Schloß. Geborgenheit, Heimatsuche und Unverwüstlichkeit. Ferienerinnerung,

Sehnsucht nach Ausspannen. Man muß oder will sich schützen bzw. schützt sich zu sehr, zieht sich zu sehr zurück. Nach Freud Symbol der Frau und des Weiblichen allgemein.

Fett: zu viel Wohlleben belastet. Oft mit Ekel verbunden.

Feuer/Flamme: →Brand. Seelische Läuterung. Psychische und physische Energie (Lebensflamme), Wille. Zerstörerische Gefahr, Vernichtung, Verzehrung und Umwandlung. Sexuelle Leidenschaft bis hin zur Verfallenheit (»meine Flamme«) oder bis zur passionierten, bewußten Leidenschaft. Verschmelzungsdrang oder aber Kraft zur Vereinigung bzw. Aufhebung von Gegensätzen.
Das Feuer wurde von allen Völkern an den Vorabenden großer Feste und Veränderungen angezündet. Die Feuerbestattung soll die Wiedergeburt fördern (→Asche).
Im I GING bezeichnet das Feuer das Haftende und Leuchtende.
Das Feuer, das Prometheus als kreativen Akt des Menschen von den Göttern stiehlt, ist genauso wie die Flamme der Osterkerze Gotteskraft. Heraklit läßt die Welt aus dem Feuer entstehen und im Feuer vergehen. Bei Heraklit (und Jung) ist das Feuer das eigentliche Symbol des Lebens, aus gleichem Grund wird dem Paten bei der

Taufe eine brennende Kerze überreicht.
Wenn das Bewußtsein nicht mehr herrscht, dann bricht nach germanischer Mythologie der Weltbrand, das große Feuer aus. Reinigend dagegen wirkt das Fegefeuer (die purificatio der Alchemisten), es trennt die schweren von den flüchtigen Körpern (vgl. auch Dante »Göttliche Komödie«: bevor Dante in den Himmel schreitet, muß er durch die Flamme hindurchgehen, die alle Unreinheiten in ihm ausbrennt). Nach alchemistischer Vorstellung glüht Gott selber in göttlicher Liebe im Feuer. Die Hölle besteht nach Jung aus Feuer, da dort alle Dinge vernichtet werden. Das Höllenfeuer ist ein Symbol der ewigen Pein, das Fegefeuer Symbol der Reinigung. Für die reinigende, licht- und fruchtbarkeitsfördernde Macht des Feuer finden sich viele Belege bei Frazer »Der goldene Zweig«.
Feuer ist bei den Mayas die Mutter der Götter im Inneren der Erde. Die Vorstellung der Feuermutter findet sich in vielen alten Kulturen. Nach Jung ist das Feuer immer das Lebenszentrum, der Ort, wo es warm und hell ist, wo sich die Menschen sammeln, man kann sich wärmen und etwas dort kochen. Es ist das, was Schutz gewährt, das Daheimsein. Feuer ist Ureinheit und Lebenskraft des Menschen.
Als männliches Symbol ist das Feuer der Helligkeit, dem Licht,

der →Sonne und bes. dem →Blitz verbunden (vgl. Zeus und Wotan). Es symbolisiert die Trieb- und Tatkraft des männlichen Archetypen in Mann und Frau. Hängt nach Freud oft mit Bettnässen zusammen, das in Wien »zündeln« genannt wurde. Volkstümlich: große Warnung zur Vorsicht.

Feuerstelle: →Feuer. Häuslichkeit, Sicherheit wie bei →Elternhaus und bei allen Traumsymbolen des →Kochens, →Backens und →Bratens. Nach Jung Umwandlung, alchemistischer Prozeß, es möchte etwas transzendiert werden.

Feuerwehr: Faszination des →Feuers für den Träumer, die er sich nicht eingesteht. Angst vor zu viel innerem Feuer.

Feuerwerk: Illusionsspiel. Macht auf die Besonderheit eines Ereignisses aufmerksam. Blendende Leistung, Lust, Orgasmus und Begeisterung. Volkstümlich: Vorsicht.

Film: →Kino, →Fernsehen. Es geht hier um »seelische Geschichten«. Evtl. Spiegelbild des Traumes. Der Abstand zu den inneren Bildern wird gesucht.

Finger: Geschicklichkeit. Nach konventioneller Psychoanalyse Penissymbol. Volkstümlich soll das Anschauen der eigenen Finger Streit bedeuten.

Fingerhut als Pflanze: Tod und Wiedergeburt, Medizin und Gift. Volkstümlich: allgemeines Glückszeichen.

Fingerhut zum Nähen: Schutz vor Verletzung. Volkstümlich: Glückszeichen für Ehe, Familie und Beziehung. Das Verlieren des Fingerhuts soll sehr glücksverheißend sein. Auch Zeichen für Jungfräulichkeit der/s Geliebten.

Finsternis: →Dunkelheit. Teil des Schattens, durch das eigene Dunkel gehen; mehr Bewußtsein ist gefordert. Die eigenen Schatten bleiben nicht mehr unsichtbar, was ein größere Fortschritt und eine Befreiung ist. Es gibt auch »helle Schatten« (→Engel, →Fee), die allerdings in solch einem Traumbild selten angesprochen werden.

Fisch/Fischer/Fischen: →Angel, →Meer. Ein Leben aus der Tiefe unserer Seele und unserer Gefühle, denn Fische leben in den Tiefen des →Wassers. Sich »wie ein Fisch im Wasser« fühlen, in seinem Element sein. Das Merkmal der Fische ist die Totalität, da sie gänzlich im Wasser (im Gefühlsbereich) leben. Fische sind meist freßgierige Tiere, sind ungeheuer fruchtbar, sie

Flagge

schlafen mit offenen lidlosen Augen und bleiben immer empfänglich für die Außenwelt. Manche Fische verändern ihre Farbe ihren Umständen entsprechend. Sie sind ein Traumsymbol für hohe Sensibilität. Aber sie sind auch kalt und unfaßbar.

Im weiteren Sinne kann die Symbolik des Sternzeichens der Fische hier zutreffen, bei dem es um ozeanische Gefühle, Mißtrauen und Vertrauen und die Pole von Selbst-Überwindung und Selbst-Verteidigung geht. Auch das Chaos und das Absurde gehören hier genauso hin wie der Glaube – auch als Aberglaube und Unglaube. (Vgl. hierzu genauer: Fiebig, Johannes: Die Fische in uns. Glaube und Vertrauen, Königsförde 1991)

Wenn Sie sich fischen sehen, was haben Sie gefangen? Kleine Fische sind kleine →Beute, große Fische sind große Beute. Der Fischer versucht den Inhalt unserer Seele zu fangen (siehe Amphortas, den Fischerkönig, im »Parzival«).

Fruchtbarkeitssymbol seit uralten Zeiten in China. Schon in babylonischer Traumdeutung ist der Fisch ein Phallussymbol. Daß man Freitags Fisch ißt, geht letztendlich auf Venus bzw. Ishtar, die babylonische Fischgöttin, zurück. Tote Fische sind nach Artemidor verlorene Hoffnungen.

Der Fisch ist ein Christussymbol. Außerdem trat der Frühlingspunkt mit dem Beginn des Christentums in das Sternbild der Fische ein.

Der Salm der Weisheit tritt in der irischen Mythologie auf. In der Psychoanalyse ist der Fisch ein Symbol männlicher Sexualität. Ist man selbst ein Fisch, kann man sich nach Jung im →Wasser (Gefühl) erneuern.

In der analytischen Psychologie nach C.G.Jung stellt der Fisch ein Ganzheitssymbol dar. Er symbolisiert die ganze Persönlichkeit des Träumenden und bes. den Gefühlsbereich der Sexualität. Fische sind zugleich nach Jung wie Gedanken und Ahnungen, die aus dem Unbewußten aufsteigen.

Im Märchen (Von dem Fischer un syner Fru) tritt der Wunschfisch auf.

Flagge: welche Flagge sahen Sie? Unter welcher Flagge traten Sie an? Wie die Flagge im Wind steht, gibt mögliche Hinweise auf Ihr Sexualleben.

Volkstümlich: gutes Omen, bes. geldlich.

Flammen: weitgehend wie →Feuer. Ein gutes Zeichen von Lebensenergie, wenn die Flammen unter Kontrolle stehen, sonst Aggression und Triebentladung.

Altägyptische Traumdeutung: großer Geldzugewinn. Nach Freud stets das männlich Genitale (da der →Ofen als Symbol des Frauenleibes gilt).

Flasche: →Gefäß, →Retorte. Männliches und weibliches Sexualsymbol (nach Freud allerdings immer weiblich). Welcher Geist ist in der Flasche eingeschlossen? →Glas, →Vase.

Flechten: →Faden. Das Verknüpfen der Lebensfäden, d. h. verschiedener Lebenssituationen und Persönlichkeitsanteile.

Flecken: dunkle Seelenstellen, Beschmutzung und Schuldgefühle. Oft mit Peinlichkeit verbunden, wenn es auch den »lustvollen Klecks« gibt, der allerdings seltener im Traum auftritt. Hier wird bisweilen auf die Erkenntnis eines »blinden Flecks« verwiesen.

Fledermaus: Vampirsymbolik: Aussaugen, man wird ausgesaugt oder saugt selbst aus. Dumpfe, triebhafte, bedrohliche Gefühle (vgl. F. Goyas Bild »Los Capichos« [Fledermäuse]). Andererseits drückt dieses Traumbild eine große Sensibilität, eine radar-mäßige Orientierung und treffende Instinkte aus.

Fleisch: →Wurst. Körperliche, meist sexuelle Energien. Das Traumbild Fleisch tritt oft auf, wenn man sich zwingt, vegetarisch zu leben und noch nicht dazu bereit ist. Rohes Fleisch weist auf Körperkraft, Leidenschaft und Potenz, zubereitetes Fleisch deutet auf Genuß(sucht). Ablehnung von Fleisch zeigt Keuschheit an. Nach indischer Tradition (Jagaddeva): Herrschaftsgelüste oder Wunsch nach großer Nachkommenschaft.

Flieder: Liebe, Zärtlichkeit und Romanze (vgl. Gassenhauer »Wenn der weiße Flieder wieder blüht«). Warnt vor Einbildung und Betörung. Volkstümlich: Liebesbegegnung.

Fliege: überreizte Nerven. Widerstände, Erregtheit und leichte Irritierbarkeit wie bei →Floh. Kann auch auf →Fliegen verweisen. Das Kleine, was sehr stören kann. Volkstümlich: Zeichen eines unüberwindbaren Hindernisses.

Fliegen / Flugträume: Selbstübersteigerung oder Flucht aus Problemsituation. Sehnsucht nach Leichtigkeit in schwerer Situation. Fliegen und →Fallen treten wie →Abgrund, →Abhang, →Absturz, →Fahrstuhl und →Falltüre zumeist in *angstbesetzten* Träumen auf *oder* wie →Bach, →Blatt und teilweise →Fallschirm in ausgesprochen angenehmen *Befreiungsträumen*. Flugträume sind bei bes. Jugendlichen oft ein Hinweis auf Überforderung durch überstiegene Erwartungen und Erfolgsdruck der Umgebung. Sie gleichen oft einem Rauscherlebnis mit Ab-

Fließen

heben und Leichtigkeit wie beim Liebesrausch. Die meisten alten Mythen kennen den Zusammenhang zwischen dem Fliegen und der Sexualität. Heute, wo das Fliegen eher alltäglich geworden ist, bleibt zwar die alte Bedeutung noch bestehen (»nur Fliegen ist schöner« als Werbespruch und »Angst vorm Fliegen« von Erica Jong), aber es findet eine Überlagerung durch die moderne Symbolik des Fliegens statt: Weltoffenheit, große Ideen und Kommunikation. Symbol kreativer Ideen (Gedankenflüge). Kann auch eine Warnung sein, nicht zu sehr abzuheben und sich von seiner Wirklichkeit durch die Fantasie zu entfernen. Möglicherweise jedoch eine Ermunterung, eine zu einseitige Erdgebundenheit aufzugeben und/ oder sich zu größeren Dimensionen aufzuschwingen.

Die Ägypter sahen solche Träume als Flucht aus Schwierigkeiten. Schon bei den Griechen und Römern wurden Flugträume als Liebesrausch interpretiert. Nach Freud sexuelle Wunsch- und Erektionsträume (sehr ausgiebig von Freud behandelt). Freud erklärte Flugträume durchweg als sexuelle Wunschvorstellungen. Moderne Traumexperten bes. in den USA interpretieren Flugträume durchgehend als Wunsch, einer Problemsituation zu entgehen oder die eigenen Grenzen zu überschreiten. Einige biologisch ausgerichtete

Traumforscher gehen davon aus, daß wir im Traum auf Stadien unserer vorgeburtlichen Entwicklung zurückgehen können und so Kontakt mit dem Stadium der Vögel machen. Wir verwirklichen im Traum das uns angeborene Potential zum Fliegen. Nach dem zeitgenössischen Wahrtraumforscher Jack Maguire zeigen Flugträume oft nur an, daß wir uns erholen und erfrischen wollen.

Fließen: sich treiben lassen, nicht alles kontrollieren zu wollen, ähnlich wie →Fluß und →Wasser. Sind Sie im Lebensstrom? Lassen Sie sich vom Leben bewegen?

Flöte: Eines der ältesten Musikinstrumente, ihr Klang soll die Menschen und Götter verzaubern (vgl. auch »Die Zauberflöte«). Harmonie, Gleichklang, Schönheit und Zärtlichkeit. Mehr Lebensfreude zulassen. Penissymbol (Pans Instrument) und gelegentlich ein Zeichen autoerotischer Selbstbezogenheit (vgl. die Märchen »Hans mein Igel« und »Der singende Knochen«).

Floh: nervliche Überreizung, Streß wie bei →Fliege. Ein Hinweis darauf, daß das Un-Scheinbare mehr beachtet werden möchte.

Floß: auf dem →Wasser des Gefühls kommt man (mit einfachsten Mitteln) voran. Der Träumende

soll sich nicht treiben lassen, das ist gefährlich, da das Floß schwer steuerbar ist. Zum anderen liegt hier zugleich das Vertrauen vor, daß das Wasser eine/n trägt. Es kommt sehr darauf an, wie die Floßfahrt verläuft.
Volkstümlich: abwechslungsreiches Leben.

Flotte: emotionale Konfliktsituation, Angst vor gefühlsmäßiger Auseinandersetzung.
Volkstümlich: wie fast in jedem Fall gelten Schiffe auf See als schlechtes Omen.

Fluch: größere Vorsicht ist geboten. Man verstrickt sich leicht in Schuld.

Flucht: Verdrängung, bes. wenn man die Auseinandersetzung mit dem eigenen Schatten (unbekannte Gedanken und unbewußte Gefühle) scheut, wie es oft bei →Flugträumen der Fall ist. Fliehen Sie vor einem Teil von sich selbst? So etwas kann ohne weiteres aus gutem Grund geschehen! Wenn sich allerdings die Flucht schon im Traum zeigt, dann möchte das, wovor wir fliehen, auch verstanden und angenommen werden, sonst würde es sich nicht zeigen. Wenn man sich auf der Flucht befindet, dann *sucht* man auch immer etwas. Fragen Sie sich nach Ihrem Ziel.

Flügel (zum →Fliegen): man sollte das Leben leichter nehmen, sich mehr den spielerischen Energien öffnen, mehr Vergeistigen (mehr Höhenflüge) wagen. Hier werden Sie geradezu aufgefordert, im großen Stil zu denken und sich Großes zu trauen. Das ist die Situation, die im I GING mit der Formel »förderlich ist es, das große Wasser zu überqueren« ausgedrückt wird.
Nach Homer symbolisieren die Flügel den Gedanken.

Flügel (Klavier): bekanntes Harmonie- und Venussymbol. →Klavier.

Flugplatz: →Flugträume. Der Ausgangspunkt des →Fliegens. Freiheit und Reise.

Flugzeug: →Flugträume. Flugzeug und →Fliegen gilt als Symbol für weitreichende Gedanken, Ideen und neue Einsichten.
Nach Freud Symbol des männlichen Gliedes, das sich entgegen der Schwerkraft emporrichten kann.

Flugzeugabsturz: Illusionen, überfällige Einstellungen müssen abgelegt werden.

Flur: Weg aus der Enge (seltener in die Enge).

Fluß: →Strom, →Wasser. Strom des Lebens und Fluß der Zeit,

→Fließen. Eine Flußfahrt entspricht oft dem Lebensweg.
Als Hindernis treten oft reißende Ströme auf, die auf Triebschwierigkeiten und störende Gefühle verweisen. Die Art der Wasserbewegung ist zu beachten! In der altchinesischen Philosophie wird das Tao dem Fluß verglichen (mit seinem Gefühl und dem Lebensstrom im Fluß sein).

Fluß-/Nilpferd: verschlingende Mutter oder Frau, das verschlingende Unbewußte, das Tierische, ebenfalls das Lustige.
Im Traum nach Jung oft das Ungeheuer, das Böse, das verschlingen möchte.

Flut: Überwältigung, ein Feind greift an. Angst vor dem Versinken in der Gefühlswelt, Rückschlingung in die Triebwelt, in den weiblichen Archetypen (vgl. dazu genauer Erich Neumann: Ursprungsgeschichte des Bewußtseins: es geht hier um die Angst des bewußten Menschen vor der verlockenden Triebwelt). Die Kräfte des Geistes und der Vernunft stehen gegen einen Einbruch der Natur ins bewußte, zivilisierte Leben. Man muß »schwimmen lernen«, d.h. bereit sein, sich wie ein →Fisch im Wasser zu bewegen. Dazu gehört das Sich-Einlassen auf den Fluß des Lebens wie auch die Wendigkeit.
Überschwemmung: Verweis auf viel Gefühl. Man wird überwältigt und weggerissen und hat im Traum fast immer Angst davor, auch wenn es durchaus wünschenswert ist. Ebbe und Flut: Rhythmus von Spannung und Entspannung im alltäglichen Leben.

Fohlen: Lebensfreude.
Volkstümlich: Geburt eines Kindes.

Folter: etwas Geheimnisvolles, Unergründbares (jemanden auf die Folter spannen). Hängt meist mit Angst- und Schmerzlust zusammen.
Foltert man andere, dann liegen häufig Aggressionen gegen eigene Eigenschaften des/r Träumenden vor, die diese anderen nur symbolisieren. Wird man selbst gefoltert, dann tut man sich selbst etwas an (Hang zum Masochismus, wie er möglicherweise in jedem von uns lebt).
Auf der anderen Seite scheint hier das Bedürfnis nach mehr Spannung im eigenen Leben durch. Oft steht hinter solchen Traumsituationen eine unbewußte sado-masochistische Haltung, die nach Befreiung verlangt. Machen Sie sich immer klar, daß solche letztendlich sexuellen Gelüste keineswegs unreif oder gar »verboten« sind, sondern zur vollen Spannweite des sexuellen Lustgefühls gehören können.
Auf wieder einer anderen Seite kann solch eine Traumsituation auch ganz unsexuell als Spannung

aus unterdrückten Rachegefühlen angesehen werden. Und was ich mich (aus moralischen Gründen) nicht traue, anderen zuzufügen, das wird mir zugefügt. Das ist ein durchgehendes Gesetz, nach dem der Traum seine Bilder in Szene setzt.

Forelle: →Fisch. Lebensfreude, man kann sich frei im Wasser des Gefühls bewegen. Volkstümlich: Schwierigkeiten verschwinden, natürlicher Einklang der Gefühle.

Foto/Fotografie: Vergangenheit des Träumers oder der Träumerin, Erinnerungen an alte Erlebnisse (auch im Sinne von Festhaltenwollen) und Idealisierung. Spiel mit dem →Licht und dem →Schatten (mit den sogenannten hellen und dunklen Seiten), d.h. das Leben nach seiner freien Wahl sehen zu können. Man möchte die Optik scharf stellen: scharf sehen und erkennen. Man muß die (inneren) Bilder ordnen. Man arbeitet mit dem Objektiv als Hinweis, objektiv zu sein.

Fotocollage: wie →Fotografie, allerdings größere Betonung auf den kreativen Aspekt. Es geht hier um die Teile des eigenen Lebens, die wie ein Puzzle zusammengesetzt werden.
Wichtig, was in welcher Weise zusammengesetzt wird.

Frau: Wenn eine Frau von einer Frau träumt, ist fast immer ihr Schatten und selten ihr Selbstbild gemeint. Träumt ein Mann von einer Frau, verweist dies auf die Gefühlsseite des Mannes, die letztendlich auf seine Mutterbeziehung hindeutet. Beim Mann gibt das Verhalten der Frau im Traum oft Aufschluß über das (unbewußte) Lebensbild des Träumers, auf (unbekannte) Eigenschaften, Triebanteile und Verhaltensweisen in ihm selbst.
In der altägyptischen Traumdeutung bedeutet das Bild einer schönen Frau eine Warnung vor zu gr. Aufgaben. Die unbekannte Frau zeigt nach Jung im Männertraum immer die weibliche Seite der Seele des Träumenden an, die sogenannte ANIMA. Jung meint außerdem, daß die Frau immer die Seelenführerin des Mannes im Traum darstellt.
Die Frau tritt meist als alte (weise Frau oder Hexe, Hekate in der Antike), geile (bedrohliche, befreite Frau wie Lilith in der jüdischen Mythologie), gefangene (triebgehemmte wie Rapunzel), häßliche (auch oft die Hexe, vgl. Kundrie in »Parzival«), junge (die Verführerin), mächtige (Mutterbild letztendlich, wie Morgana, die Fee in der keltisch-walisischen Mythologie des »Mabinogi«) und schöne Frau (die Geliebte, das Ideal, vgl. »Schneewittchen«) auf.

Freak: unangepaßtes Verhalten, Außenseiter wie →Anarchist, Gebrochensein (vgl. die Freakbrother-Comics). Unzeitgemäße Romantik, →Narr.

Freimaurer: gute Verbindungen, Macht und Geheimnis. Suchen Sie nach Ihrem eigenen Maßstab oder Ihrer eigenen Bedeutung?

Fremder: etwas Neues kündigt sich an. Das Symbol kann auf die Schattensymbolik (das eigene innere Fremde) verweisen. Abgelehnte bzw. unbekannte Eigenschaft bei sich, die man (nicht) sehen möchte.

Fremdgehen: →Fremder, →Andere/s, →Beischlaf, →Sexualität. Auch →Bekannter, →Freund(-in), →Fremdsprache.

Fremdsprache: Die Sprache des Anderen, auch die eines unbekannten Teils in einem/r selbst. Man versteht etwas nicht oder will etwas nicht verstehen. Ihre Aufgabe liegt in der Übersetzung und somit im Verständnis des Unbekannten und Fremden. Sollten Sie mehr Verständnis zeigen oder zeigen Sie zu viel Verständnis?

Freude: innere Ausgeglichenheit oder man braucht mehr Freude.

Freund(-in): meist (unbekannte) Aspekte der eigenen Persönlichkeit. Sehnsucht nach sozialem Kontakt und Hilfe.

Friedhof: →Begräbnis, →Tod. Sehnsucht nach Ruhe in Phasen der Überarbeitung. Klassischer Ort der →Gespenster.

Friseur/Coiffeur: die Haarpflege zeigt die Einstellung zur eigenen Sexualität. Eitelkeit wie bei allen Schmucksymbolen.
Volkstümlich: ökonomische Schwierigkeiten.

Frosch: Bes. häufig bei Mädchen. Angst vor der Sexualität. Es geht um die seelische Beziehung zu dem sexuellen Partner (vgl.»Der Froschkönig«). Dadurch, daß der Schatten als dasjenige, wovor man sich zutiefst ekelt, aufgelöst wird, verwandelt man sich. Dies ist teilweise als Aufforderung anzusehen, über seine Ekelschwelle hinauszugehen und zu schauen, was dann geschieht. Meist kommt es durch die Überwindung zu einer Selbstbefreiung – bes. im Bereich der Sexualität.
Dieses Traumbild kommt bei Männern fast nie vor. Männer träumen eher von →Kröten. Falls Männer doch vom Frosch träumen, ist meist Feigheit gemeint (»sei kein Frosch«).
Volkstümlich: geschäftlicher Erfolg.

Frost: Man soll sich mit Menschen versöhnen. Warnt vor zuviel innerer Kälte und Distanz wie bei →Eis.

Frucht/Früchte: →Obst. Das Erotische in der Natur, Erfolg und Glück. Erinnert an die sinnlichen Freuden des Sommers. Das, was man pflücken kann und muß. Pflückt man sie nicht, verpaßt man Chancen (vgl. »Frau Holle«). Das Saftige und Pralle. Ungenießbare oder verfaulte Früchte verweisen auf Probleme (oft auf Krankheiten) und Gefahren. Altägyptische Traumdeutung: angenehme Begegnung. Klassisch indische Traumdeutung: persönliches Glück bes. wenn man sie pflückt oder sammelt. Bei Freud in Anlehnung an den FAUST als Brüste gedeutet.

Frühling: allgemein bekanntes Symbol für Potenz, Fruchtbarkeit und Jugend. →Ostern.

Frühstück: Neubeginn, guter Anfang.

Fuchs: geliebter oder geiler Mensch. Klugheit unserer Instinkte. Schlauheit, List, Berechnung und Geschicklichkeit. Der Fuchs gilt als Seelenführer und Wegbegleiter. Er verweist auf die Kindheit (Kinderlied »Fuchs, du hast die Gans gestohlen...«).

Tollwütiger Fuchs: unkontrollierbare Instinkte. Nach Artemidor üble Nachrede. Wird in frühchristlicher Vorstellung (Physiologus) mit dem Teufel verglichen. Auch »ausgefuchster« listiger alter Mann nach Jung. (Vgl. auch Goethes »Reinecke Fuchs«). In dem Grimmschen Märchen »Der goldene Vogel« tritt der Fuchs als der Führer auf, der am Ende getötet werden muß, um ihn in das Menschsein zu integrieren.

Führer: oft Wagenführer, wie auch →Bergführer Autoritätssymbol wie der →Vater und der weise →Alte. Grundlegendes Männlichkeitssymbol wie →Herrscher.

Führerschein: symbolisiert Identität. Man hat die Reife zugesprochen bekommen, →Führer sein zu dürfen. Man darf sich frei bewegen (Freiheitssymbol). Verlust des Führerscheins: Verlust der Identität, Unreife. Suche nach dem Führerschein: Suche nach der Identität.

Füllfederhalter/Füller: →Bleistift. Es gilt etwas schriftlich festzuhalten, um es nicht zu vergessen. Symbol der Kommunikation.

Fünf: der natürliche Mensch, der Mensch in Harmonie, denn der Mensch bildet ausgestreckt mit Armen, Beinen und Kopf ein Fünfeck/Pentagramm wie in der Zeichnung

Fundament

»Der goldene Schnitt« von Leonardo da Vinci (vgl. auch die 5 Sinne des Menschen). Verbindung von Männlich und Weiblich (als 2 + 3). Fünf hat auch immer die Bedeutung von »Quintessenz«, d.h. der Wesenskern, das Wesentliche. Chinesisch: Zahl der Mitte.

Fundament: die Grundlagen des eigenen Lebens bedürfen der Überprüfung. Sehnsucht nach größerer Sicherheit.

Funke: →Feuer, →Flamme. Der sogenannte Seelenfunke, das Göttliche im Menschen.

Furche: weibliches Sexualsymbol (Gegenbild zu →Pflug) und/oder romantische Sehnsucht des Städters nach dem vermeintlich einfachen und natürlichen Landleben wie z. B. auch bei →Acker, →Ähre und →Bauernhof.

Furcht: es gibt sehr unterschiedliche Ausformungen von Furcht im Traum, aber immer handelt es sich um einen Hindernistraum, der meist unbewußte Ängste und Unsicherheiten im alltäglichen Leben widerspiegelt. Angstträume haben häufig organische Ursachen (zu viel gegessen, geraucht, Alkohol getrunken). Oft geht es um Krankheitsangst (Hypochondrie), die man bannen sollte.
Wichtig ist zu schauen, was als furchterregend empfunden wird.

Fuß: →Bein. Eigener Standpunkt. Unabhängigkeit (auf eigenen Füßen stehen). Immer ein Erdungssymbol wie auch →Fundament und →Fußboden (astrologisch entspricht dieses Traumsymbol dem Tierkreiszeichen Fische).
Verschwendungssucht, wenn man auf großem Fuß lebt.
Nach Freud Phallussymbol, und der →Schuh ist dann die Scheide.

Fußball: Spielerische Auseinandersetzung (als Lernaufgabe?) Der →Ball drückt fast immer geballte Lebensenergien und/oder die eigene Mitte aus. Hierbei stellt sich die Frage, ob Sie Ihre eigene Mitte mit den Füßen treten oder ob Sie sich selbst ins Spiel bringen.
Wichtig ist, welche Rolle Sie im Spiel übernehmen: Stürmer, Verteidiger, Schiedsrichter oder Zuschauer usw.

Fußboden: äußerer und innerer Halt, persönlicher Standpunkt. Hängt wie →Fuß und →Fundament immer mit Erdung zusammen. Der Fußboden kann auch als dasjenige gesehen werden, das eine/n vom Untergrund (als Urgrund oder der Natur) trennt. →Estrich.

Fußmatte: man fühlt sich minderwertig oder getreten. Jeder Schmutz wird bei einem abgeladen.

Futter: Sie nähren das Tier in sich.

Gabel: Verweist zumeist auf das Essen (bes. wenn man im Traum Hunger hat). Der Teufel und Neptun tragen als Symbol die Gabel (den Dreizack als Zeichen der alten Dreiheit, die eine Einheit bildet, vgl. →Drei), um etwas damit zu fangen.
Als Grabgabel: in die eigenen Tiefen vordringen, Erdung, auch Arbeit. Als Gabelung wie in Weggabelung verweist dieses Traumbild auf Ihre Fähigkeit zur Ent- und Unterscheidung. Als Stimmgabel Zeichen für Orientierung und Harmonie (die richtige Stimmlage). Was oder wen »gabeln« Sie auf?
Volkstümlich: Zeichen für Streit.

Gänseblümchen: Symbol für Mädchen wie bei →Gans. Kindlichkeit und Natürlichkeit, die man entbehrt.
Volkstümlich: Glück.

Galgen: man hängt seine Lasten daran auf, oder wird selbst daran aufgehängt, äußerste Bedrohung. Drastisches, altertümliches Bestrafungssymbol, das allerdings keineswegs immer alptraumhaft sein muß. (Vgl. den Film »Spiel mir das Lied vom Tod«.) Kann Entlastung andeuten.

Gang: oft ein Geburtstraum. Bes. ein dunkler Gang kann auf Ratlosigkeit hinweisen.

Gans: ein junges Mädchen wie bei →Gänseblümchen. Nur vordergründig negativ: dumme Gans, Dummheit. In den altägyptischen Schöpfungsmythen stellt die Gans in Verbindung mit dem Weltenei ein Symbol des Ursprungs dar (der Urgott Amun wurde in Gestalt einer Gans dargestellt). Bei den Griechen und Römern stand die Gans für Fruchtbarkeit und Lebendigkeit, woher heute die Bedeutung »junges Mädchen« für Gans abstammt. Dazu kommt, daß die Gans das hl. Tier der Aphrodite war und als Opfer dem Gott der Zeugungskraft (Priapus) dargebracht wurde. In der Antike symbolisierte die Gans nicht nur die Wachsamkeit, sondern auch die eheliche Liebe. Aus unserem Kulturbereich kennen wir die Martinsgans, die in enger Verbindung mit Opfer und Barmherzigkeit steht. Man kann noch heute im Traum das Bild der Gans auf Liebe – Opfer – Fruchtbarkeit beziehen. Dazu kommt noch der Anklang von »Gans« und »ganz», womit auf die Ganzheit verwiesen wird. Im Märchen wie z. B. »Die goldene Gans« das Wertvolle, das, woran wir mit ganzem Herzen hängen. Im Keltischen galt die Gans und der →Schwan als Bote aus einer anderen Welt. Bei den Bretonen durfte sie deswegen nicht gegessen werden. Sie ist ein uraltes Symbol für den Eingeweihten. Volkstümlich: positives Zeichen.

Gardine: man will etwas verbergen (Streit? vgl. die »Gardinenpredigt«). Man durchschaut etwas nicht. Andererseits wird die Notwendigkeit der Abschirmung angesprochen.

Garn: Unwahrheit (Seemannsgarn) oder Gedanken und Gefühle, die nur langsam Form annehmen. →Faden. Volkstümlich: Wohlstand. Garn spinnen wird volkstümlich mit Liebesglück verbunden.

Garten: →Feld. Im Garten findet die Hochzeit von Seele und Natur statt. Er symbolisiert Sehnsucht und Verlangen, Fruchtbarkeit und ein befriedigendes Liebesleben. Er ist der Ort der Harmonie und Entspannung (auch der Sünde als Absonderung wie der Garten Eden),

der Erdung und der gepflegten Natur, die einem gepflegten eigenen Inneren entspricht. Der häusliche, umfriedete Bereich im Gegensatz zum wilden →Feld oder gar →Wald. Wenn wir den Garten betreten, flüchten wir meist vor der Härte des alltäglichen Lebens in der Außenwelt und suchen hier Schutz und Erholung. Altägyptische Traumdeutung: Spaziergang durch einen Garten bedeutet schöne Lebensgestaltung. In Ägypten war der Garten schon immer ein Symbol für die Frau(en). Sexualität der Frau bei Freud.

Gärtner: partnerschaftliche Beziehung zu anderen oder zur eigenen Natur.

Gas: Einflüsse, die einen vergiften wollen. Etwas Undurchschaubares (Unsichtbares), das einem Angst macht. Aber sehen Sie auch die positive Seite dieses Traumbildes: Sie nehmen etwas Unsichtbares wahr. Was ist dieses Unsichtbare für Sie?

Gast/Gastgeber: Sehnsucht nach sozialem Kontakt wie bei →Bekannter und →Begleiter. Man soll mehr auf seine Mitmenschen achten und Freundschaften pflegen. Die Aufgabe kann hier auch darin bestehen, zu sich selbst freundlicher zu sein und sich sozusagen selber der beste Gast zu sein. Man

Gasthaus

möchte sozial akzeptiert und eingebunden sein.
Altägyptisch: große Aufgaben stehen an.

Gasthaus: →Restaurant. Kontaktfreude, Kommunikation und Offenheit. →Speisen, →Essen.
Wichtig: Art des Gasthauses und
wie geht es dort zu und wie fühlen
Sie sich dabei?
Volkstümlich: gutes Zeichen, sich
selbst dort zu sehen.

Gauner: Falschheit, Warnung vor
ökonomischem Risiko.

Gazelle: schöne Frau, Mädchen.

Gebäck: Vernaschen (süßer Genuß). Eigentlich liegt die Zeit des
Naschen in der Kindheit und dennoch erfreuen Sie sich noch heute
am Süßen und am Naschen. Sehnen Sie sich nach Ihrer Kindheit zurück? Wünschen Sie sich mehr Geborgenheit und umsorgt zu sein?
Fehlt Ihnen das »süße Leben«
heutzutage? Vielleicht sollten Sie
in Ihrem Leben mehr Raum für dieses »süße Leben«, für Geborgenheit und auch kindlichen Genuß
schaffen?
Freud zitiert hier Volkelt (J.: Die
Traumphantasie, Stuttgart 1875):
glattes Gebäck drückt Nacktheit
aus. Volkstümlich: Vorsicht in der
Liebe.

Gebärmutter: Fruchtbarkeit und
innerer Reichtum. Erinnern Sie
sich mit diesem Bild an Ihre eigene
Herkunft, oder gar an Ihr vorge-
burtliches Leben?

Gebäude: →Haus. Person des
Träumenden nach Freud und Jung
und allen gängigen Schulen der
Traumdeutung.
Wichtig ist der Zustand des Hau-
ses, dessen Atmosphäre und Lage.

Gebet: Verweist oft auf kindliche
Haltung des Träumers oder der
Träumerin. Bedeutet häufig, daß
man aktiv werden oder sich mehr
nach innen wenden soll. Auf der
anderen Seite hängt das Gebet
auch außerhalb der christlichen
Praxis mit Geben und Bitten zusammen.

Gebirge: →Berg.

Gebiß: →Biß.

Gebüsch: Versteck, →Busch.
Nach Freud weiblicher Körper
(Schamhaare), eine Sichtweise, die
sicherlich zu Freuds Zeit ihre Be-
rechtigung hatte. Heute, im sogenannten Zeitalter sexueller Befreiung, pflegen wir allerdings norma-
lerweise unsere Umwelt nicht mehr
derart zu sexualisieren, da das di-
rekte Erleben der Sexualität nicht
mehr so tabuisiert ist. Dennoch besitzen Freuds Deutungen nicht nur
kulturhistorischen Wert, sondern

sie treffen meist dann sehr gut zu, wenn der Träumer oder die Träumerin in einer Situation lebt, wo der Ausdruck oder gar das Ausleben sexueller Gefühle nicht möglich ist.

Geburt: Bezieht sich konkret zunächst auf tatsächliche Geburten, sei es die eigene, die der eigenen Kinder oder die von anderen. Wünsche und Ängste, Schmerzen und Freuden der persönlichen Menschwerdung oder des eigenen Umgangs mit Kindern können sich hier darstellen. Zusätzlich gilt in übertragener Bedeutung: Beginn einer allgemein günstigen, kreativen Zeit. Entstehen von etwas Neuem. Absoluter Glückszustand und Klarheit. Auf der anderen Seite finden wir hier häufig die Sehnsucht nach einer Neugeburt, d.h. nach persönlicher Veränderung ausgedrückt. Oftmals tritt dieses Traumbild auf, wenn wir unmittelbar vor oder hinter einem Neuanfang stehen. Gelegentlich drückt es – in der Verehrung des Neuen – auch einen Widerstand gegen Abschluß des Alten, gegen Reife und Vollendung aus. Bei diesem Symbol sollten Sie sich fragen, was Sie mit Ihrem Leben machen und wohin Ihre Sehnsüchte gehen. →Kind.

Geburtstag: Volkstümliches Glückssymbol in jeder Hinsicht. Der Geburtstag ist eine magische Zeit, zu der Wünsche in Erfüllung gehen und man auch verhext werden kann (vgl. »Dornröschen«). Wichtig sind die Geschenke, die Feier und wie alt man im Traum geworden ist. Die Geschenke symbolisieren meistens Eigenschaften des Träumers oder Personen, die der Träumer trifft, und die eine Bereicherung seines Lebens darstellen. Außerdem: Hier wird gefeiert, daß die persönliche Existenz und die individuelle Eigenart ein Geschenk sind – und so auch gewürdigt werden. Achten Sie auf die Begleitumstände der Geburtstagsfeier. Wie haben Sie sich gefühlt?

Gedränge: Sie brauchen mehr Freiheit und mehr Raum für sich wie auch bei →Gefängnis und →Käfig. Es ist einem zu eng (das kann real im Bett sein). Können Sie sich genügend im Alltag durchsetzen und selbst behaupten? Benötigen Sie mehr Freiraum?

Gefängnis/Gefangenschaft: Kann Einschränkungen und Abhängigkeiten jeglicher Art symbolisieren. Meist braucht man mehr Freiheit und Raum wie auch bei →Gedränge, →Fessel und →Käfig. Man fühlt sich eingeengt (oft durch eine Beziehung oder Arbeitsverhältnisse) oder befangen. In seltenen Fällen wird hier auf einen blinden Fleck verwiesen oder auf den wunden Punkt des Träumers oder der Träumerin.

Gefäß

Freud träumte in seiner Jugend von einem Gefängnis in Form eines →Kastens, und für ihn bedeutete dieses Symbol die Gebärmutter.

Gefäß: →Flasche, →Retorte, →Vase. Alle Gefäße symbolisieren den Leib der Frau und die weibliche Sexualität – zumindest im Traum des Mannes. Der männliche Körper und die männliche Sexualität stellt sich fast nie als Vase dar; wenn er durch ein Gefäß symbolisiert wird, dann tritt zumeist das Faß oder sehr häufig die Flasche auf. Bei Mann und Frau kann allerdings die Vase das Innere im Sinne des Unbewußten andeuten, allerdings auch hier tritt eher die Büchse (die Büchse der Pandora) oder das Kästchen bzw. die Schatztruhe auf.
Wichtig ist, was die Gefäße beinhalten (welcher Geist in der →Flasche wohnt).
Schon nach Freud sind Gefäße immer sexuell: Leere Gefäße bedeuten Potenzschwierigkeiten. Ausgießen von Flüssigkeit aus einem Gefäß oder dessen Entkorken ist nach der klassischen Psychoanalyse meist ein Symbol für den Geschlechtsverkehr.

Geflügel: gewöhnliches Leben. Das Federvieh verweist möglicherweise auf die Flatterhaftigkeit des Triebes (auch: das Vieh, das sich in die →Luft erheben kann). Vgl. das Sprichwort »Auch Kleinvieh

macht Mist«: Auch Kleinigkeiten können fruchtbar verwendet werden.

Gegner: sich widersprechende Ideen, Meinungen und Aspekte von einem selber. Oft das, was man bei sich nicht sehen möchte. →Herrscher.

Geheimnis: Verdrängung von Wahrheit oder gerade ein Hinweis darauf, daß wir auch Geheimnisse brauchen.

Gehen: man kommt auf dem Lebensweg durch eigene Kraft langsam, aber stetig und sicher voran. Selbständigkeit.
Wie man geht, zeigt den gegenwärtigen Zustand deutlich an.

Gehorsam: verweist auf notwendige oder unnötige Disziplin.

Geier: ausbeutende Einstellung im Leben, deswegen oft Schwierigkeiten mit der Umwelt.
Volkstümlich: gefährliche Feinde.

Geige: Idealisierung des weiblichen Körpers. Oder die erste Geige spielen wollen. Wie bei allen Musikinstrumenten ist hier die Harmonie angesprochen, und wie bei allen Saiteninstrumenten werden im Bild der Saite die Nerven und die Stimmungen und Spannungen eines Menschen symbolisiert. Der Resonanzkörper des Instrumentes verweist auf den Widerhall im Inneren, man könnte von »seelischem Echo« sprechen.

Geizhals: man sollte großzügiger, offener und beweglicher sein. Oder sind Sie unersättlich, weil Sie Ihre wahren Bedürfnisse unbefriedigt lassen? → Gier. Schlechtes Omen bes. für Liebende nach der volkstümlichen Traumdeutung. Wie man mit dem Geld umgeht, so geht man auch mit seiner Liebe um.

Gelb: verweist auf Intuition und Geistigkeit (auch im Sinne von Bewußtheit). Symbolfarbe der Sonne. Gelb steht für leicht irritierbare Intuition und geistige Konstitution, was sich u. a. darin ausdrückt, daß psychisch Kranke wie van Gogh in ihren Bildern die gelbe Farbe bevorzugen. *Die gelbe Gefahr* warnt vor geistiger und körperlicher Krankheit (vgl. auch »Gelbsucht«). Hier kann man gut sehen, wie ein politischer (diffamierender) Begriff auf einer archetypischen Bedeutung aufbaut und so zu neuen Assoziationen führt, die sich aufdrängen, ob man nun dieser politischen Ansicht ist oder nicht. Die Werbung arbeitet ähnlich. Bei Goldstich: reiche Ernte, geistige Aktivität. Dunkles oder gar verschmutztes Gelb dagegen symbolisiert Neid, Geiz, Eifersucht und Verrat. Bei den Hindus symbolisiert Gelb das Licht des Lebens, bei den Buddhisten Demut und Freiheit.

Goethe: »Es ist eine heitere, muntere und sanfte Farbe; aber sie gleitet leicht ins Unangenehme, durch die leiseste Beimischung wird sie entwertet, unschön und schmutzig.« (Farbenlehre, sinnlich-sittliche Wirkung der Farben).

Geld: verweist selten auf ökonomische Probleme, sondern deutet eher auf unser Verhalten in der Liebe. Wohl das häufigste und allgemeinste Sexualitäts- und Machtsymbol. Bei den älteren Münzen verweist Taler (wovon Dollar abgeleitet ist) auf die Talente und Begabungen des Träumers. Das Geldstück verweist allgemein auf Erfolg und Sicherheit. Wägen Sie immer alles ab und planen und durchdenken Sie jede Situation? Haben Sie Angst, die Kontrolle über sich und die Situation zu verlieren? Oftmals zeigt Ihnen dieses Traumbild, daß Sie sich dem Leben öffnen und Ihre Wildheit wahrnehmen sollten. Hingabe an das Leben ist hier an Stelle der Kontrolle angesagt. Für Freud und Jung Symbol der Libido: Silbermünzen Hinwendung zu Frauen, Goldmünzen zum Mann. Für einige moderne Psychoanalytiker Potenzsymbol.

Geleise (Bahngeleise): vorgezeichneter Lebensweg, Sicherheit und Starrheit (es verläuft alles in festgefügten Geleisen).

Gelübde

Gelübde: man sollte sich in einer wichtigen Angelegenheit festlegen, oder man hält wichtige Verpflichtungen (sich selbst gegenüber) nicht ein, an die man erinnert wird.

Gemälde: man sucht ein klareres Bild von sich oder anderen. Künstlerisches Sehen und Handeln statt nur logisches wird gefordert. Bilder zeigen fast immer die Persönlichkeitsstruktur der/s Träumenden. Jedes Bild ist ein Selbstbildnis bzw. ein Symbol der persönlichen Weltsicht.

Gemse: Geschicklichkeit, Genügsamkeit und Scheu (astrologisch entspricht dieses Bild dem Tierkreiszeichen Steinbock).

Gemüse: Jugendliche und Kinder (»junges Gemüse«). Nahrung. Nach C.G. Jung meist erotische Anspielung.

General/Oberst: →Chef, nur aggressiver bzw. autoritärer. →Herrscher.

Genesung: man gesundet an Körper und/oder Seele.

Genitalien: →Geschlechtsorgane.

Gepäck: →Koffer, →(Hand)Tasche, →Rucksack, →Paket und →Schachtel symbolisieren Belastungen (»jeder hat sein Päckchen zu tragen«) oder seltener Kraft und

Pläne. Kraftreserven. Hier wird auch die Bedeutung von Mitgift und Erbe angesprochen, die sowohl auf eine Last als auch auf eine Chance verweist. Welche Begabungen stehen Ihnen zur Verfügung? Welche Aufgaben ergeben sich daraus? Nach Freud Sexualsymbole.

Gepäckträger: derjenige, der die Last der anderen trägt. Sind Sie das oder ist es ein anderer für Sie? Volkstümlich: Verleumdung.

Gericht: schlechtes Gewissen, man hält über sich selbst Gericht. Sie sollten mit sich nicht zu streng sein. Suche nach Gerechtigkeit. Wollen Sie »es« immer richtig machen? Liegt es für Sie an, Ihrem Leben eine bestimmte klare Richtung zu geben? Worauf könnten Sie sich aus-richten?

Gerste: →Getreide. Volkstümlich: gutes Omen.

Geruch: →Duft. Schlechte Gerüche symbolisieren Abneigung (man kann jemanden nicht riechen), gute Gerüche Zuneigung. Außerdem schwingt hier die Bedeutung der »goldenen Nase« bzw. des »richtigen Riechers« mit, die Sie auf Ihre Intuition verweist, auf die Sie sich entweder verlassen oder auf die Sie sich mehr verlassen sollten.

Gerüst: Neuanfang, Selbsthilfe und Unterstützung.

Gesäß: wer sein Gesäß entblößt, der/die gibt sich eine Blöße, er oder sie hält die eigenen »Nachteile« nicht im Verborgenen (vgl. »Der Narr« im alten Tarot). Freud: infantiles Sexualsymbol.

Gesang: seelische Erleichterung, friedliche Zeiten, Harmonie, Ausgeglichenheit und Entlastung.

Geschäft: hängt meistens mit Geschäftigkeit im alltäglichen Leben zusammen. Sie sind entweder zu geschäftig oder zuwenig aktiv. Wie bei →Fabrik stellt auch das Traumbild »Geschäft« ein Symbol des ökonomischen Austausches dar, das auf die Wechselbeziehung der einzelnen Persönlichkeitsanteile verweist. Um welche Art des Geschäftes handelt es sich? Was wird dort verkauft und welche Rolle spielen Sie dort?

Geschenk/Gabe: die Beziehung zur Umwelt soll verbessert werden. Es geht um das Teilen der Freude und die Freude am Geben. Das Leben als Geschenk. →Geburtstag.

Geschirr: Häuslichkeit. Zerbrochenes Geschirr bedeutet volkstümlich Unglück (im Gegensatz zu zerbrochenem →Glas).

Geschlechtsorgane: sexuelle Bedürfnisse als naheliegende Bedeutung. Auf der anderen Seite verweisen alle direkten sexuellen Traumbilder auf den Zustand des Selbst der/s Träumenden. Oftmals drücken sich andere Energien wie z. B. Liebe oder Angst, Macht und Geld in sexueller Symbolik aus. Freud unterschied ganz deutlich zwischen der genitalen und der allgemeinen Sexualität. Einerseits erweiterte er den Begriff der Sexualität: »Erstens wird die Sexualität aus ihren allzu engen Beziehungen zu den Genitalien gelöst und als eine umfassendere, nach Lust strebende Körperfunktion hingestellt, welche erst sekundär in den Dienst der Fortpflanzung tritt; zweitens«, so Freud weiter, »werden zu den sexuellen Regungen alle die bloß zärtlichen und freundschaftlichen gerechnet, für welche unser Sprachgebrauch das vieldeutige Wort ›Liebe‹ verwendet« (aus: S. F., »Selbstdarstellung«, Ffm. 1971, S. 67 f.). Das bedeutet: Die Sexualität ist für Freud ein umfassendes Luststreben, das sich am und im gesamten Körper äußert. Er vertritt die Auffassung, sexuelle Regungen und zärtliche, freundschaftliche Liebesempfindungen miteinander in Verbindung zu sehen, und nicht den einen Teil der Person dem anderen vorzuenthalten. Insoweit geht es um die »Loslösung der Sexualität von den Genitalien« (Freud), also

Geschmack

um das, was wir als Sinnlichkeit bezeichnen, um den Abschied davon, »immer nur das Eine« zu suchen, wo Vieles des Wollens wert ist.
Zugleich betont Freud den Unterschied zwischen allgemeiner/unorganisierter Sexualität und genitaler Sexualität. Erst in der genitalen Phase werde »die volle Organisation« aller Triebe (und nicht nur von Teiltrieben) bewirkt. →Erektion, →Beischlaf, →Sexualität.

Geschmack: die Art des Geschmacks bewertet das Symbol, das mit diesem Geschmack verbunden ist. Der Geschmack ist das, was einem/r auf der Zunge liegt, was man spürt und was man ausdrücken sollte.

Geschwindigkeit: typisches Streß-Traumsymbol. Lassen Sie sich mehr Zeit, oder Sie müssen schneller sein, um eine Chance zu wahren. Allerdings kann man mit Geschwindigkeit den Streß auch überwinden.

Geschwister: →Bruder, →Schwester. Unterschiedliche Anteile in einem selbst.
Hiermit ist nach Freud oft das Genital gemeint. Ältere Geschwister deuten nach Jung auf entwickeltere Fähigkeiten, das wo man hin will, was man bewundert.

Geschwür: verweist wie Pickel, →Abzeß und →Hautausschlag auf

Minderwertigkeitsgefühle. Ekelsymbol. Allerdings mag der Traum auch im konkreten oder im übertragenen Sinne zeigen, daß ein Gift Ihren Körper verläßt, und daß der Ekel vor diesem Symptom falscher Lebenseinstellungen, unterdrückter Gefühle und der Entgiftung des Körpers unberechtigt ist. Seien Sie immer froh, wenn sich Ihre unakzeptierte Seite (der Schatten) ausdrückt. Was zum Ausdruck gelangt, das kann uns nicht mehr unkontrolliert bedrängen.

Gesicht: Gesichtsausdruck steht für die seelische Befindlichkeit des/der Träumers/in, für seine Selbstachtung und Selbsteinschätzung. Es ist ein Symbol der Indentität und der Willens- und Intuitionskraft.
Entstelltes Gesicht: Wut, Aggression, Angst. Verzerrtes Gesicht: innerliche Unruhe. Undeutliches oder schemenhaftes Gesicht: Ausdruck der Identitätssuche. Ist das Gesicht eine →Maske, geschminkt oder offen und frei?
Volkstümlich: freundliches Gesicht ergibt ein gutes Omen, unfreundliches ein schlechtes Omen. Viele fremde Gesichter zeigen, daß man bald umziehen wird.

Gespenst/Geister: Hier sind meist die sogenannten Lebensgeister, also das, was ein spezifisch menschliches Leben auszeichnet, gemeint. Ferner wird möglicherweise auf

einen ungenutzten oder falsch benutzten geistigen Apparat verwiesen. Man jagt einem Phantom
nach. Warnung vor Illusion und
falscher Einsicht. Wesen aus dem
Märchenreich haben immer etwas
Unheimliches an sich. Sie können
hilfsbereit oder böse sein. Gespenster sind oft Ausdruck von Schuldgefühlen und Gewissensängsten.
Wenn solche Bilder zu oft mit
Angst verbunden auftreten, dann
sollte therapeutische Hilfe zu Rat
gezogen werden. Die Aufgabe bei
diesem Traumbild liegt oft im besseren Verständnis und in der klüge-
ren Anwendung seiner Geistesgaben.
Meist weibliche Personen (im weißen Nachtgewand) nach Freud.
Volkstümlich: eine Zeit voller Ärger steht bevor.

Gespräch: ruhige Gespräche symbolisieren Kontaktfreude und Aufgeschlossenheit, diskussionsartige
Gespräche bilden oft innere Konflikte ab.

Getränk: oft wenn man Durst im
Traum hat. Liebesgenuß (vgl. Bal-
lade »Es war ein König in Thule«).
Was haben Sie getrunken?

Getreide: →Gerste. Alle Getreide-
arten symbolisieren geistige und
physische Bedürfnisse, sie können
aber auch über die Assoziation
»Schnitter« und »Sensemann« auf
die verwandelnde Kraft des →To-

des verweisen. Jedesmal ist damit
auch die Frage der persönlichen
Fruchtbarkeit angesprochen.
→Feld, →Ernte.
Reiche Ernte, volle Ähren bedeutet
Selbstvertrauen und Gesundheit,
Mißernte das Gegenteil. Ein Ge-
treidefeld zeigt »den Acker des Le-
bens« und »das Feld der Erfahrun-
gen« an. Hier können Sie erfahren,
woran Sie jetzt zu arbeiten haben.
Ist das Traumbild vom Gefühl der
Ruhe und des Friedens geprägt,
dann spricht es die Sehnsucht nach
dem natürlichen Leben und der
Entspannung (beim Städter) an.
Hinweis, daß das Leben zu Frucht
und Reifung führt. Getreide nährt.
Glückszeichen in volkstümlicher
Traumdeutung: Erfolg nach harter
Arbeit.

Gewächshaus: künstlich regulier-
ter und kontrollierter Lebensraum,
dort ist keine Aggression zulässig
(wer im →Glashaus sitzt, darf
nicht mit Steinen werfen). Leben
Sie isoliert, um eine bestimmte
Aufgabe zu fördern? Dies können
Sie für eine bestimmte Zeit erfolgreich tun, aber Sie müssen darauf
achten, daß diese Isolierung Ihnen
nicht zum »Zuchthaus« wird.
→Glashaus.
Volkstümlich: gutes Omen.

Gewalt: Disziplin ist notwendig
oder aufzugeben, ähnlich wie bei
→Gehorsam und →Aggression.
Triebstau.

Gewebe: alles ist miteinander verbunden. Symbol des Lebensfadens, das darauf verweist, die vielen Fäden der Erfahrungen und der eigenen Persönlichkeit zu einem Ganzen zu verbinden. → Faden. Die Art des Gewebes gibt häufig Ihre Gefühle wieder.

Gewehr: Der Träumer will durch Macht und Stärke imponieren oder wird durch sie eingeschüchtert. Allmachtphantasie, Symbol für Aggressionen. Ausdruck der Kriegsangst wie auch bei → Helm, → Bombe, → Bajonett und → Abschuß.
Wohl das berühmteste Sexualsymbol der klassischen Psychoanalyse. Kommt in dieser Bedeutung auch noch heute häufig vor.

Geweih: aggressive, männliche Triebkraft wie auch bei → Gewehr und allen Waffen. Untreue (einem Hörner aufsetzen).
An den Wänden hängende Geweihe Erinnerung an frühere Potenz.

Gewicht: Bedrückung, Belastung wie bei → Gepäck oder man sollte nicht alles so schwer nehmen. Kann auch aufs Abwägen hinweisen.

Gewinn: in jedem Fall ein Erfolgssymbol.

Gewitter: → Blitz. Das Zerstörische und das Reinigende. Sie soll-

ten Ihrer Aggressivität Ausdruck verleihen.

Gewölbe: wie → Höhle ein Mutter- und Schutzsymbol.
Volkstümlich: Schwierigkeiten.

Gewürz: Schärfe im Sinne von Intellekt und Klugheit. Psychische Reizbarkeit, aber auch Extravaganz und Raffinesse.

Gicht: eingeschränkte Bewegung, fehlende Bewegungsfreiheit wie bei → Gefängnis und → Käfig, hier jedoch auf Grund unbewußt gebliebener oder »ungelenker« eigener Natur.
Volkstümlich: Überanstrengung vermeiden.

Gier: man soll gemäßigter sein, oder man fühlt sich zu kurz gekommen. Triebstau. Wie bei → Geiz wird hier auf die Unersättlichkeit verwiesen, die eine unangemessene Befriedigung der eigenen Triebe anzeigt. → Wolf.

Gießkanne: Überfluß und Reichtum. Oder sparsame Zuteilung von Energien.
Wie → Wasserhahn nach Freud Symbol des männlichen Gliedes, da hier aus der phallischen Tülle etwas ausfließt, das Fruchtbarkeit bringt.

Gift: Bosheiten und Aggressionen werden verdrängt. Oft vergiftende

Gedanken und Gefühle. Alles, was dem/der Träumer/in widerspricht, oder in seltenen Fällen seine Medizin.

Giftschlange: → Schlange. Bekanntes Symbol für eine falsche Frau, Gefahr in Angelegenheiten des Herzens und der Erotik. → Gegner.

Gin: Suchttendenz. Volkstümlich: kurzes Leben und viele Veränderungen.

Gipfel: das Erreichen von höherem Bewußtsein, Vergeistigung. Kann aber in anderem Zusammenhang auf Überheblichkeit, Karrierismus und fehlende Demut verweisen. Wozu fühlen Sie sich berufen? Welchen Preis sind Sie bereit, für Spitzenleistungen zu zahlen? Ferner wird hier die Verbindung zur eigenen Mitte (und zu Gott) im Alleinsein angesprochen. Nehmen Sie sich genügend Zeit für sich? Symbolisiert Entwicklung und Reifung als Ziel des Lebensweges, aber auch Angst vor Tiefe und Auseinandersetzungen.

Gips: man bleibt hängen, kleben (an Beziehung, Beruf z. B.). Man glättet etwas mit Gips wie beim → bügeln. Mit Gips macht man die Kopie von einem Original (was kopieren Sie?). Unechtheit. In volkstümlicher Traumdeutung: falsche Anschuldigungen.

Giraffe: Das Besondere, Ferne und Exotische. Der Überblick als Wunsch, alle anderen zu überragen und nicht mehr das kleine Kind zu sein. Allerdings beachten Sie, daß Kopf und Körper hier weit von einander entfernt sind!

Gitarre: Leidenschaft und Gefühl. Oft sexuelle Bedeutung wie → Geige und → Bratsche (Frauenleib). Spielerische Selbstdarstellung.

Gitter: Trennungstendenz, Beengung.

Gladiator: Aggression und Minderwertigkeitsgefühl, das durch Heldentraum(a) kompensiert wird.

Glas: Gefäß des Geistes. Durchsichtigkeit und Klarheit als Zeichen von Vergeistigung. Zerbrechlichkeit und Überempfindlichkeit. Glasgefäße, Glas- und Kristallkelche (vgl. Gral) stellen den Bewußtseinsprozeß dar. Zerbrochenes Glas bedeutet Verletzung, Zerstörung der Unschuld (auch im Sinne der → Entjungferung), aber auch Glück (wenn es kein → Spiegel ist). Gelegentlich ein Symbol der Zerbrechlichkeit im Sinne der Flüchtigkeit und Unfaßbarkeit (vgl. das Sprichwort »Glück und Glas, wie leicht bricht das«). In der Alchemie wird der Stein der Weisen (lapis) auch Glas (vitrum) genannt, weil er eben geistig ist.

Glashaus

Nach Freud symbolisieren Glasgefäße die weiblichen Genitalien (vgl. auch Lenins Glas-Wasser-Theorie über den Geschlechtsverkehr, die besagt, daß der Geschlechtsverkehr nicht mehr und nicht weniger als das Trinken eines Glases Wasser bedeute). Das trifft jedoch heutzutage selten zu. → Vase.

Glashaus: → Gewächshaus. Abschirmung wie → Glaswand. Man sollte offen und durchschaubar sein. Das → Gefäß, die → Retorte, in der die Wandlung und das Wachstum des Menschen wie der Pflanze stattfinden. Der Uterus, auch der gläserne Sarg des Schneewittchens. Mythologisch ist oft ein Schwitzhaus (vgl. genauer Jung, GW 12,3 § 437 ff.) gemeint, in dem die Verwandlung des Königssohns stattfindet.

Glaswand: häufiges Traumsymbol, wenn man gefühlsmäßig vom Anderen oder vom Objekt abgeschnitten ist, kontaktmäßige Isolation. Man sieht etwas, das man nicht erreichen kann. Hier sollten Sie Ihre Ziele überprüfen oder sich fragen, ob Ihre Kraft ausreicht, die gesetzten Ziele zu erreichen. Ggf. Gegenbild zu → Magnet.

Glatze: Vergeistigung, Tonsur (verweist auf das Kronenchakra). Alter und Verlust der Lebenskraft. Auch Brutalität (Skinheads) oder Strahlenkrankheit.

Artemidor: Verlust von Verwandten oder Güter. Nach Phaldor intellektueller Mißerfolg. Volkstümliche Traumdeutung: entweder schlechte Gesundheit oder Liebesprobleme.

Gletscher: → Eis.

Globus: → Atlas, → Kugel. Reiselust. Man sucht nach allgemeinen (globalen) Lösungen.

Glocke: Beständigkeit, Zuverlässigkeit, Freude und Harmonie (vgl. Schiller »Die Glocke«, ein Gedicht, in dem die Glocke u. a. die Bildung der Persönlichkeit durch Arbeit symbolisiert). Mit der Glocke ist untrennbar das Zeitmaß verbunden. Es fragt sich bei diesem Traumsymbol, was die Stunde geschlagen hat.
Man hört Glocken läuten: man erwartet etwas Neues. Oft wird der Glockenton mit der »himmlischen Botschaft« verbunden. Wenn man etwas an die große Glocke hängt, dann verweist dies im Traum darauf, daß man etwas entweder unangemessen groß macht (aus Geltungsdrang) oder daß man etwas öffentlich darstellen sollte, was man verbirgt.
Seit Anfang des 15. Jahrhunderts gehören die Glocken und Schellen zum → Narrenkennzeichen und gelten gleichzeitig als Symbol der Eitelkeit.

Glühwürmchen: →Licht. Freundlichkeit und Hilfe wird einem entgegengebracht. Wie bei →Funke kann hier der Seelenfunke gemeint sein (vgl. auch P.P. Pasolini:»Das Verschwinden der Glühwürmchen«).

Glut: seelische Stabilisierung, innere Wärme, intensive innere Kräfte. Symbol der Lebensmitte und der inneren Sonne als Lebensenergie, Willens- und Intuitionskraft, aber auch des Stresses (»midlife crisis«, die einen Wendepunkt bzw. eine Wandlung anzeigt). Darauf achten, ob Glut erlöscht oder zum →Feuer wird.

Gold: die Sonne in der Seele und die Unsterblichkeit, kann aber genausogut auf Verblendung, →Gier und Materialismus verweisen. Nach Freud meist mit Kot verbunden. Nach Jung und Nachfolgern Symbol der höchsten Kostbarkeit des Träumers, sein größter Schatz, das höhere Selbst. →Diamant, →Geld, →Herz, →Sonne.

Goldfisch: →Gold. Der besondere →Fisch. Das Leben im Wasser der Gefühlswelt bringt den wahren Kern der Persönlichkeit zum Ausdruck.

Golf: Reichtum und Wettbewerb. Seit Neuestem auch Krieg und Kriegsangst (Golfkrieg). Im Sinne des Golfstroms wird hier auf eine warme Energie verwiesen, die einem guttut.

Gondel: Wie Schaukel verweist die Gondel auf spielerische Fantasie in der Liebe, aber auch auf das Abenteuer. Urlaubserinnerung, die oft Urlaubsreife andeutet.

Gorilla: Gewalt und undifferenziertes Seelenleben (obwohl der Gorilla ein friedlicher Pflanzenfresser ist, der ein soziales Leben pflegt). →Gladiator.

Gott / Götter: bildhaft äußerst selten, eher daß man die Anwesenheit Gottes spürt, was ein Symbol einer neuen Bewußtseinsstufe darstellt. Wie gehen Sie mit Autoritäten um?

Gottesdienst: man sollte in sich gehen wie bei →Gebet. Ausdruck des Wunsches »Gott zu dienen« bzw. einer höheren Aufgabe zu dienen.

Grab / Gruft: Lebensangst, Resignation und Aufgabe. Ruhe und Frieden. Hier wird auf die Ahnen und im Anklang auf die Ahnungen verwiesen. Was haben Sie begraben oder sollten Sie besser begraben? Oder gibt es etwas auszugraben? →Tod.

Graben: weibliches Sexualsymbol. Hindernisse stehen einem im Weg. Man muß durch die (eigene) Tiefe gehen.

Granate

124

Granate: Granatträume (und auch Bombenträume, m.E.) stellen nach Jung die einzigen Träume neben Träumen von traumatischen Unfallsituationen dar, wo der Traum ein bloße Wiederholung eines vorhergehenden Erlebnisses darstellt. Es ist der Versuch des Unbewußten, den Schock psychisch zu integrieren.

Gras: Wachstum, Naturverbundenheit und Erdung. Etwas, das tief verwurzelt ist.
Wichtig ist der Zustand des Grases. Gesundes grünes Gras bedeutet Gesundheit, vertrocknetes, niedergetrampeltes Gras Unzufriedenheit und Krankheit, zu hohes, verwildertes Gras unrealistische Ideen.

Grau: Farbe des noch Unbewußten und Undefinierten, eine unbunte Mischfarbe, in der das Helle aus dem Dunkeln auftaucht. Verbindung der Gegensätze (Grau ist als Mischung von Komplementärfarben definiert) wie bei →Hochzeit usw. Grau steht an der Grenze von Tag und Nacht, Hell und Dunkel und fordert im Traum zur klaren Unterscheidung auf. Der »graue Alltag«: Hier tritt uns Grau als Symbol des Unscheinbaren entgegen, auf der anderen Seite kann das Un-Scheinbare auch auf das Echte und Wesentliche im Leben hindeuten. →Maus, →Schatten.

Grenze: häufiges Traumsymbol für Begrenzung und Einschränkung der Möglichkeiten des Träumenden. Man muß die Widerstände des Lebens überwinden und zugleich sollten Sie jedoch nicht vergessen, daß sich in der Begrenzung der Meister zeigt. Grenzerfahrung →Hecke.

Groß: was im Traum größer wird, dem soll bes. Aufmerksamkeit geschenkt werden.

Großmutter: weitgehend wie →Mutter, allerdings vielmehr auf die Vergangenheit bezogen. Die übermächtige Mutter als die archetypische Mutter (das Mutter-Prinzip) im Gegensatz zur persönlichen Mutter. Großmütter sind wie →Großväter oft weise Traumführer und Ratgeber.

Großvater: →Großmutter. Der übermächtige Vater als der archetypische Vater. Im Gegensatz zu dem persönlichen Vater wird hier das Vater-Prinzip angesprochen.

Grotte: →Höhle. Das Urweibliche. Grotten sind heilige Orte und haben so magische Bedeutung. →Gebärmutter.

Grube: Vaginasymbol. Mystischer Ort des Todes und der Wiedergeburt (Löwengrube, →Grab als Grube). Nach Freud Symbol des weiblichen Körpers.

Grün: Farbe des naturhaften Lebens. Es entwächst etwas dem Stadium der Unreife.

Gürtel: Der Gürtel zeigt an, wo Liebe und Schönheit (bzw. die Faszination) ihren Platz haben. Die Gürtellinie als körperlicher Ausdruck der Verbindung von Bewußtem und Unbewußten stellt uns vor die Entscheidung, ob wir den Weg der Triebe oder den der Vergeistigung gehen wollen. Im Ideal verbinden sich beide Wege und führen zur einer Harmonisierung von Körper, Geist und Seele. Beim Traumsymbol Gürtel stellt sich immer die Frage nach dem Umgang mit der Sinnlichkeit und Sinnenfreude. Allerdings tritt im Traum dieses Symbol meistens dann auf, wenn man sich durch etwas eingeschnürt und bedrängt fühlt. Ist dies nicht der Fall, sieht das Unbewußte keinen Anlaß, solch ein Traumbild zu erzeugen. Deswegen wird mit dem Gürtel meist auf Einengung durch den Ehepartner (fast immer die Frau) verwiesen. Der Gürtel ist ein Ursymbol für Macht, Stärke und Einfluß der Frau (im Nibelungenlied der Gürtel der Kriemhild, Gürtel der Amazonenkönigin im Herakles-Mythos). Er verdeutlicht im Traum von heute unterdrückte Gefühle, bes. sexuelle, bei Mann und Frau. Im Frauentraum stellt der Gürtel oft ein Symbol der Tugend und Reinheit dar, im Männertraum ein Symbol der Kraft und Potenz.

Gummi: Geschmeidigkeit und Anpassungsfähigkeit.

Gurke: Penissymbol. Genesung und Gesundheit.

Haar: → Glatze, → Bart. Vermögen und Potenzsymbol. Im Mythos entspricht das Abschneiden der Haare der Kastrierung. Samson war seiner Kraft beraubt, als Delila ihm seine Locke abschnitt. Haare sind beim Mann Zeichen der Freiheit, lange Haare bei der Frau Zeichen der Weiblichkeit. Nach Robert Bly (Eisenhans. Ein Buch über Männer. Kindler, München 1991, S. 72) sind der wilde Mann und die wilde Frau immer mit Haaren bedeckt. Wer von sehr behaarten Wesen träumt, der ist auf dem Weg, seine eigene Natur zu befreien. Er sehnt sich nach seiner Vitalität. Dieses Sehnen nach Befreiung der eigenen »wilden Kräfte« drückte sich deutlich in dem Musical HAIR aus, das den Mythos der 68er-Generation ausdrückte.

Heute tritt das Haar im Traum häufig in der Bedeutung des Images auf. Es drückt die Seite aus, die wir gerne der Außenwelt präsentieren. Im Gegensatz dazu kann bei diesem Bild auch die »Haarspalterei« angesprochen sein.

Altindische Traumdeutung: Abgeschnittene Haare bedeuten Kummer und Not. Nach Artemidor bedeuten Haare nahe Verwandte, nach Phaldor geistige oder intellektuelle Güter. Bei Freud besitzen sie als sekundäres Geschlechtsmerkmal phallische Bedeutung. Haareschneiden nach Freud und Steckel (W.: Die Sprache des Traumes, Wiesbaden 1911) Kastration. Volkstümlich: Viele Haare bedeutet Wohlstand, wenig oder graue Haare Sorgen. Im Volksglauben sind Haare Zeichen der Weisheit.

In der Mythologie der Völker spielen Haare und Bart eine große Rolle: Die Häuptlinge der Masai fürchten, daß sie von ihren übernatürlichen Kräften verlassen werden, wenn sie sich Haare und Bart schneiden. Bei vielen primitiven Völkern bilden Haare ein Tabu. Um vor Gefahren gefeit zu sein, dürfen sie nie geschnitten werden. Bei den fränkischen Königen hätte Haarschneiden Verzicht auf den Thron bedeutet. Haare bedeuten also Macht, Kraft und magische Potenz. Bei den Germanen schnitten die jungen Krieger sich erst dann Haare und Bart nachdem sie ihren ersten Feind getötet hatten.

Haarnadel: →Haare. Aggression (die tödliche Waffe der japanischen Frau gegen den Mann im Bett), Ordnung und Eitelkeit wie bei allen Schmucksymbolen.

Habicht: kommende Verluste werden befürchtet, oder man nimmt sich etwas unrechtmäßig. Aggressionssymbol wie →Falke.

Hacke: aggressive und sexuelle Bedeutung, aber auch auf der anderen Seite das Werkzeug, mit dem wir die harte Oberfläche auflockern, um in sie einzudringen.

Hafen: Schutzort vor den Lebensstürmen. Lebensbewältigung in schwierigen Zeiten oder auch Zeichen der Lebensangst. Sicherheitsbedürfnis wie bei →Boje, →Anker, →Arche, →Damm und →Familie, →Elternhaus und →Aufgebot. Auch Hemmungen. Häufiges Symbol der Ehe – aber auch Ort des Abenteuers und der »Verruchtheit«. Werden Häfen nur kurz aufgesucht: Tatkraft und Selbstvertrauen. Volkstümlich: Glückliche Zeiten, oder Falschheiten werden entdeckt.

Hafer: →Getreide. Übermut. »Wen der Hafer sticht«, der sollte zeigen, was er/sie kann!

Haftung/Gewährleistung: Man wird für etwas zur Rechenschaft gezogen oder sollte selber ein Sicherheitsversprechen abgeben.

Hagel: bekanntes Streit-Symbol (Unwetter). Volkstümlich: Schwierigkeiten, Enttäuschung.

Hahn: Wunschtraum von der potenten Männlichkeit (→Bock und Hahn gelten schon seit dem Mittelalter als Symbol der Geilheit) und zugleich Sehnsucht danach, umsorgt zu werden. Auf der anderen Seite ein Symbol des Erwachens (auch im Sinne von Bewußtwerdung) und der Pünktlichkeit.

Hai: Vitalität und Aggressivität, brutale Hemmungslosigkeit. Projektionsfigur für emotionale Ängste aller Art. (Vgl. den Katastrophenfilm »Der weiße Hai«).

Haken: an etwas hängen bleiben, nicht mehr loskommen. Häufiges Traumsymbol bei akuter Suchterkrankung. Man fühlt sich (emotional) gefangen wie bei →Käfig, →Gefängnis und →Haft. Volkstümlich: Sie bekommen ein Geschenk.

Halle: Kommunikation und Handel. Oft Teil von einem selbst (das der Ausweitung bedarf). Wichtig ist der Zweck der Halle

und wer sich dort in der Halle befindet.

Hals: Zunächst ist abzuklären, ob
Halsschmerzen, wie z. B. oft bei Er-
kältungen, vorlagen. Verbindung
zum Kopf; entweder man ist man
zu intellektuell oder zu wenig intellektuell bzw. bewußt. Der Ort, wo
die Worte stecken bleiben.

Hammer: →Axt. Gewalt, aber
auch konstruktive praktische Betä-
tigung. Tatkraft und Durchsetzungsvermögen ähnlich wie bei
→Hand.
Nach Freud wie alle Werkzeuge
männliches Sexualsymbol.

Hand: Tatkraft und menschliches
Handeln wie bei →Hammer.
Verlust oder Verletzung der Hand
bedeutet Handlungsbeschneidung.
Nach klassischer Psychoanalyse
bedeutet die linke Hand die weibliche, die rechte Hand die männliche Energie. Kann auch männliches Glied nach Freud symbolisieren (jedes Glied kann für Freud
stellvertretend für das männliche
Glied stehen).

Handschuhe: Distanz zu den eigenen Handlungen. Zurückhaltung
und (oft übertriebenes) Sicherheitsbedürfnis, Angst vor direkter
Berührung und Gefahr der Isolation. Ein häufiges Traumsymbol
bei (meist) irrationalen Aids-Äng-
sten.

Einen Handschuh hinwerfen ist ein
altes Zeichen der Wut und der Herausforderung zum Streit (vgl. Götz
von Berlichingen).

Handtasche: Besitz. Weibliches Sexualsymbol (im Frauentraum sehr
häufig). Auf der einen Seite steht
die Handtasche für das persönliche
→Gepäck (die Belastung), auf der
anderen Seite klingt hier auch das
Notizbuch an, das als Symbol für
das Gedächtnis zu sehen ist.

Handtuch: Man möchte etwas
wegwischen, ungeschehen machen. Oder: Wenn man das Handtuch schmeißt, gibt man etwas auf
(auch sich selbst). Das nasse Handtuch ist ein Sinnbild des Unpassen-
den und Unfunktionalen.

Handwerker: Tatkraft, praktische
Intelligenz und Konstruktivität.

Harem: Sexueller Triebstau oder
Enthemmung (→Hahn). Sehn-
sucht nach exotischer Sexualität
und sexueller Anerkennung, meist
in Zeiten von Minderwertigkeitsgefühlen beim Mann.
Volkstümlich: es kommt Verborgenes zum Ausdruck.

Harfe: Feierlichkeit, Besinnlich-
keit. Ein Symbol des Himmels.
Wichtig ist, welche Art von Musik
gespielt wird. Spielen Sie selbst
oder hören Sie zu?

Hase/Kaninchen: Der Hase braucht Schutz, er ist schwach und ängstlich und ein Symbol der Fruchtbarkeit. Natursehnsucht bes. beim Städter.

Haß: Aggressionsstau, der oft auf unterlassene Abgrenzung zurückzuführen ist. Zeichen eines unfertigen Selbstschutzes und einer schwachen Immunität. Fürchten Sie sich vor Auseinandersetzungen oder setzen Sie sich zu aggressiv durch? Es ist notwendig herauszufinden, worauf Sie im alltäglichen Leben einen Haß haben. Werden Sie öfters im Traum von Haßgefühlen überwältigt, denn sollten Sie einen Psychotherapeuten um Hilfe bitten. Volkstümlich: positives Zeichen der Entlastung.

Haube: Herkömmlich sehnt man sich bei diesem Traumsymbol nach einer festen Beziehung (unter die Haube kommen). Es zeigt den Übergang vom Mädchen zur Frau an und deutet auf den Kopf und auf das Bewußtsein hin. →Helm.

Hauptstadt: Weitgehend wie →Stadt, nur mit einer Verschiebung der Betonung zum »Kapitalen« hin. In diesem Traumbild finden wir auch immer die Bedeutungen von →Herrscher und →Regierung angesprochen.

Haus: Die seelische und körperliche Verfassung des Träumers, die eigene Persönlichkeit, der eigene Körper. Ort des Schutzes und der Geborgenheit. Gehäuse der Seele, einzelne Räume symbolisieren die verschiedene seelische Funktionen. Wichtig ist darauf zu achten, ob →Türen und →Fenster offen stehen oder geschlossen sind und in welchem Zustand sich das Haus befindet. Das Haus gilt auch als universales weibliches Ursymbol. Vgl. C.G. Jungs Traum vom Haus aus dem Jahre 1909, in dem er bei der Erforschung des Hauses eine Treppe zum Keller findet, in dem Knochen und menschliche Schädel liegen. Dieser Traum war wichtig, um Jung zu der Idee des kollektiven Unbewußten zu bringen. Dachboden und Keller sind Orte der verdrängten Inhalte, obere Räume bieten einen Überblick, Schlafzimmer sind sexuell, die Küche gilt als alchemistischer Ort der Transformation, das Bad symbolisiert die Reinigung, die Arbeitsräume die Alltagssituation.

Hausecke: In sich geschlossene Persönlichkeit oder eine »Person mit Ecken und Kanten«.

Haushalt: Entspricht der eigenen Psyche und dem Seelenhaushalt.

Hausmeister: Einer, der es sich gut eingerichtet hat, der sich in Ord-

Haustiere

nung hält. Häufiges Traumsymbol für das Gewissen. Verweist nicht selten darauf, daß Sie sich mehr um Ihren Körper oder Ihre Seele kümmern müssen.

Hier sei auch daran erinnert, daß der Vorname »Heinrich« wörtlich »der Hauskönig« (auch im Sinne von Haus-Meister: der Meister des Hauses) bedeutet.

Haustiere: entweder »zurück zur Natur« oder gebrochene Natur. Die Spannung zwischen Tierischem und Kulturellem.

Haut: zeigt als Spiegel der Seele den nervlichen und seelischen Zustand des Träumers an. Abgrenzung zur Außenwelt, Schutz der Person.

Hautausschlag: Seelische Spannungen, Triebstau, Aggressionsstau. Innen und Außen ist aus dem Gleichgewicht geraten, die Grenze zur Außenwelt ist sozusagen defekt.

Hebamme: Kinderwunsch oder Angst vor Schwangerschaft. Wunsch oder Angst, etwas ans Licht zu bringen, neuer Lebensabschnitt. Eine Idee oder eine Verhaltensweise braucht noch etwas Hilfe, um angenommen zu werden.

Hecke: Abgrenzung, Hindernis, aber auch natürlicher Lebensraum. Die Grenze zwischen zwei Welten

(die Hexen pflegten im Mythos auf den Hecken zu sitzen, mit dem einen Bein in dieser, mit dem anderen in der Anderswelt).

Hefe: was uns treibt, die wichtigen Kleinigkeiten des Lebens. Volkstümlich: Geld, das angespart wurde.

Heft: Angst, etwas zu vergessen oder auch die Überlistung der eigenen Neigung, vergeßlich zu sein.

Heide: spröde Zurückhaltung, seelische Spannung. Natürlichkeit und Askese.
Volkstümlich: Glück.

Heimat: Sicherheit, die von dem stimmigen Platz in der Welt ausgeht, den man sucht oder gefunden hat. Dieses Traumbild hängt oft mit den →Eltern zusammen ähnlich wie →Elternhaus, allerdings sollte mit zunehmenden Alter der Zusammenhang von Heimat und Eltern gelöst werden. Sehnsucht nach Ruhe, Verwurzelung und Zugehörigkeit.
Volkstümlich: Wohlstand.

Heirat: Verbindung der Gegensätze in Ihnen selbst (oft die männliche und die weibliche Seite). Wunsch nach fester Bindung.
Volkstümlich: ungünstiges Omen, denn nach dem vermeintlichen Happy-End geht »es« erst richtig los.

Heiserkeit: es verschlägt einem die Sprache.

Held/Heldin: Wie bekannt, das Sehnen nach Anerkennung und Bestätigung, wenn man selbst der Held oder die Heldin ist; wenn man einen sieht: Hoffnung auf Hilfe, auch Kindlichkeit. Abenteuerlust, Geltungsstreben, übertriebene unreife Männlich- oder Weiblichkeit, aber auch Tatkraft und Durchsetzungsvermögen ähnlich wie bei →Hammer. Kann aber auch das Gegenteil bedeuten, daß man sich als Versager fühlt oder alles unter Kontrolle haben möchte. Heldenträume gehören meist zu den sogenannten großen Träumen, die man als Kind, kurz vor der Pubertät, in den Krisen des mittleren Alters oder kurz vor dem Tod träumt. Nach Jung gehört der Held zu den wichtigen Archetypen.

Helm: aus dem Schutz des Kopfes wird häufig der Kopf als Schutz. Es ist auch der harte, der dicke Kopf. Symbol der Kriegsangst wie bei →Abschuß, →Bombe, →Bajonett, →Düsenjäger, →Belagerung und →Gewehr.

Hemd: Zeichen des Bildes, das man von sich in der Außenwelt gibt; wie man gerne gesehen werden möchte. Die Rolle, die man spielt. Sagt oft etwas über die ökonomischen Verhältnisse aus (das Totenhemd hat keine Taschen,

oder es wird einem das »letzte Hemd« genommen, als dasjenige, was wir unmittelbar am Körper tragen).

Hengst: →Pferd. Zuwachs an Kraft, auch Zähmung der eigenen Kräfte. Nach Freud sexuelles Symbol, bes. bei Triebunterdrückung bei Mann und Frau.

Henne: Mutter, Glück, Biederkeit und Häuslichkeit wie bei →Backen, →Braten bzw. Bratpfanne, →Kochen und →Abendessen, aber auch →Blumentopf, →Porzellan, →Schürze und →Bügeleisen. Fruchtbarkeit und Angst vor der Schwangerschaft wie bei →Ei.

Henker: Man muß etwas ausmerzen, z. B. Schuldgefühle. Haben Sie noch etwas zu erledigen? →Exekution, →Mord, →Tod.

Herbst: Zeit der Ernte und Auswertung, eine Zeit, in der man sich über sein Leben bewußt wird, so daß man zu neuen Zielen gelangen kann. Man sollte sich Ruhe und Erholung gönnen, seine Situation reflektieren. Ernte, Reife, Erfolg und Wohlstand.

Herd: →Ofen. Früher zentraler Ort des Familiengeschehens, Nahrung, Familie, Mütterlichkeit, Frau und Ehe ähnlich wie bei →Haube. Heute weisen die Herde kein direk-

tes Feuer mehr auf, die Umwandlung der Nahrung vom Rohen ins Gekochte steht jetzt eindeutiger im Vordergrund. Der Herd wie die →Küche ist eines der häufigsten Wandlungssymbole im heutigen Traum.
Gefahr, wenn das Feuer erlischt.
Nach Freud Symbol der Frau und des weiblichen Körper.

Herde: folgen Sie Ihrem eigenen Inneren oder der allgemeinen Meinung und Mode? Symbol für Opportunismus oder Gemeinschaftsgeist.

Hering: →Fisch. Früher das Essen der Armen, heute eher ein Fruchtbarkeitssymbol (Symbol der Fülle), als das der Hering aufgrund seiner starken Vermehrungsfähigkeit schon immer galt.
Volkstümlich: gutes Omen, ökonomischer Erfolg.

Herrscher/in: Selbst-Bestimmung und Selbstherrschaft. Herrscher/in im eigenen Reich. →Führer/in, →Kaiser/in, →Kanzel, →König/in.

Herz: körperliche Lebensenergie, Liebe und Mut, aber auch Organ des Leidens.
Schon im Traum des Gudea v. Lagasch (sumerisch 2144–2124 v. Chr.) wird das Herz als das Organ des Gefühls angesehen. Tun Sie etwas mit ganzem Herzen?

Im Märchen wie im Traum kommt die Herzensprüfung vor, bei der durch die →weise Frau oder den →weisen Mann, von einem Menschen in Not, einem bedrängten Tier oder den Elementarwesen die Frage gestellt wird: »Hast du ein offenes Herz für mich?«. Reagiert der Held bzw. das Traum-Ich mit Mitgefühl und Herzensgüte, dann wird die Prüfung bestanden. Vgl. hierzu »Die Sterntaler«, »Die goldene Gans« u. v. a.

Heu: Im Heu machte man früher erste erotische bzw. sexuelle Erfahrungen. Reichtum.
Volkstümlich: sehr günstig, Glück auf allen Gebieten (vgl.: Geld wie Heu).

Heuschrecke: zu große →Gier, Verlust.

Hexe: →Hecke. Negatives Muttersymbol, die überstarke, magische Frau, vor der man sich fürchtet. Weist oft auf die Mutter (bes. in Kinderträumen), die ihre Pflicht den Kindern gegenüber schlecht erfüllt. In selteneren Fällen verweist das Traumbild Hexe (bes. im Frauentraum) auf die weise Frau hin, die eine große Ausstrahlung (Magie) besitzt. Die Hexe ist fast immer ein Symbol für die Kraft des Unbewußten. →Zauber.
Im Märchen wie im Traum spielt die Hexe eine wichtige, geradezu archetypische Rolle, da sie den

Helden bzw. das Traum-Ich von seinem (königlichen) Ursprung trennt, auf daß er ihn nach bestimmten Prüfungen zurückgewinnen muß.

Himmel: Reich des Geistes, der Gedanken und Intuition.»Des Menschen Wille ist sein Himmelreich«. Hier ist der Mensch als Bürger zweier Welten gefordert, dessen Kopf in den Himmel ragt und dessen Füße auf der Erde ruhen. So weist das Traumbild Himmel oft auf die Notwendigkeit der Erdung hin, aber auch auf gute Stimmung (himmlisch). Das Luftschloß, das Phantasiereich der Wünsche finden wir hier häufig angesprochen. Das Himmelssymbol im Traum spricht meist den Konflikt Phantasiewelt – Realität an. Trüber, bewölkter Himmel symbolisiert depressive Verstimmung oder Unklarheit (oft in bezug auf die eigenen Wünsche oder Ziele). Im I GING bezeichnet der Himmel den schöpferischen und starken Vater. Er stellt den Ort der Wunscherfüllung nach Freud dar. Die irreale Welt, in der man seine Erdung verliert, nach Jung.

Hindernis: Hindernisse im Lebensweg. Die Widerstände des Lebens, die es zu überwinden gilt. Die positive Seite dieses Traumbildes liegt darin, daß in ihm unbekannte Widerstände gesehen und so bewußt

werden, was eine Voraussetzung ist, sie aus dem Weg zu räumen. Wichtig ist die Art des Hindernisses.

Hinken: psychische Verletzung, durch die man auf seinen Lebensweg nur langsam vorwärts kommt. Vgl. den griechischen Gott Hephaistos, den Gatten der Aphrodite, den diese mit Ares betrügt (Ares/Mars wird auch bisweilen als andere Seite des Hephaistos aufgefaßt). Hephaistos gilt als eine Personifikation des →Feuers.

Hinrichtung: →Exekution. Seelische und geistige Neuorientierung, Änderungen sind notwendig. →Henker.

Hinterhof: Verborgener Ort, Geheimnis. Armut und Unbewußtes. Volkstümlich: Verlobung.

Hintertür: weitgehend wie →Hinterhof. Auch: häufig der Ausweg. Volkstümlich: schlechtes Zeichen.

Hirsch: Symbol der Selbst-Entwicklung und der Erlösung (vgl. der »Hubertus-Hirsch« als weißer Hirsch mit dem Kreuz zwischen seinen Geweihen; ihn zu sehen bedeutet eine besondere Gnade), aber auch männliche Macht und Vorherrschaft (Platzhirsch). Volkstümlich: erotische Bedeutung.

Hirse: →Getreide.
Volkstümlich: größtes Glück.

Hirte: großes Vermögen. Archetypisches Symbol des Seelenführers.

Historische Persönlichkeit: Diese Träume verschlüsseln meiner Erfahrung nach Botschaften, die von der Kultur, in der diese Persönlichkeiten gelebt haben, abzuleiten sind.
Nach Freud fast immer Vater- bzw. Muttersymbol. Wenn nach Jung ein historischer Name im Traum auftritt, soll unbedingt nachgeschlagen werden, was für ein Mensch durch ihn bezeichnet wird, womit er umgeben war, was er tat.

Hitze: Symbol der Leidenschaften und Triebe. Man braucht entweder mehr Hitze oder sollte »cooler« sein.

Hobel: zielstrebiges Ordnungsstreben, alles Glätten um jeden Preis (wo gehobelt wird, fallen auch Späne). Oft geht es hier um Ausleseprozesse.

Hochhaus: meist wie großes →Haus. Großer Überblick, Verlust oder Einschränkung der Individualität, doch auch deren Erhöhung.

Hochplateau: Überblick wie →Hochhaus, →Hochsitz und →Vogel.

Hochsitz: Überblick oder Warnung vor Selbstüberhöhung und Überheblichkeit.

Hochspannungsleitung: Der Trieb muß sinnvoll geleitet werden. Verweist auf große nervliche Anspannung oder große Nervenkraft.

Hochwasser: hochsteigende Gefühle. Häufiges Traumsymbol bei Ängsten vor den eigenen Gefühlen.

Hochzeit: →Heirat. Wichtige und häufige Träume bei Ehe- und Partnerkonflikten. Wichtig ist, wie die Hochzeit gefeiert bzw. begangen wird. Erwerb und Besitzerweiterung (im geistigen und ökonomischen Sinn). Sehnsucht nach fester Beziehung, Sicherheit und Häuslichkeit. Heute tritt dieses Traumbild meist in der Bedeutung von »Hoch-Zeit« (als hohe Zeit) des Lebens auf. Hierbei ist nicht mehr der einmalige besondere Zeitpunkt angesprochen, sondern es wird darauf verwiesen, daß man sich immer wieder solche »hohen Zeiten« gönnen kann, sie bilden sozusagen den anderen, den schöneren Alltag.
Altindisch verweist die Hochzeit auf einen nahen Tod oder großen Schmerz. Ein Wunschtraum nach Freud. Nach Jung ist immer die alchemistische Verbindung angesprochen, die Verbindung von Animus und Anima wie bei →Braut/Bräutigam.

Hochzeitspaar/Brautpaar: Nach Jung Symbol des Lichtes und der Fruchtbarkeit.
→Hochzeit, →Heirat.

Hocker: Erhöhung wie Podest, aber auch ein unsicherer Sitz, man braucht mehr Sicherheit, Unterstützung (eine Lehne) und Erdung. Volkstümlich: auf dem Hocker zu sitzen bedeutet Ehre.

Höhe/hoch: man sehnt sich nach Großem und hat zugleich Angst vor der Selbstüberschätzung, oder man sollte sich nicht mit Minderwertigem zufrieden geben.

Höhle: →Grotte, →Stall. →Wohnung, Mutterleib, Uterus und Sicherheit wie bei →Familie, →Arche und →Damm. Vaginales Symbol, Schutz und Weiblichkeit nach Freud. Der ursprünglichste aller Wohnorte, wo der Mensch noch mit dem Tier(ischen) lebt. Erinnert als Traumsymbol nach Jung daran, daß der Mensch von Tier her kommt und daß das Unbewußte seinen Ursprung darstellt.

Hölle: Archetypisches Symbol der Sünde, Gewissensqualen und Schuldgefühle, das auch beim modernen Menschen uneingeschränkt wirkt. Allerdings verbindet der heutige Mensch mit der Hölle meist eine Trennung von sich selbst, eine Konfrontation mit seinem eigenen Schatten oder unaushaltbare Lebensbedingungen. Eine grundlegende Änderung der Verhältnisse, bes. Besserung der finanziellen Situation, ist angesagt, allerdings bei Warnung vor dem Verkauf der Seele. Der positive Aspekt der Hölle hängt mit dem Bild des Feuers in der Erde zusammen: Dieses Feuer ist das Licht, das aus der Finsternis entsteht. Wenn der Schatten in seiner vollen Kraft gespürt und erlitten wird, dann wird er zum Licht und zur wirklich reifen Erfahrung, die in das Leben integriert werden kann und zu einem ganzheitlichen Lebensgefühl führt.

Höllenfeuer: unterdrückte Triebe.

Hof: verweist entweder wie →Hinterhof auf etwas Verborgenes oder bezeichnet den offenen Teil der Persönlichkeit des Träumers. Nach Freud symbolisiert der das Haus umgebende Hof die weibliche Scheide, was heute wohl nur dann der Fall ist, wenn ein starker Sexualstau vorliegt. Allerdings schwingen solche Bedeutungen, die sich einmal im Kulturprozeß herausgebildet haben, fast immer mit, da die menschliche Seele nichts zu vergessen scheint.

Holz: Symbol für Beweglichkeit, Wärme und Natürlichkeit. Wichtig Zustand und Art des Holzes, vgl. auch →Brennholz, →Ebenholz, →Stab.

Holzfäller   138

Im I GING bedeutet das Holz das Sanfte, das Eindringende wie der Wind, d.h. die erste Tochter. Nach Freud Symbol der Weiblichkeit. Allerdings entspricht im Tarot das Holz den Stäben, die nach traditioneller wie moderner Deutung der Männlichkeit verbunden sind. Hieran ist zu sehen, wie nahe sich oft die Gegensätze im Bereich der tiefenpsyschologischen Symbolik kommen. Auf einer gewissen Ebene des Bewußtseins spielt die Unterscheidung in Männlich und Weiblich keine Rolle mehr, da hier das dualistische Denken aufgehoben ist. Diese hohe Bewußtseinsstufe spiegelt sich im Alltagsbewußtsein darin wider, daß einige Symbole sowohl als typisch weiblich als auch als typisch männlich angesehen werden können, je nach Standpunkt und Bewußtseinsstand des Träumenden.
Volkstümlich: schlechtes Omen.

Holzfäller: →Holz. Da ursprünglich der →Wald ein Sinnbild des dunklen Ortes und somit des Unbewußten ist, schafft der Holzfäller eine Ordnung in diesem als chaotisch empfundenen Gebiet. Hier wird die grobe Naturkraft in etwas Feineres verwandelt und als Brenn- oder Baustoff in den Dienst der menschlichen Kutur gestellt. Wird das Holz nicht zerstückelt, kann das Holzfällen auch eine Energielosigkeit andeuten. Auf der anderen Seite verweist das Holz-

hacken auch auf eine aggressive Haltung gegen seine eigene Lebendigkeit und Gesundheit. Der Holzfäller kann für das Hölzerne, Ungehobelte stehen und somit ein Symbol für eine geistlose Haltung sein. Romantische Sehnsucht nach dem einfachen Leben beim Städter wie bei →Bauer und →Handwerker. Volkstümlich: große Anstrengungen ohne viel Gewinn.

Honig: Altes Wiedergeburtssymbol. Vermögen, Nahrung und bes. Sexualsymbol (vgl. Mick Jagger: I am a honey bee, und »honey« engl. für Geliebte/r) von der Antike bis in die heutige Zeit. In diesem Bild wird neben der Sinnlichkeit auch der genußvolle Luxus, Wohlbehagen und ganz allgemein die Befriedigung angesprochen. Verweist aber oft auch auf viel Arbeit (die emsige →Biene, die den Honig sammelt). Kann auch anzeigen, daß es einem gut geht (bes. im Zusammenhang mit →Milch: vgl. das Paradies »das Land, wo Milch und Honig fließt«).

Horn (als Instrument): Symbol für Veränderungen im Leben (vgl. das Posthorn).
Es kommt auf den Klang des Hornes an.

Horn (beim Tier): Das tierische Horn, das früher mit dem öfteren mit dem Teufel in Verbindung gebracht wurde, steht heute für (meist ein mehr oder weniger »ge-sundes«) Durchsetzungsvermö-gen. Auch: »Jemandem Hörner aufsetzen«.

Hose: Eitelkeit, Selbstdarstellung, Bedeckung der Scham. Wenn die »Hosen anhaben«-Thematik her-vorgehoben ist, stellt dieses Bild bes. im Traum beim Mann ein po-sitives Symbol der Selbstbestim-mung und der Geschlechtsrolleni-dentität dar. Bei Mann und Frau kann dieses Traumbild zugleich auf eine Überbetonung der eigenen männlichen Seite verweisen (Ani-mus-Verzauberung im Sinne Jungs). Vgl. auch → Gesäß, → Ge-schlechtsorgane, → Bein.

Hotel: Symbolisiert reale oder see-lische Veränderung, Station auf der Lebens- oder Seelenreise, Über-gangssituation. Abenteuer und Un-stetigkeit.
Das Hotelpersonal symbolisiert in-nere Instanzen in uns. Menschen im Hotel zeigen uns unbewußte Seiten unseres Ichs.

Hüfte: hängt meist mit Erdung zu-sammen. Die Verbindung von Ober- und Unterkörper, von Be-wußtem und Unbewußtem. → Gürtel.

Hügel: kleinere Hindernisse, mä-ßig guter Überblick. Wie Venushü-gel weibliches Sexualsymbol.

Hühnerauge: Alter und Druck in jeder Hinsicht. Verhärtung. Kann auch ein Wortspiel mit → Huhn und → Auge sein.
Volkstümlich: günstige Geschäfte.

Hütte: wie kleines → Haus. Kleine Sicherheit, Gemütlichkeit oder auch → Armut.

Hufeisen: allgemein bekanntes Glückssymbol. Reise.
Nach Freud zeigt das Hufeisen den Umriß der weiblichen Geschlechts-öffnung.

Huhn: weibliche und mütterliche Gefühle wie bei → Ei und bes. → Henne.

Hummer: → Krebs.
Volkstümlich: Glück.

Humor: → Lachen.

Hund: Das Tierische. Symbol des Instinktes, den das Bewußtsein nutzen und leiten sollte. Der Hund kann als Instinkttier oder als Wächter des Besitzes und als Schutz vor Angriffen auftreten. Er kann einen treuen Freund symboli-sieren. Der Hund ist am ehesten der »Bruder Tier« des Menschen, er kann auch einen Teil des Träu-mers darstellen, wie z. B. seinen Schatten.
Der Haushund verweist fast immer auf einen Instinktrest, oder den In-stinktverfall, und bes. als abgerich-

Hunger 140

teter Hund wird hier seltener die Kultivierung, sondern meist die Vergewaltigung des Instinktes angesprochen. Der Hund ist auch der Schnüffler, der alles auskundschaften möchte.

Wie die franz. Sprache noch weiß, stellt »chien et loup« das Zwielichtige dar. Es ist auch zu beachten, daß in der Bilderwelt des Tarot Narr und Hund gemeinsam auftreten.

Ein bissiger Hund bedeutet Eifersucht und Hemmungslosigkeit.

Nach Jung ist der Hund der Totengräber, der die → Leichen beerdigt, wie es in der persischen Urzeit geschah. Der Hund als Instinktnatur ist der Mithelfer beim Sterben und bei der Auferstehung (vgl. auch den schakalköpfigen Anubis in der altägyptischen Mythologie). In der griechischen Mythologie finden wir den Höllenhund Cerberus, der an der Grenze zwischen Leben und Tod steht.

Hunger: körperlicher, geistiger und seelischer Mangel. Man benötigt irgendeine Form von → Nahrung (meist emotionale Nahrung).

Hure: → Prostitution.

Hurrikan: → Wirbelsturm.
Volkstümlich: sehr ungünstig, Streit.

Husten: Symbolisiert eine ablehnende Antwort in einer wichtigen Sache (einem etwas husten), Zukunftsangst und Unzufriedenheit. Fast immer geht es beim Husten um (noch) unbewußte Distanzierungen und unausgesprochene Ablehnungen. → Erkältung und → Lunge.

Hut: verweist auf Geistigkeit oder auf Überheblichkeit und Hochmut wie alle → Kopf-Symbole. Eitelkeit und Selbstdarstellung wie auch bei der Schmucksymbolik.

Art der Kopfbedeckung zeigt Persönlichkeit des Träumers
Nach der Psychoanalyse Penissymbol. Heutzutage wird man hier wohl eher das Kondom symbolisiert sehen.

Hyäne: ungehemmter Trieb und Aggression, Besitzgier, Skrupellosigkeit.

Hyazinthe: Ansprüche an Freude, Botin des genußreichen Lebens.
In dem Demeter-Kore-Mythos und den Eleusinische Mysterien blüht die Hyazinthe am Tor zur Unterwelt.

Idiot: Angst vor geistiger Überforderung, Sehnsucht nach dem einfachen, kindlichen Leben. Warnung vor dem unbewußten Leben. Die »Idioten« stellten in Griechenland die (unpolitischen) Privatleute dar, eben Menschen, die negativ eingeschätzt wurden, da sie sich nicht um die Gemeinschaft kümmerten. Außerdem kennen wir heute den Ausdruck »nützliche Idioten«, wobei sich die Frage stellt: Wem nützt der Idiot?
Volkstümlich: unerwartetes Glück.

Igel: Rückzug wegen zu großer Empfindsamkeit und Verletzlichkeit (sich einigeln) bei gleichzeitiger »stacheliger« bzw. listiger Angriffsbereitschaft (vgl. die Fabel »Hase und Igel«).
Nach frühchristlicher Auffassung (Physiologus) ist der Igel liebevoll und kinderlieb, er tötet die →Schlangen. Volkstümlich: Freundlichkeit wird ausgenutzt.

Imker: →Honig, →Biene. Auskommen mit der Natur.

Impfung: →Spritze. Warnung vor Krankheit, als auch bekanntes Sexualsymbol (Eindringen). →Stich, →Stachel.

Indianer: Früher Abenteuerlust, unreife Männlichkeit, Welt- bzw. Realitätsflucht. Im Männertraum ähnlich wie bei →Held. Heute tritt die Bedeutung der Ganzheit hinzu: Wir leben alle auf einer Welt und sind gemeinsam von Mutter Erde abhängig.

Inflation: psychische Verausgabung oder seltener ein Ausdruck von Verarmungsangst.

Insekten: tief verankerte, unbewußte Inhalte. Fast immer ein Zeichen von Nervosität oder unbewußten Ängsten im Traum. Die Insekten verhalten sich wie Mini-Roboter, und so birgt dieses Traumbild eine Warnung vor Bewußtlosigkeit im Alltag in sich.

Insel: Isolation und Einsamkeit oder Alleinsein (als all-eins-sein), unter der man leidet oder die man sich wünscht. Oft bei Frustration im Berufsleben: Harmonie und

Sehnsucht nach Ruhe, Weltflucht und Urlaub. Als »Insel der Träume« stellt dieses Traumbild ein Symbol des Selbst dar. Astrologisch gesehen, haben wir hier ein Wassermann-Symbol vor uns, das auf ein selbstgestaltetes Leben, auf Autonomie und Unabhängigkeit verweist. Symbol des Unbewußten nach Erich Neumann.

Inserat: eine längst fällige Angelegenheit ist zu entscheiden, sonst wird sie öffentlich oder es muß etwas unbedingt öffentlich gemacht werden. Man sollte mit seinen Wünschen und Sehnsüchten in die Öffentlichkeit gehen.

Invalide: Verlust der Selbständigkeit, der Handlungsspielraum geht verloren. Ein anderer oder man selber braucht Unterstützung. Minderwertigkeitsgefühl, Selbstzweifel und Lebensangst. Man fühlt sich verletzt. Trotz dieser vordergründigen Deutungen besitzt dieses Traumbild eine wichtige positive Seite: Es erinnert daran, daß man lernen sollte, sich den üblichen Leistungen auch einmal entziehen zu können. So kritisiert dieses Traumbild häufig jede Verhaltenseinseitigkeit in bezug auf Leistung. Man muß z. B. nicht alles selber machen und braucht auch nicht immer die oder der Beste zu sein. Es ist wichtig, seine eigene Hilflosigkeit akzeptieren und zugeben zu können.

Auf der anderen Seite glaubt man sich als Invalide handlungsunfähig, wobei man sich fragen sollte, ob man nicht die falschen Handlungsansprüche an sich stellt.

Inzest: Tiefe Verbindung mit der/ m entsprechenden →Verwandten (oft Symbol einer Seite von einem selbst), die oder den man als Vorbild oder als abschreckendes Beispiel sieht oder sehen sollte. Wenn auch in der heutigen Diskussion der Inzest als medienwirksames Reizthema sicherlich zu recht verworfen wird, so muß man doch zugleich beachten, daß er als Traumsymbol sowohl eine extrem positive Seite als auch eine sehr negative Seite besitzt. Einesteils drückt sich im Traum-Inzest eine Sehnsucht nach tiefster Verbundenheit aus, die ganzheitlich auf allen Ebenen (Körper-Geist-Seele) in den Ausdruck drängt. Man sieht das Gleiche, das Verwandte im Liebespartner, und so kann die vollkommene Verschmelzung von Männlich und Weiblich (auch in der eigenen Seele) stattfinden.
Andererseits kann es beim Traum-Inzest um die Verbindung von Liebe und Macht gehen. Es ist darauf zu achten, wer im Traum zusammen Liebe macht: Im Traumbild des Schwester-Bruder-Inzestes tritt meist der Machtaspekt zugunsten des Verschmelzungsaspektes zurück. Gerade dieser Schwester-Bruder-Inzest drückt oftmals die

Irrfahrt

Sehnsucht nach vollkommener Hingabe aus und zugleich den Reiz des Verbotenen, der in unserer Gesellschaft die Sexualität mitunter aufregend macht. Beim Mutter-Sohn- bzw. Vater-Tochter-Inzest im Traum können auch alle diese positiven Bedeutungen angesprochen sein, auf der anderen Seite kommt hier immer das Machtgefälle zwischen Eltern und Kindern hinzu. Diese Machtgefälle im Traum deutet häufig auf eine unreife Sexualität hin, die Angst vor gleichberechtigten Beziehungen hat.

Zugleich sollten Sie bei solchen Träumen auch immer bedenken, daß ein gewisser Masochismus als Angst-Lust in jeder/m von uns lebt, und daß es zu begrüßen ist, wenn er sich in solchen Traumbildern Ausdruck verschafft. Nicht zuletzt sei hier im Sinne der Psychoanalyse auf den Ödipus- und Elektra-Komplex verwiesen, bei dem das Kind den gegenge-schlechtlichen Elternteil begehrt. Im Sinne der Psychoanalyse sollte man dieses Stadium der sexuellen Entwicklung überwinden, um sich zur Fähigkeit zum gleichberechtigen sexuellen Austausch zu befreien.

Irrfahrt: Die Irrfahrten des Odysseus oder die Sindbads (1001-Nacht) geben ein Urbild des menschlichen Suchens, Lernens und Wachsens wieder. Jung spricht hier von »der Nachtmeerfahrt des Helden«. Oft ist hier ein Hinweis darauf gegeben, daß eine klare Ausrichtung auf ein (konkretes) Ziel fehlt. Bei diesem Traumbild sollte man sich auch fragen, wieweit man seine eigenen Gefühle kontrolliert oder von seinen Gefühlen und bes. seinen Ängsten getrieben wird. Meist geht es hier darum, das richtige Maß von Chaos und Ordnung zu finden und sich selbst treuzubleiben.

Jacht: → Yacht.

Jacke: was man nach außen repräsentieren möchte, ähnlich wie → Hemd. Wärme Volkstümlich: harte Arbeit, wenig Lohn.

Jade: Etwas, was wenig geachtet wird, ist doch wichtig und wertvoll. Kann wie alle Schmucksteine auf zu große Eitelkeit verweisen oder auf den Glanz der Persönlichkeit. Nach chinesischer Auffassung ein Glücksstein, der gesundhält. Volkstümlich: Glück durch rechte Arbeit.

Jagd: → Hochsitz. Dieses Traumbild verweist naheliegend auf die Verfolgung der eigenen Ziele. Obwohl im griechisch-römischen Mythos Artemis-Diana, die Jagdgöttin auch zugleich eine Mondgöttin ist, finden wir in ihr wie im Bild der Jagd einen männlichen Archetypen ausgedrückt. Früher verwies dieses Traumsymbol der Jagd hauptsächlich auf die männliche Seite in der Frau, heute geht es hier allgemein um körper-betonte Männlichkeit, Selbstbewußtsein und Naturverbundenheit, oder man fühlt sich gehetzt und unter Streß. Werden Sie als Träumerin oder Träumer gejagd, oder jagen Sie andere Menschen, dann braucht dies nicht nur ein vordergründiges Streßzeichen zu sein, sondern die Situation mag Sie daran erinnern, daß Ihr Leben Spannung (wie im → Krimi) braucht.

Jagdhunde: → Hund. Volkstümlich: ungünstiges Omen.

Jahrmarkt: Eitelkeit und Geschäftigkeit, Freude und → Fest.

Jasmin: weibliches Geschlecht. Volkstümlich: gr. Glück.

Jauche: Minderwertigkeit, Ekel, selten Fruchtbarkeit.

Johannisbeere: → Beere. Glückliches Leben.

Jonglieren: Versuchen Sie sich durchs Leben zu jonglieren und alle Bälle in der Luft zu halten? Jongliert man im Traum mit Bällen, bedeutet dies oft, daß man seine Energiezentren in Bewegung halten sollte. D.h. man sollte auf verschiedenen Ebenen seines Leben eine spielerische Beweglichkeit zeigen, um seine Ziele und Triebe in Einklang zu bringen. Andererseits kann dieses Traumbild eine Entscheidungsangst und Unentschlossenheit symbolisieren.

Jugend(zeit): Vorwiegend Traumsymbol der zweiten Lebenshälfte. Das eigene Leben wird im Traum im Überblick dargestellt und Verhaltensweisen, die später zu Problemen (Neurosen) führen, werden hier oft verdeutlicht. Wenn dieses Traumbild dennoch in der ersten Lebenshälfte auftaucht, dann zeigen sich hier meistens neue, noch unentwickelte Anteil der Träumerin oder des Träumers.

Junge: einer, dem die Welt offen steht. Man muß etwas neu beginnen. Verweist oft auf ein noch schwaches Männliches, auf schwach ausgeprägte Männlichkeit bei der Frau und schwaches Geschlechtsrollenbewußtsein beim Mann. Häufig mit der Altersproblematik beim Mann verbunden. Im Koran einer, dessen Vermögen wächst. Verweist für Freud meist aufs männliche Genital, oft im Zusammenhang mit Onanierphantasien.

Jungfrau: zuerst einmal wie alle unbekannten Frauen die eigene weibliche Seite im Männertraum; bei der Frau die eigene unbekannte, oft abgelehnte weibliche Seite. Bei Frauen liegt oft eine starke Vaterbindung und Egozentrik in der Liebe, evtl. Frigidität vor; beim Mann oft ein Mutterkomplex, er kann die Weiblichkeit nicht integrieren. →Entjungferung. Etwas Neues sollte in Angriff genommen werden; auch Warnung vor einer Handlung, die nicht rückgängig gemacht werden kann. Die Traumhandlung der Jungfrau zeigt unbewußte Eigenschaften und Verhaltensweisen des Träumers oder der Träumerin auf.

Junggeselle/in: möglicherweise ein Hinweis darauf, daß man – zumindest zur Zeit des Traumes – vielleicht besser alleine durchs Leben gehen sollte. →Begleiter/in, →Eremit, →Invalide.

Juwel: →Edelstein, →Schmuck. Leeres Inneres, Eitelkeit, oft Hinweis darauf, daß der Schatz im Inneren liegt. Verführung durch den Schein des Glitzern.

Käfer: wie man den Käfer sieht, hängt mit der Form der persönlichen Beziehungen zusammen (vgl. »süßer Käfer«). Der Skarabäus (oder Mistkäfer) gilt in Ägypten zunächst als das Symbol der Wiedergeburt, später wurde er zu einem der am häufigsten benutzten Glückssymbole. In unserem Kulturbereich stellt heute der Marienkäfer ein allgemeines Glückssymbol dar.

Käfig: Symbol der Enge und Freiheitsberaubung wie bei →Fahrstuhl und →Dorf. Die Einschränkung wird hier jedoch stärker empfunden, ähnlich wie bei →Belagerung, →Bernstein und →Falle. Allerdings kann das Traumbild Käfig auch positive Bedeutung haben. Diese Bedeutung tritt besonders dann auf, wenn der Käfig von außen gesehen wird. Zumeist bietet er dann ein Symbol des Schutzes und der Zähmung (meist der wilden Triebe). Der Käfig kann ferner als eine Ein-friedung gesehen werden, durch Schutz und Zähmung bietet er den ersehnten Frieden.

Kälte: Wie bei →Eis und →Schnee ist man auch hier zu distanziert. Symbol der Unpersönlichkeit und emotionalen Neutralität oder ein Hinweis darauf, daß man mehr Distanz üben sollte.

Käse: Besitz und Wohlstand, oder etwas stimmt nicht oder ist zunichte gemacht worden (»es ist alles Käse«). →Milch, →Butter.

Kaffee: Geselligkeit, geistige Anregung, Lebensgenuß. Kann auf Suchtverhalten verweisen. Der Kaffee steht häufig für ein Bedürfnis nach geistiger Wachheit und höherer Konzentrationsfähigkeit.

Kai: →Dock. Erdung, Sicherheit wie →Anker, →Arche und →Boje. Zu Hause sein/nach Hause kommen wie bei →Elternhaus und →Familie.

Kaiser(in): →König(in). Jedwede Autoritätsperson. Man sehnt sich nach der Autorität, die man nicht hat, oder die man zwar besitzt, ohne sie jedoch auszuleben. Kaiser und Kaiserin stellen auch das eigene innere Weibliche (ANI-MA) oder Männliche (ANIMUS) dar. Als diese archetypischen Figuren sind sie nicht nur Autoritätspersonen, sondern auch das Bild des oder der Geliebten (als das ideale, oft überhöhte Männliche bzw. Weibliche). Nach Freud Symbol der oft als übermächtig empfundenen Eltern.

Kakao: →Süßigkeiten. Man wird verlacht oder verlacht selbst jemanden (»jemanden durch den Kakao ziehen«). Volkstümlich: gutes Omen für Familie, mäßiges für Geschäfte.

Kaktus: Abwehr, Schroffheit, Distanz, Haßliebe und allgemein widersprüchliche Gefühle. Dieses Traumbild wird oft in Situationen geträumt, in denen man sich verletzt fühlt, es drückt ein Bedürfnis nach Abgrenzung und Distanz aus. Dieses Abgrenzungsbedürfnis ist häufig ein Ausdruck Ihrer Sensibilität. Reagieren Sie oft zu gereizt auf Ihre Umwelt? Fühlen Sie sich von der Intensität Ihrer Gefühle oft überrollt? Nehmen Sie Ihre persönlichen Empfindungen für wichtig, und bahnen Sie ihnen geeignete Wege.

Kalb: jugendliche Unerfahrenheit, Kindlichkeit, Naivität. Volkstümlich: gutes Omen in der Liebe.

Kalender: Vergänglichkeit, Angst vor Alter und Tod, nutze das Leben (das im Barock betonte »carpe diem!«: nutze den Tag). Auf der anderen Seite kann dieses Traumbild genausogut aus der Angst vor der Unvergänglichkeit hervorgebracht werden. Man hat Angst vor dem, was jahrelange Wirkungen hervorbringen kann, man fühlt sich von Verpflichtungen und der Last der Verantwortung erdrückt. Letztendlich geht es bei diesem Traumbild darum, sein persönliches Leben fruchtbarer zu machen und es zu genießen.

Kalk: stabilisierendes Bindemittel, Festigkeit oder Starrsinn. →Hitze, die gelöscht werden muß. Volkstümlich: Erbschaft.

Kamel: Abenteuer, Entbehrungen, Askese und Verreisen. Symbol für Geduld und Ruhe, aber auch für Dummheit. Die Fähigkeit, »Durststrecken« zu überwinden, wird hier angesprochen. Außerdem schwingt in diesem Traumbild auch immer die Suche (letztendlich nach seinem eigenen Wesen) mit.

Kamera: methodische, technische Sicht. Der Hinweis darauf, etwas unpersönlicher, objektiver zu betrachten (man schaut durch das Objektiv!). Man sollte etwas genau festhalten und dokumentieren. Der Film in der Kamera entspricht der inneren Leinwand des Menschen, der bildnerischen Kraft der Seele, auf der die äußeren Sinneseindrücke ihre Wirkung hinterlassen.

Kamin: beherrschtes Triebleben, Familie und Behaglichkeit zu Hause. Vgl. auch →Feuer. Nach Freud weibliches Sexualsymbol.

Kamm: Eitelkeit, man sollte etwas genauer untersuchen (durchkämmen). Sonst wie →Haare.

Kampf: Symbolisiert den problematischen Umgang mit Aggressionen. Dahinter steht fast immer der Wunsch, seine Aggressionen wirkungsvoller und konstruktiver ausdrücken zu können. Ein Bild widerstreitender Gefühle, Gedanken und Handlungen.

Kanada: Natur, »Männlichkeit« und Freiheit.

Kanal: Symbol der psychischen Energien des Träumenden und der kulturell eingefahrenen Bahnen. Das Leben kommt einer/m reguliert und künstlich vor, man will das nicht mehr (hat den Kanal voll). Auf der anderen Seite verweist der Kanal auch auf die Entwässerung, wodurch das Land nutzbar gemacht wird. So möchte man sich selbst entwässern und reinigen, um wieder fruchtbar werden zu können. Oftmals ist diese

Reinigung mit einer Rücknahme der eigenen Gefühle (Wasser) verbunden. Letztendlich geht bei diesem Traumsymbol um die »seelische Ökologie« des einzelnen. Wichtig ist der Zustand des Wassers: klares Wasser ist positiv, bedeutet Gesundheit und Kraft; trübes Wasser ist negativ, bedeutet Krankheit und Depression wie auch bei →Himmel (bewölkt), →Abgrund und →Asche.

Kanarienvogel: fröhliches, behagliches Zuhause wie auch teilweise bei →Singen. Eingesperrtsein wie bei →Käfig. Wie bei allen →Vögeln wird bei Kanarienvogel die *Freiheit* und der *Geist* (Intellekt) angesprochen. Die Höhenflüge des Vogels symbolisieren die (sexuelle) Ekstase, die jedoch beim Kanarienvogel (nur erst oder bereits schon) im Ansatz vorhanden ist.

Kaninchen: →Hase.

Kanister: →Gefäß. Wichtig ist, was sich in dem Kanister befindet. Volkstümlich: ein Geheimnis wird Ihnen mitgeteilt.

Kanne: →Gefäß. In der Kunst wie in der Traumsprache Symbol der Jungfräulichkeit. Das Ausschütten der Flüssigkeit aus der Kanne verweist auf Hingabe.

Kannibale: sehr »einnehmende« Person, von der Sie sich überrollt fühlen. Wunsch, mit anderen eine innige Beziehung einzugehen. Man fühlt sich von irgendetwas – meist Beziehungen – aufgefressen. →Inzest.

Kanone: →Waffe. Ein Symbol der Wucht und der massigen Energie. Meist kann dieses Traumbild auf die persönliche Triebkraft und Power, die Stärke und das Durchsetzungsvermögen des Träumers oder der Träumerin bezogen werden. Entweder setzt man sich zu stark durch, oder man sollte sich mehr durchsetzen.

Kanzel: Die Kanzel tritt als Traumbild in verschiedenen Bedeutungen auf. Als Kanzel in der Kirche verweist dieses Symbol möglicherweise auf die Verlogenheit und auf moralische Probleme. Man fühlt sich »abgekanzelt«. Hier ist es entweder das schlechte Gewissen, das zu einem spricht, oder es wird ein Hinweis darauf gegeben, daß man sich zu starr moralischen Normen folgend verhält. Die Flugzeugkanzel sowie der Kanzler als Regierungschef können als Bilder für die Führungs- und Leitstelle angesehen werden, u. a. als Sinnbild der persönlichen Begabung und Talente. Oft liegt hier ein Hinweis verborgen, daß man sich selbst steuern und auf ein Ziel hin ausrichten muß.

Volkstümlich: schlechtes Zeichen.

Kapelle: Ort der Ruhe und Besinnung. Verweist bes. in Zeiten des Stresses auf Selbstbesinnung. Romantischer Ort. Nach Freud wie →Kirche Symbol der Frau.

Kapitän: Leitfigur, die den richtigen (emotionalen) Kurs kennt (die weiß, wo es langgeht). Respektperson, Vatersymbol oder der/die Träumende selbst. Auch Wohlstand, Würde und Welterfahrung in Sinne der Kenntnis der eigenen Seelenkräfte.

Kappe: →Hut. Bewußtsein und Gedanken. Leben Sie zu sehr im Kopf? Außerdem klingt hier das »Verkappte« an: Etwas, das aus dem Hinterhalt oder versteckt wirkt. Der Anklang an das Verb »kappen« verweist auf die Beendigung einer Situation. In den Sagen und Märchen spielt die Tarnkappe ein große Rolle, jene magische Kopfbedeckung, die einen unsichtbar werden läßt. Die Tarnkappe verweist entweder darauf, daß man sich zu sehr sichtbar in den Vordergrund stellt oder daß man mehr auf sich aufmerksam machen und aus sich herausgehen sollte. →Schatten. Volkstümlich: Liebesleid.

Karawane: Symbol einer abenteuerlichen Reise. Man befindet sich

Karneval

auf der Suche oder Pilgerschaft. Die Lasten werden gemeinsam getragen.

Karneval: Die Zeit oder die persönliche Alters- oder Entwicklungsstufe, in der »alles« erlaubt ist, in der man ein/e andere/r sein kann und darf. Fröhlichkeit und Unbeschwertheit, aber auch Warnung vor Verstellung. Der Traum vom Karneval deutet entweder auf die Notwendigkeit des Ablegens der Verstellungen und Masken hin (von der PERSONA zum wahren Selbst), oder er zeigt, daß man mehr aus sich herausgehen und sich freuen sollte.
Der Karneval tritt häufig als Traumbild auf, wenn man sich erstarrt und vom Leben abgeschnitten fühlt. Besonders wenn man im Traum den Karneval ablehnt, verweist dies häufig auf die Ablehnung der eigenen wilden und ausgelassenen Seiten. Ferner ist mit dem Karneval auch immer der →Narr verbunden: Das absurde und das weise Prinzip treffen sich in dieser Figur, die die Freiheit verbildlicht. Auf der anderen Seite ist der Narr auch derjenige, der – im Sinne des bürgerlichen Lebens – seine Alltäglichkeiten nicht geregelt bekommt.
Volkstümlich: Beförderung.

Karren: Auf der einen Seite ein Symbol für Schwierigkeiten und Lasten (vgl. »den Karren aus dem Dreck zu ziehen«), auf der anderen Seite ein Bild der Beweglichkeit. Der Karren im Traum verweist häufig wie die →Kutsche auf den Körper des Träumers oder der Träumerin hin. Neben dem Zustand des Karrens ist hier auf den Zustand des Weges zu achten.

Karriere: Unsere Träume geben oft unsere Arbeit als wichtigen Teil unseres alltäglichen Lebens wieder. Ein Karriere-Traum verweist entweder darauf, daß uns unsere Karriere zu wichtig ist oder daß wir uns mehr um unsere Karriere kümmern sollten. Auf jeden Fall träumen wir nur dann von der Karriere, wenn in diesem Bereich Spannungen auftreten. In selteneren Fällen kann die Karriere auch selbst als ein allgemeines Symbol des Weiterkommens auf dem Lebensweg betrachtet werden.

Karten: Karten können in vielen Erscheinungsformen im Traum auftreten. Es gibt hier die Postkarten, die Landkarten, die Eintrittskarten, die Spielkarten und die Visitenkarten u.a.m.
Treten Spielkarten im Traum auf, gilt das entweder als ein Zeichen, daß man vieles im Leben zu leicht nimmt und zuviel aufs Spiel setzt oder daß man das Leben als Spiel sehen und es leichter nehmen sollte. Wichtig ist, ob man gute oder schlechte Karten hat. Träumt man von einer einzelnen Karte, dann

kann deren Bedeutung in Büchern über das Kartenlegen nachgeschlagen werden. Post- und Landkarten verweisen oft auf den Ort oder das Gebiet, das sie abbilden bzw. wiedergeben. Können Sie mit dem entsprechenden Ort oder der entsprechenden Gegend nichts assoziativ verbinden, dann deuten Post- und Landkarten meist auf eine Sehnsucht, zu reisen und Ferien zu machen, hin. Eintritts- und Visitenkarten öffnen einem bestimmte Bereiche, die man sonst nicht betreten kann. Bei der Eintrittskarte steht dieser bestimmte Bereich im Vordergrund. Wozu man den Eintritt erhält, stellt einem symbolisch dar, wohin man in seinem Leben jetzt schauen sollte. Bei der Visitenkarte steht der Träger dieser Karte (wie auch bei der Scheckkarte) im Vordergrund. Eine Visitenkarte zeigt, daß man erfolgreich ist – oder es sein möchte. Volkstümlich: Streitigkeiten stehen bevor.

Kartoffel: Das Essen der Armen besonders im 19. Jahrhundert und so mit Angst vor dem sozialen Abstieg verbunden (vgl. auch van Goghs Bild »Die Kartoffelesser«, in dem er die düstere Stimmung der Armut mit verschiedenen dunkelgrauen Tönen zu beschwören sucht). Gleichzeitig verweist das Traumbild der Kartoffel auch immer auf die Erdung, da die Frucht der Kartoffel unter der Erde liegt. Als Auswuchs der Wurzel wird bei der Kartoffel die Frage nach der Verwurzelung des Träumers oder Träumerin angesprochen. Als Knolle ist die Kartoffel von eigentümlich androgyner Gestalt: Sie kann sowohl phallische Formen aufweisen, als sie auch die typisch weiblich runden Formen zeigt. Als Grundnahrungsmittel ist die Kartoffel dem weiblich Nährenden und den Kräften der Mutter Natur verwandt.

Kasse: →Geld. Das Traumbild der Kasse deutet oft auf leere Umweltbeziehungen, die auf das Geld reduziert sind. Man will mehr haben statt sein, was auf Geldgier verweist. Auf der anderen Seite liegt in der Kasse das geordnete, gehütete und gesparte →Geld. Dieses Geld ist ein Symbol für unsere Fähigkeiten und Talente. Volkstümlich: gutes Zeichen, Wohlstand.

Kastanie: Herbst, Spiel, Nahrung, Fruchtbarkeit.

Kastration: Verlust von Männlichkeit und Tatkraft. Als Traumbild fast immer ein Zeichen des unterdrückten Triebes. Der Kastrationstraum wird meist von Minderwertigkeits- oder seltener auch Schuldgefühlen hervorgerufen. In seltenen Fällen verweist die Kastration im Traum auf eine tiefreichende

Kathedrale

Ablehnung der (männlichen) Sexualität.

Zu S. Freuds und C.G. Jungs Zeiten waren Kastrationsträume noch relativ häufig. Heute treten sie dagegen vergleichsweise selten auf, da sich unsere Einstellung zur Sexualität geändert hat. Die Frau sieht sich heute weitgehend nicht mehr als kastrierter Mann, und die aggressive Männlichkeit wird bei Mann und Frau als wichtige Seite in einer/m selbst akzeptiert und braucht nicht mit Kastration bestraft zu werden.

Die Kastration als Traumbild muß heutzutage fast ausnahmslos auf die Arbeit und Tatkraft der Träumerin oder des Träumers bezogen werden. Erfahrungen zeigen deutlich, daß Kastrationsträume bei Mann und Frau oft auf deren Gefühle in ihrer Beziehung gedeutet werden können. In problematischen Beziehungen, in denen man sich eingesperrt fühlt, ist das Fantasie- und Traumbild der Kastration normal.

Bei der Kastration im Traum können in seltenen Fällen auch positive Seiten anklingen: Man macht sich vom Druck der Tat- und Schaffenskraft frei und verweigert sich der erdrückenden Leistung. →Esel, →Geschlechtsorgane, →Sexualität.

Kathedrale: wie →Kirche und →Kapelle, nur deutlicher und stärker. Sicherheit und Ort der Ruhe, verweist oft auf die Notwendigkeit der Innenschau.

Volkstümlich: Außenansicht positiv, Innenansicht Gefahr.

Katze: Die Gefühlsseite des Träumers sowie die (unbewußte) Willensseite der Träumerin. Einerseits ein Symbol der Falschheit und Hinterhältigkeit (immer auf eine Frau bezogen, da die Katze archetypisch mit dem Weiblichen verbunden ist), auf der anderen Seite ein Symbol der Selbständigkeit, der Lust, des Eigensinns und des Willens (auch wieder ausnahmslos auf die Frau bezogen). Symbol des weiblichen Geschlechtsorgans (pussy) und der »Unzucht«. Aber auch Zeichen für körperliche Geschmeidigkeit, Orgasmusfähigkeit und Unabhängigkeit. Träumt ein Mann oder eine Frau von einer Katze, so sind immer deren weibliche (Anima-) Seiten angesprochen.

Kaufmann: Dieses Traumbild verweist immer auf die männliche Seite in Frau und Mann. Es wird entweder von einem aktiven Selbstwertgefühl hervorgebracht oder verweist auf die Notwendigkeit eines solchen Gefühls. Der Kaufmann steht für die Handlung und den Austausch zwischen den Menschen. Er ist derjenige, der die Warenströme lenkt und so letztendlich zwischen den Menschen und zwischen Mensch und Natur vermittelt. Der Besitz des Kaufmanns verweist auf die Talente des Träumers genauso wie die Waren, mit denen er handelt. Der Warenumsatz selber kann auf die Art und Weise des Energieumsatzes des Träumers bezogen werden.

Kegel: Man möchte einerseits eine ruhige Kugel schieben und Erholung und Freude mit anderen genießen, zum anderen drücken sich hier auch Kraft und Geschicklichkeit aus. Letztendlich kann man hier versteckte Aggressionen aufspüren, wenn mit der schweren Kugel die Kegel umgestoßen werden. →Kanone, →Holzfäller. Volkstümlich: Enttäuschungen.

Keks: geistige und seelische Nahrung. Lustbefriedigung.

Kelch: Es ist bei diesem Traumbild wichtig, wie Sie es spontan benennen: Becher, Kelch, Glas oder gar Gral. Die verschiedenen Benennungen, die eine verschiedene Stimmung und Sichtweise wiedergeben, legen verschiedene Interpretationen nahe. Das als Kelch bezeichnete Gefäß ist immer etwas Außergewöhnliches (es ist kein lapidarer Becher oder ein Alltagsglas!). Entweder geht es hier um das Leiden und den Tod (vgl. den Schierlingsbecher im klassischen Altertum) oder um die Suche nach einem höheren Ziel (vgl. die Grallegende und deren hervorragende

Deutung durch Emma Jung in ihrem Buch: Die Grallegende aus tiefenpsychologischer Sicht). Der Kelch faßt die Flüssigkeit, die unserem Gefühl und unseren Bedürfnissen entspricht. Er gibt diesen Bedürfnissen und Gefühlen eine (meist geistige) Form. Im übertragenen Sinne geht es hier um die Seelenbildung und um die Kultivierung unserer Gefühle. Genau das war schon im Hochmittelalter die Aufgabe der Gralsuche. In der christlichen Symbolik ist der Kelch dem Herzen und dem Blut Christi verbunden.

Keller: →Haus. Der unheimliche Ort, an dem man nach C.G. Jung sein Bewußtsein verliert oder es wieder neu entdeckt. Das Unbewußte, Dunkle, Undurchschaubare und Verdrängte.

Kellner: Freundlichkeit, Hilfe. Sollten Sie demütiger sein und sich mehr mit dem Dienen auseinandersetzen (ähnlich wie bei →Chauffeur)?

Kerker: Hindernistraum wie →Haft, →Verlies und →Käfig, nur um einiges stärker.

Kerze: Symbol des Lebens (Lebenslicht), bes. die brennende Kerze. Kann auch auf besondere Feierlichkeit hindeuten. →Licht. Schon im klassischen Altertum männliches Sexualsymbol, auch

Kessel 158

bei Freud Penissymbol (gebrochene Kerze nach Freud Symbol der
Impotenz).

Kessel: Dort wird gekocht und das
Leben erneuert (in der altwalisischen Mythologie des Mabino-
gions der Kessel, in dem die toten
Krieger wieder lebendig gemacht
werden). Im Kessel findet wie im
alchemistischen Gefäß die Umwandlung der Materie statt, und er
kann deswegen mit der Gebärmutter oder dem Erdinnern verglichen
werden.
Der Kessel ist fast immer ein Hinweis auf kreative Gestaltungskräfte. Im Kessel werden im übertragenen Sinn die Lebenskräfte des
Träumers umgeformt und zu etwas
Neuem gestaltet. Er ist der
Schmelztiegel, in dem die emotionalen Kräfte mit der Macht des
Seelenfeuers zu einer individuellen
Persönlichkeit verschmolzen werden.
Volkstümlich: gutes Omen.

Kette: Feste Bindung, auch im positiven Sinne.
Symbol der Bindung und Unfreiheit schon bei Artemidor.

Keule: primitive Waffe der → Riesen, deren phallische Form auf
undifferenzierte Triebenergie hinweist. Man wird von etwas er-
schlagen, im Sinne von Überwäl-
tigtwerden.

Kies: → Geld, kann aber auch Hindernistraum sein, in dem man
schwer vorankommt. Teil der
→ Erde, verweist auf → Materie
und Stofflichkeit.

Kind: Entweder ein sehr positives
Traumsymbol, das neue Möglichkeiten anzeigt, oder ein Hinweis auf unseren Widerstand gegen
Reife und Vollendung. Das Kind
verdeutlicht Wesensteile von uns,
die erwachsen werden wollen.
Man soll die Wahrheit sprechen
(vgl. »Kinder und Narren sprechen
die Wahrheit«) und einfacher werden (»wenn ihr nicht werdet wie
die Kinder...«). Bei Frauen liegt
oft entweder ein Wunschtraum
vor, in dem man ein Kind haben
möchte, oder es muß etwas Neues,
d. h. eine Änderung im Lebensstil,
kommen. Auch Symbol der Lebensmitte und der Kontinuität des
Lebens.
Ein krankes Kind weist auf seelische Störungen hin. Achten Sie
prinzipiell darauf, welche Eigenschaften die Kinder im Traum haben! Diese Wesensteile wollen bes.
gefördert und bewußtgemacht
werden.
Kann nach Freud entweder die eigene Person darstellen (Regression) oder das eigene Genital
(»mein Kleiner«: mein Penis). Sicherlich trifft es noch heute zu, daß
wenn ein Erwachsener vom Kind
träumt, immer auch regressive
Tendenzen mitschwingen. Aller-

dings sollte man bei dieser Ansicht Freuds nicht aus den Augen verlieren, daß die »Rückeroberung der eigenen Kindlichkeit« auch ein positiver Prozeß sein kann, der uns im Alter wieder lebendig und auch erotisch werden läßt. Das Traumsymbol des Kindes hängt immer mit der Lebenskraft, der Daseinsfreude und so auch mit der Sexualität zusammen.
Volkstümlich: Familienzuwachs jeder Art.

Kino: →Film.

Kirche: wie →Kapelle und →Kathedrale. Man möchte sich mit dem Sinn des Lebens auseinandersetzen, Vertiefung ist gefordert. Symbolisiert die Frau nach Freud.

Kirsche: Gefühl; Symbol der Lippen und Zeichen der Liebe wie auch →Herz und →Rot.

Kissen: Ruhe, Entspannung und Häuslichkeit wie bei →Backen, →Braten bzw. Bratpfanne, →Kochen, →Abendessen, →Blumentopf, →Bügeleisen, →Porzellan, →Schürze und →Henne. Volkstümlich: Schwierigkeiten.

Kiste: →Gefäß. Liebesaffäre und Beziehung, aber auch der eigene Ballast.
Was steckt in der Kiste drin?
Der weibliche Körper nach Freud wie auch die meisten Musikinstrumente und das Symbol der →Kirche.

Kitt: Zusammenhalten (gegen die Außenwelt).
Volkstümlich: harte Zeiten.

Klaue: (im Sinne von Kralle) die Angst vor dem Tierischen. Der (eigene) wilde, gierige Zugriff auf die Welt, von dem man »träumt« oder den man ausübt.
Die Klaue welchen Tieres bedroht Sie?
Ferner tritt die »Klaue« als schwer leserliche Handschrift auf. Ist es Ihre eigene Handschrift, dann sollten Sie sich deutlicher mitteilen, ist es die eines anderen, dann kann sich dahinter oft die Ablehnung dieser Person (rationalisiert als Unleserlichkeit = Unverständnis) verstekken.
Außerdem klingt hier noch das Wort »klauen« an: Wie bei der Tierklaue nimmt man sich gierig, was man haben möchte. Dies kann ohne weiteres eine »gesunde« Haltung sein, wenn man schüchtern durchs Leben geht. Es kann einen jedoch auch darauf hinweisen, daß man seine Gier kontrollieren statt immer nur ausleben sollte.

Klavier: Gefühlsskala, intensives Gefühl, Kultivierung und Harmonisierung. Verinnerlichung und geistige Lebendigkeit.
Bezeichnet nach Freud bes. durch den Rhythmus den Sexualverkehr.

Klee

Symbolisiert wie alle Musikinstrumente nach der Psychoanalyse den Leib der Frau.

Klee: vierblättriger Klee ist ein weitverbreitetes Glückssymbol. Dreiblättriger Klee verweist auf das Normale, Gewöhnliche. Nach Freud Symbol des Männlichen wegen der 3 Blätter (vgl. dazu genauer →drei). Volkstümlich: Glück für Liebende.

Kleid/Kleidung: Bild des Besitzes. Symbolisiert die Rolle des Träumers »Kleider machen Leute« und seine Selbstdarstellung in der Umwelt.
Die Art der Kleider entspricht der gesellschaftlichen Stellung, die man einnimmt oder einnehmen möchte.
Nach Freud Verweis auf Nacktheit, die sich unter dem Kleid versteckt.

Kleister: Man will etwas verbinden, das zusammengehört und das auseinandergefallen ist. Es wird etwas ausgebessert.
Werden Sie von irgend etwas festgehalten oder halten Sie an irgend etwas fest? Hier klingt die Frage der →»Haftung« (in jedem Sinne) an.

Klempner: Bei diesem Traumbild geht es um die →Wasserleitung, also um die Kanalisierung des Gefühls. Ferner sind sexuelle Anklänge nicht zu übersehen, da der Klempner ein →Rohr verlegt.

Klettern: Man will hoch hinaus, aber der Weg ist oft gefährlich und schwierig (im Gegensatz zum Hinaufsteigen, wo man ebenfalls hoch hinaus will, aber der Weg meist keine Schwierigkeiten und Gefahren aufweist). →Karriere, →Leiter, →Treppe.

Klinge: Symbolisiert ganzheitlich den eigenen Geschlechtstrieb, sowohl als Aggression, als auch als das Zusammenklingen. Dieses Traumbild tritt ferner dann häufig auf, wenn es um wichtige Entscheidungen geht. Die Klinge steht für die Unterscheidungsfähigkeit (sie kann die Materie aufteilen). Allerdings schwingt beim Traumbild der Klinge auch oft das Risiko mit: »etwas steht auf des Messers Schneide«. →Messer, →Schwert, →Dolch.

Klippe: Man möchte einen Überblick über sein Leben haben. Kann ähnlich wie bei →klettern auf mühsamen gesellschaftlichen Aufstieg hinweisen. →Abhang, →Hindernis, →Prüfung, →Gipfel.

Kloster: Einesteils der Ort der Stille, Sammlung und Geborgenheit ähnlich wie →Abtei, →Kapelle, →Kathedrale und →Kirche, andererseits ein Symbol der Weltflucht und Lebensangst. Das Kloster stellt sowohl ein Symbol des Friedens in aufregenden Zeiten dar, als es auch die Angst vor dem »wirklichen Leben« verbildlicht. Es kann sich hier auch um einen Hinweis auf Askese und Disziplin handeln, die entweder zu üben sind oder im übertriebenen Maße gelebt werden.

Knebel: Einengung und Unfreiheit ähnlich wie bei →Käfig und →Gefängnis z. B. →Fessel. Hier wird bes. die Bewegungsfreiheit eingeschränkt.
Volkstümlich: Hindernistraum.

Kneipe: →Restaurant, →Wirtshaus.

Knie: Erotisches Signal. Beweglichkeit oder Starrheit des eigenen Standpunktes. Unbeugsamkeit und Stolz oder Demut. (Das Knie entspricht als Körperteil astrologisch der Qualität des Steinbocks.) Die Knieverletzung stellt einen häufigen Hindernistraum dar. Sie kommt oft im Alptraum, besonders in Fluchtsituationen, vor.

Knochen: Lebenserfahrung, das geistig-seelische Gerüst des Lebens, allerdings auch »Verknöcherung«.
Volkstümlich: häufig Armut, beim Skelett Tod oder Reichtum.

Knolle: Kräfte haben sich angesammelt, die jetzt zur Entwicklung genutzt werden müssen ähnlich

wie bei →Knospe.
Penissymbol nach Freud. →Kartoffel.

Knopf: die Knöpfe zeigen wie die →Kleidung meist psychische Einstellungen der Gesellschaft gegenüber. Sie halten etwas zusammen, schließen etwas, das sonst offenstände. Sind Sie bis zum Hals zugeknöpft oder nicht?

Knospe: verweist auf Kräfte, die zur eigenen Entwicklung genutzt werden wollen ebenso wie →Knolle. Vgl. →Blume, →Frucht.

Knoten: symbolisiert Verwicklung, unlösbare Probleme und Verstrickung. Warnt vor innerlichen (emotionalen) Verknotungen. Lösen des Knotens: Ende der Verwicklung (gordischer Knoten).

Kochen: Wandlung und psychische Entwicklung genau wie bei →Küche. Kann auch auf innerliches Kochen im Sinne eines Aggressionsstaus verweisen. Auf der anderen Seite bedeutet Kochen auch ein Gar- und somit im übertragenen Sinne ein Reifmachen. Es verweist im Traum oft auf einen Reifungsprozeß des/der Träumenden.
Was wird gekocht? Was soll zubereitet werden?

Kochkurs

Kochkurs: Man möchte seine Häuslichkeit verbessern, meist Gegensatz zu Symbolen wie →Kochen, →Braten, →Abendessen etc.

Köchin: Die Gegenmutter, die nicht erziehen und bisweilen strafen muß, sondern die Frau, die einem nur zugeneigt ist und die den Jungen (oder auch das Mädchen) verwöhnt, aber nicht erzieht (Wilhelm Busch: »Jeder Jüngling hat nun mal/Den Hang zum Küchenpersonal«). Zum anderen zeigt sich in diesem Traumbild die innere weibliche Kraft der Umwandlung; →Kochen, →Kessel.

König/Königin: Geliebte(r) und archetypisches Vater-/Muttersymbol (Landesvater und Landesmutter), Vater-/Mutterabhängigkeit und immer auch der/die Träumende selbst. Symbolisiert die eigene Überhöhung aus einem Minderwertigkeitsgefühl heraus oder auch wichtige Selbst-Ideale. Errettung oder Verderben.
Der König und die Königin verbildlichen nach Alexander Mitscherlich den Großen Vater bzw. die Große Mutter. Der große Vater ist dabei ein Symbol des wachen und hohen Bewußtseins. Man steht aufmerksam in der Welt. Diese Bewußtheit wird beim Traumbild des Königs fast immer gefordert. Und zu dieser Bewußtheit gehört die Fähigkeit zur Selbstbestimmung und Selbstkontrolle (man kann sich selbst regieren).
Im Märchen wie im Traum geht das Ich meistens vom königlichen Ursprung aus, von dem es dann getrennt wird, um seine Abenteuer in der Welt zu bestehen. Der König oder königliche Ursprung bedeutet in diesem Zusammenhang Vollständigkeit und Ganzheit.
Die Große Mutter, die im Traum als die Königin symbolisiert wird, stellt immer ein Bild der Ganzheit dar. Sie drückt letztendlich die alles integrierende Kraft der Natur aus. Ferner wird im Bild der Königin auch die fruchtbare Mutter (mater naturae) im Träumenden selbst angesprochen. Darin liegt ein Hinweis auf die eigenen Fähigkeiten, sich selbst zu erziehen und aufzuziehen, sich selbst →Heimat zu sein.

Körper: Den eigenen Körper im Traum zu sehen symbolisiert einen Hang zum Narzißmus – eine Selbstverliebtheit. Oder man hat den Kontakt zu seinem eigenen Körper verloren, und der vergessene Körper meldet sich wieder im Traum.

Koffer: →Gefäß, →Gepäck. Lasten und Probleme, die man mit sich herumschleppt, aber auch ein Reservoir an Fähigkeiten und Talenten. Es kommt hier sehr darauf an, wie schwer der Koffer wiegt. Schwere Koffer symbolisieren meist ungelöste Aufgaben, ungenutzte Talente und ähnliche Belastungen. Leichte Koffer verbildlichen oft Talente und Fähigkeiten, die angewandt werden. Nach Freud der weibliche Körper wie auch →Ofen.

Kohl: Verweis auf einfache Nahrung (für Körper, Geist und Seele). Volkstümlich: Gesundheit und langes Leben.

Kohle: Energie, die aus dem Unbewußten kommt. Als Brennstoff verweist sie auf Leidenschaft. Bekanntes Symbol für →Geld. Bei Freud ein Symbol der Trieb- bzw. Lebensenergie (Libidosymbol), für Jung ein alchemistisches Symbol der Wandlung, da die Kohle sich im Prozeß des Verbrennens in Wärme und Asche verwandelt.

Komet: Ein besonderes Ereignis, dieses Traumbild besitzt immer Hinweischarakter. Der Komet kann auch auf den eigenen Aufstieg verweisen. →Stern. Volkstümlich: Erfolg.

Kompaß: Zielgerichtetes Denken und Handeln. Welchen Kurs wollen Sie in Ihrem Leben einschlagen? Oftmals stellt sich hier die Aufgabe der Neuorientierung des eigenen Lebens. Aber mit dem Kompaß werden Sie Ihren Weg sicher finden. Sie können also in die eigene Kraft und auf Ihr Schicksal vertrauen.

Konditorei: Ort der Entspannung und des Genusses. →Naschen, →Eingemachtes.

Konfekt: →Süßigkeit. Vergnügen, Gewinn.

Konfetti: Spaß, Ausgelassenheit. Fortsetzung eines archaischen Regen- und Fruchtbarkeitszaubers. Volkstümlich: Enttäuschung.

Konkurs: Warntraum. Man sollte anders mit seinen Energien umgehen. Sehnsucht nach der Offenbarung der Wahrheit (sich selbst und / oder anderen gegenüber).

Konzert/Orchester: Sehnsucht nach Harmonie, denn beim Konzert wird aus vielen Stimmen ein harmonisches Ganzes erzeugt, und genauso mag sich aus vielen Erfahrungen ein harmonisches Leben zusammensetzen. Meistens sehnen Sie sich nach einem reicheren, stimmungsvolleren und erfüllteren Leben, wenn Sie von einem Orchester träumen. Spielen Sie mit, und üben Sie das Dirigieren.

Kopf: Bewußtsein, Kapital des Menschen. Verstand und Vernunft. Der Kopf möchte fast immer herrschen, und Sie sollten sich fragen, ob Sie entweder Ihre Intellektualität unterdrücken oder ob Sie diese einseitig auf Kosten der anderen Funktionen wie Emotionalität und Körperlichkeit ausleben. Oder wol-

Kopfkissen

len Sie mit »dem Kopf durch die Wand«? (Astrologisch stellt der Kopf ein Widder-Symbol dar.) Ist es angesagt, Ihren Kopf zu verlieren, oder sollten Sie dies tunlichst vermeiden? Altindische Traumdeutung spricht von Herrschaftsansprüchen. Nach Freud Symbol der Männlichkeit, bei Jung archetypisches Symbol des Selbst.

Kopfkissen: → Kissen, → Kopf.

Koralle: Symbol der Schönheit des Lebens. Und da die Koralle ein Wasser-Wesen ist, wird hier auf das Gefühl verwiesen. Nutzen Sie Ihr Gefühl als Schlüssel zu einem schönen Leben! Volkstümlich: Rückkehr eines Liebhabers.

Korb: → Gefäß. Herzlichkeit und Ehe. »Jemandem einen Korb geben«: sich auf keine Beziehung einlassen. Wichtig ist der Inhalt des Korbs. Der Korb wird symbolisch dem Element Erde verbunden, wie der Kelch mit dem Wasser. So hängt das Bild des Korbes meist mit Ihrer Erdung zusammen, und Sie sollten sich fragen, wie Sie mit Ihren alltäglichen Leben zurechtkommen. Liegt hier ein Grund zur Unzufriedenheit? Oder möchten Sie »der Hahn im Korb« sein, d. h. sehnen Sie sich nach Geborgenheit und mehr Anerkennung? Der Psychoanalyse zufolge weib-

liches Geschlechtsorgan im Männertraum.

Korken: Entkorken bedeutet meist Beischlaf oder zumindest Ejakulation. Der Korkenzieher steht meist für den Penis.

Kornfeld: Lebensaufgabe, Fruchtbarkeit und Erfolg. → Getreide, → Feld. Vgl. a. die Allegorie vom Weizenkorn, das sterben muß, um hundertfache Frucht zu tragen. → Saat, → Ernte.

Kornkreis: dieses moderne Traumbild tritt dann auf, wenn man sich in einer aussichtslosen Situation befindet und auf Rettung von außen hofft. Oft ist es ein Hinweis auf eine notwendige stärkere Erdung. Ferner kann es einen Hinweis beinhalten, das »Gesicht der Erde« zu gestalten und d. h. die eigene Persönlichkeit einzusetzen und nützlich zu machen.

Kosmetik: Weist auf Verbesserung des eigenen Bildes und auf Eitelkeit hin. Im Traum oft ein Hinweis auf zuviel oder zuwenig Seelenpflege.

Kosmische Träume: Träume von fremdartigen kosmischen Erscheinungen – Feuer regnet vom Himmel, Kometen etc. Wenn im Altertum Menschen solche Träume hatten, zeigten sie diese in Athen dem Areopag und im Rom dem Senat an. Meist wird nach Jung der Träumer durch solche Träume auf eine kollektive Rolle vorbereitet.

Krähe: Symbolisiert Unglück oder Tod wegen der schwarzen Farbe, →Finsternis. Kann auch eine als aggressiv empfundene Frau symbolisieren. Frühchristliches Symbol der Treue (Physiologus). →Vogel.

Kraft: Symbolisiert Glück und Gesundheit oder macht auf Schwächen aufmerksam. Wichtig ist hier zu beachten, auf welcher Ebene sich diese Kraft ausdrückt: auf der des Willens, des Herzens, der Seele, des Geistes, des Körpers oder der Persönlichkeit.

Kragen: Ordnung, Gepflegtheit und Aufstieg.

Kran: sich an etwas erinnern, etwas wiederfinden, Altes heben und abladen.

Krankenhaus: Hilfsbedürftigkeit in seelischer Not. In selteneren Fällen auch ein Zeichen, daß man sich gegen eine kränkende Art von Hilfeleistung wehrt. Das Krankenhaus symbolisiert oft den Träumer selbst.
Sind Sie selbst der oder die Kranke, gibt die Art der Krankheit Aufschluß über eine Störung. Sind Sie der Arzt, wird Ihre Helferrolle angesprochen.
Nach Jung der Ort, an dem man

gepflegt wird. Er stellt ein Muttersymbol dar.

Krankenschwester: Weiblich- und Mütterlichkeit. Man braucht entweder Hilfe oder will sich nicht helfen lassen. Volkstümlich: bestes Omen.

Krankheit: Innerpersönliche Auseinandersetzung, die auf erhöhten Selbstschutz oder auf eine Selbstverletzung verweist. Ein solcher Traum sollte genau betrachtet werden, da er zur Diagnose der Befindlichkeit des Träumers wesentliche Aussagen machen kann. Für die Symbolik der einzelnen Krankheit möchte ich auf das Buch Dethlefsen/Dahlke »Krankheit als Weg« verweisen.

Kranz: Enttäuschung, weibliches Sexualsymbol, Ende einer Beziehung. Als Sieger- und Totenkranz drückt er die Reife und Vollendung einer Aufgabe aus. Man sollte sich hier fragen, was man in seinem Leben erreichen möchte.

Kraut: Mit dem Kraut ist nach Jung immer die Heilung mitgedacht. Das Wunderkraut spielt schon im Gilgamesch-Epos eine große Rolle (als Gilgamesch in Todesangst fällt), es ist das alchemistische Elixier, das Allheilmittel.

Krawatte: Betonung der Männlichkeit. Entweder ein Hinweis auf

Krebs 166

zuvil oder zuwenig Eitelkeit, oder der →Knoten am →Hals verweist auf Selbstbeherrschung. Oft auch ein phallisches Symbol: vgl. den Brauch im Rheinland, an Weiberfastnacht die Krawatten der Männer abzuschneiden.

Krebs: Oft mit Krankheitsangst verbunden. Seltener in der astrologischen Bedeutung als Symbol des Gefühlslebens. Wichtig ist hierbei der Krebsgang: Man geht nicht direkt und gerade auf sein Ziel zu, sondern nähert sich ihm seitlich. Gilt volkstümlich als Unglücks- und Todesbote. →Krankheit. Positive Bedeutung: Uralte Instinkte und sonst eher verborgene, seltene Gefühle (Wünsche und Ängste) werden in Gestalt des Krebstieres sichtbar und lassen sich nun im einzelnen erkennen. →Skorpion, →Fische.

Kreide: verweist meistens auf Schule und Lernen. Auch:»In der Kreide stehen«, d.h. etwas schulden.

Kreis: →Kugel, →Uroboros, →Kranz. Ganzheitssymbol, Abwehrzauber: was sich im Kreis im Traum abspielt, hat bes. Bedeutung. Geister und Dämonen bewegen sich immer in gerader Linie fort, deswegen bietet der Kreis und alles Runde Schutz. Es heißt auch, daß der Teufel in den Ecken sitzt und in runden Räumen sich nicht

aufhalten kann. Rundes und Kreis bedeuten immer Vollkommenheit und Abrundung.
Im alten Griechenland symbolisiert der Kreis ohne Anfang und Ende die Ewigkeit wie der →Ring. In der Alchemie wird der Stein der Weisen (lapis philosophorum) als rund vorgestellt, und in der buddhistischen Meditation heißt es: sei rund und rund.
Nach Jung Archetyp des Mandalas (vgl. Zirkelgleichnis des Hl. Augustinus:»Gott ist ein Kreis, dessen Zentrum überall, dessen Peripherie nirgends ist.«), der darauf hinweist, daß man sich auf dem Initiationsweg zu sich selbst befindet. Das Runde ist für Jung eine primäre Vision, es stellt das älteste Symbol der Menschheit dar, das man zumeist als Sonnenrad deuten kann. Ignatius v. Loyola erzählt in seiner Biographie, daß er des öfteren Visionen von einem goldenen Kreis und einer goldenen Kugel gehabt habe; das habe ihn mit einem köstlichen Gefühl erfüllt. Auch Martin Buber spricht in seinen »Ekstatischen Konfessionen« über das Symbol des Runden bzw. des Kreises, ähnliche Vorstellungen bei Hildegard v. Bingen und anderen Mystikern.
Ganz selten schwingt hier auch eine negative Bedeutung mit, dann ist der ewige Kreislauf des Immer-Gleichen gemeint, die tägliche Routine und die ewigen (neurotischen) Wiederholungen. Freud

charakterisierte die Neurose zurecht als Zwang zur Wiederholung einer bestimmten Handlung oder Einstellung. Dieses Sich-im-Kreisedrehen kann hier angedeutet sein, mit dem Hinweis darauf, daß dieser Teufelskreis um des eigenen Glückes willen durchbrochen werden muß.

Kreisel: Drehen Sie sich im →Kreis? Verweist auf Kindertage und →Tanz.

Kreuz: Richtungs- und Ordnungssymbol. Kommt in folgenden klassischen Träumen vor: Traum vom Kreuz aus dem Codex Vercelli (10. Jahrh.), dort als Siegeskreuz und Kreuz des Lobs und Ruhmes Gottes. Auch im Traum Kaiser Konstantin des Großen (um 375) tritt das Kreuz als Siegeszeichen des Christentums auf. Nach Jung Symbol der Qualen; bei Artemidor günstiges Zeichen für den, der eine Seefahrt unternehmen will, da das Schiff aus Holz besteht und der Mast auch ein Kreuz bildet, für nicht-seefahrende Menschen allerdings Unglückszeichen.

Kreuzung: Hier wird immer eine Entscheidung oder Verbindung von Alternativen angesprochen. Wie sehen die verschiedenen Wege aus und wo führen sie hin?

Krieg: reale Kriegsangst. Außerdem: Auseinandersetzung mit verschiedenen Seiten der Persönlichkeit, innere Zerrissenheit. Dieses Traumbild weist auf eine anstehende Auseinandersetzung mit den eigenen Aggressionen hin. Prüfen Sie sich, ob Sie entweder zu aggressiv sind oder ob Sie Ihre Aggressionen direkter ausdrücken sollten.

Kristall: Harmonie und Klarheit. →Glas, →Diamant, →Mandala und →Stern.

Kröte: →Frosch.

Krokodil: wollen Sie jemanden verschlingen, oder vereinnahmen Sie zuviel? →Drache, →Dinosaurier.

Krokus: neues Leben steigt hoch. Volkstümlich: Glück.

Krone: →Hut. Symbolisiert Macht, Ansehen und Einfluß. Deutet auf eine hohe Bewußtseinsebene hin, die in der Yoga-Philosophie durch das Kronen-Chakra (Sahasrara) ausgedrückt wird. →König, →Kopf.
Die Krone aus Stroh bildet seit dem Mittelalter ein verbreitetes Bild der Vergänglichkeit, das noch heute in der Traumsymbolik fortlebt. Diese Krone aus Stroh deutet auch auf die →Ernte hin, d.h. daß die bisherigen Erfahrungen nun genutzt werden können.

Krücke: Lebensangst, Hemmungen und sowohl das Erleiden von Minderwertigkeitsgefühlen als auch die Erlösung von ihnen, →Invalide, →Brücke.

Krüppel: Seelische oder geistige Behinderung. In diesem Traumbild wird ein wichtiger Teil des (kollektiven) Schattens ausgedrückt: Die eigene Schwäche und Hilfsbedürftigkeit wird einem vorgestellt. Dieses Traumbild tritt oft auf, wenn man sich zu stark fühlt und zur Überheblichkeit neigt. Häufig mit der Aufforderung, (mehr) Verantwortung, Mitgefühl und Hilfsbereitschaft einzusetzen. Ferner ist das Bild des Krüppels auch mit dem des Bettlers verbunden, das sowohl auf Demut verweist als auch auf Gier und Haben-Wollen. →Krankheit, →Krücke.
Volkstümlich: Warnung vor Unfreundlichkeit.

Krug: →Gefäß. Symbol für das seelische Fassungsvermögen, das in sich Freude, Trauer, Tränen, Erfüllung usw. aufnimmt. Weibliches Sexualsymbol, Erotik. Wichtig ist, womit der Krug gefüllt ist. →Kelch.
Ein voller Krug: Fülle, ein zerbrochener Krug: Verlust.

Kuchen: Belohnung, Nahrung als Liebeszuwendung, die man bekommt oder gibt. Seelische und geistige Bedürfnisse.

Küche: →Haus. Bezug zur Hausfrau. Umwandlung und Verwandlung psychischer Energien.

Kühlschrank: Das Wegstecken von Triebkräften, Verdrängung, Kälte und Distanz. Was wollen Sie konservieren? Oder drückt sich hiermit ein Bedürfnis nach »Coolheit« und Klarheit aus?

Künstler/in: Bekanntes Symbol des freien und kreativen Lebens.

Küste: Es ist Land in Sicht, es wird bald alles besser werden. Die Küste ist die Nahtstelle von Land und Wasser und somit ein Hinweis auf die Verbindung des Körpers mit der Seele.

Kugel: →Kreis. Vollständigkeit und Ganzheit. Die Dynamik der Psyche, die die Gegensätze harmonisch vereinigt. Symbol der allrunden kosmischen Seele. Man befindet sich auf seinem Individuationsweg und kann viele Dimensionen überblicken.
Die gläserne Kugel (Hohlkugel) gilt wie die Seifenblase seit dem Mittelalter als Symbol der Vergänglichkeit. Die massive Glaskugel ist als Symbol der Allwissenheit zu sehen – oder als deren Vorspiegelung.

Kuh: →Milch. Muttersymbol. Tritt ganz selten in Männerträumen auf, nur bei starker Mutter-

Kutsche

bindung. Mageres oder fruchtbares Jahr (vgl. Traum des Pharao von den sieben mageren und sieben fetten Jahren, den Joseph deutete). Die Erde selbst wird bei den Indern als Kuh gedacht, bei den Ägyptern ist der Himmel die Kuh (Hathor).

Kupfer: Symbolisiert Erfolg, Venussymbol. Gefühlswärme und Lebensfreude. In seltenen Fällen finden wir hier die Assoziation zu der Drucktechnik (»abkupfern«), was auf Vervielfältigung (im Sinne von vielfältiger werden) verweist.

Kuß: Vereinigung, Verbindung und Glück. Innige Nähe, geistige Kommunikation, man will mit der/dem Geküßten/m näheren Kontakt aufnehmen, vielleicht auch Streit beilegen. Selten ist der Kuß Symbol des Verrats (Judas-Kuß).

Kutsche: Persönlichkeits- und Statussymbol. Art der Kutsche! Volkstümlich: Verlust. →Auto, →Chauffeur, →Wagen.

Laboratorium: Das Leben wird hier ausprobiert, es wird experimentiert. Dieses Traumbild stellt ein positives Symbol der Gefühlsverarbeitung und allgemein der seelischen Arbeit dar (vgl. auch die »Alchemie des Herzens«). Wie sieht es mit dem Gefühl aus? Ist ihr Leben zu geplant oder zu technisch-entseelt? Volkstümlich: Gefahr und Krankheit.

Labyrinth: Mythologisch gesehen ist das Bild des Labyrinthes an den griechischen Helden Theseus und seine Geliebte Ariadne gebunden. Um das jungfrauenverschlingende Ungeheuer im Labyrinth von Kreta zu töten, schenkt Ariadne ihrem geliebten Theseus den vielzitierten roten Faden, mit dem er nach der Tötung des Ungeheuers wieder aus dem Labyrinth hinausfindet. Das Labyrith symbolisiert den Leib der Erdmutter und die kosmische Ordnung, die jede/r auch in sich selbst herstellen muß. Das ist die Heldentat eines jeden menschlichen Lebensweges. Der Lebensweg ist der Labyrinthgang, der uns in vielen Verschlingungen endlich dem Ziel entgegenführt, wo wir unsere Aufgabe erfüllen können. Hier finden wir unsere Schattenseiten, mit denen wir uns auseinandersetzen müssen. Jeder Labyrinth-Traum fordert Sie auf, gegen Ihr eigenes inneres Ungeheuer zu kämpfen. Auf der anderen Seite verweist das Bild des Labyrinthes auf einen Mutterkomplex: Man kommt nicht von dem Weiblichen los, man verirrt sich in ihm, d.h. das Männliche verliert hier seine Identität, indem es – wie E. Neumann es ausdrückte – in das Weibliche zurückgeschlungen wird, und das Weibliche findet keine eigene Identität, solange es keinen äußeren Zugang zu sich und keinen Weg aus sich selbst heraus findet. Das Symbol des Labyrinths geht möglicherweise auf die Beobachtung der Sonnen- oder Mondbahn zurück (vgl. Schwabe, Julius: Archetyp und Tierkreis, Gauke reprint 3, Gauke Vlg. Hann. Münden 1987, S. 515 ff.). In der Mitte des Labyrinths wohnt der Tod (der Tiefstand von Sonne und Mond). Nachdem man ihn getroffen hat, geht es wieder aus dem Labyrinth hinaus wie in der Sage von Theseus und Ariadne. In der modernen Welt wird die Großstadt häufig unter dem Bild des Labyrinthes gesehen, es ist der Asphalt-Dschungel, in dem sich der moderne Mensch leicht verloren und gefangen fühlt. Außerdem schwingt hier das Gefühl mit, daß das ganze Leben so komplex geworden ist, daß man schwerlich seinen Weg finden kann. →Eingemachtes, →Faden, →Drache.

Lachen: Meist in komplementärer Weise zu verstehen: man ist in schwieriger Situation, in der einem gar nicht zum Lachen zu Mute ist. Das Lachen stellt eine Entspannung dar. Seltener: Ausdruck der Suche nach Unbeschwertheit und geistigem Frieden.

Lachs: Kann ein Phallussymbol sein, verweist jedoch meistens auf die Einstellung des Träumers zu seinem Gefühl (wie bei allen Fischsymbolen). Klang-Assoziation möglich:»Lachs«–»lax« im Sinne von unentschlossen. Volkstümlich: Familienkrach.

Laden: Bild des Energie-Umsatzes. Ein Ort des Tausches. Man möchte bedient werden und das Richtige aussuchen. Können Sie sich selbst bedienen? Selbstbedienung hängt auch mit Selbstversorgung zusammen. Kaufen oder verkaufen Sie? Man will dort nach Jung etwas bekommen, das man nicht besitzt und muß dafür bezahlen. →Kaufmann, →Kasse.

Lähmung: Wirkliche Behinderung bzw. Lähmung des geistigen oder seelischen Bereichs. Ruhebedürfnis. Sollten Sie weniger aktiv sein? →Krankheit, →Krüppel.

Lärm: Es kann sich um realen Lärm handeln, der im Schlaf an Ihr Ohr drang. Sie wollen vielleicht zuviel Aufmerksamkeit erregen oder finden im Alltag zuwenig Aufmerksamkeit.

Lager: 1.→Bett. 2. Vorratslager: Hier ruhen Ihre Kraftreserven, Potentiale und ungenutzten Fähigkeiten. Achten Sie auf den Symbolgehalt der Waren in diesem Lager.

Lama (Würdenträger): Vergeistigung, Archetyp des Weisen.

Lama (spuckendes Tier): Sie sollten sich auch einmal daneben benehmen.

Lamm: Reinheit, Unschuld, Geduld und Sanftheit. Opfer. →Ostern. Das Osterlamm verweist auf einen Neuanfang (Auferstehung). Volkstümlich: häusliches Glück. →Schaf, →Widder.

Lampe: →Laterne. Solche Bilder kommen öfters im Märchen vor.

Landgut 174

Dem Helden bzw. Traum-Ich soll ein Licht aufgehen. Ein Problem wird bald durch einen Geistesblitz bzw. Einfall gelöst. Vertrauen Sie auf Ihre eigene Sichtweise!

Landgut: →Besitz.

Landkarte: →Atlas. Es geht wie bei →Kreuzung um Ihre Orientierung im Leben. Lebensplan. →Buch.
Nach Freud Darstellung des menschlichen Körpers.

Landschaft: nicht nur nach Freud Darstellung des menschlichen Körpers.

Landstreicher: Freiheit, Brechung mit starrer Konvention. Wird meist in Situationen sozialen Drucks geträumt.

Langeweile: →Schnecke, →Zeit, →Eile.

Lanze: Für jemanden eine Lanze brechen, bedeutet, zu dieser Person zu stehen. Kann aber auch auf sexuelle Spannungen hinweisen und auf religiöse Thematik (Gralsmythos) deuten, wie es die Traumarbeit nach Jung sehen würde. In dieser Sichtweise ist die Lanze, die den Fischerkönig Amphortas im Genitalbereich verletzte, ein Symbol körperlichen und seelischen Leidens. Die Aufgabe des Helden (Parzival) besteht nun darin, angesichts dieses Leidens und der Lanze die Mitleidsfrage zu stellen. Wird dieses Mitleid nicht geübt, dann muß der König und sein ganzer Hof weiterleiden. Nach Freud wie jede längliche Waffe ein Phallussymbol.

Last: →Bürde. Sind Sie überfordert? Oder spüren Sie ein Bedürfnis nach Auslastung und geeigneten Aufgaben?

Lastwagen: sind Sie schwer belastet, oder steuern Sie souverän den LKW? Wichtig ist die Symbolik der Art der Güter, die transportiert werden.

Laterne: →Lampe. Symbolisiert das Licht des Bewußtseins, verweist meist auf genauere Betrachtung der Probleme. In seltenen Fällen auch die magnetische Kraft der Liebe. Das Licht in der Dunkelheit zieht Aufmerksamkeit auf sich (wie das Licht die Motten).

Laub: Gefühle und Gedanken des Träumers. Wichtig ist der Zustand der Blätter (welche Jahreszeit?): grünes Laub heißt Freude, Vergnügen und Wachstum, totes Laub Enttäuschung und Mißerfolg, aber eventuell auch Reife und Einsichten.
Antike Traumdeutung: Freude.

Laus: mangelhafte Reinlichkeit, Blutsauger wie →Vampir. Ekel.

Lava: Wichtiges Traumsymbol der inneren psychischen Energien. Unbeherrschte Entladung und Spannung.

Lavendel: Frauensymbolik. Volkstümlich: positives Omen.

Lawine: Spannungsentladung, ein Symbol kollossaler Gefühle. Oft in ähnlicher Bedeutung wie →Wellen und →Ozean. Volkstümlich: ungewöhnliches Glück. →Schnee.

Lebensbaum: →Baum. Wachstum des Menschen. Vgl. Rilke:»O, der ich wachsen will, ich seh hinaus, und in mir wächst der Baum.« Verbindung von Himmel und Erde.

Lebensmittel (-vorräte): Angst, zu kurz kommen, Schwierigkeiten und Verarmungsangst wie bei →Besitz, →Ersparnis, →Münze und →Falschgeld. Man traut nicht dem, was man hat oder sichert es ab. Aber auch sinnvoller Überfluß: Man hat weitere Lebensquellen und -energien zur Verfügung.

Leck: Aufbrechen der emotionalen Distanz oder Abschottung.

Leber: Zunächst sollte man klären, ob wirklich organische Beschwerden vorliegen. Unruhe, Reizbarkeit (einem ist eine Laus über die Leber gelaufen). Auch Symbol der Lebenskraft und der eigenen Leistung.

Volkstümlich: sie zu essen, bedeutet Gesundheit.

Leder: Symbolisiert Zähigkeit (zäh wie Leder). Aggressive Tendenzen, fetischistische Bedeutung, aber auch weich und glatt wie die Haut und somit ein Symbol der Zärtlichkeit. Lederkleidung: Distanz und Geilheit, aber auch Suche nach Unverletzlichkeit und Sinnlichkeit. →Tier.

Lehm: Erdung, Heilung.

Lehrer/in: Hilfreiche seelische Funktion. Verweist auf Schulzeit. Archetypische Autoritätsfigur. Schlechtes Gewissen. Hängt oft mit Sinnsuche zusammen. Der Lehrer/die Lehrerin sind fast immer die inneren Führer, die eine/n ins Leben einweihen. Man kann hier auch oft von einem Initiationstraum sprechen. Der innere Führer/die innere Führerin bringt einem eine bestimmte Reife und Selbstorganisation bei. – Andererseits Neigung, sich oder andere stets zu belehren – statt zu akzeptieren.

Leiche: →Mord, →Tod, →Sterben. Abgestorbener Persönlichkeits- oder Gefühlsteil. Warnsignal: Man schleppt etwas Fremdes (Totes) mit sich herum. Kommt solch ein Traum öfter und dazu noch verbunden mit Angst vor, sollte man einen Therapeuten aufsuchen. Häufiger Traum bei stark un-

Leiden   176

terdrückten Frauen. Auf der anderen Seite kann dieses Traumbild
darauf deuten, daß man etwas
beenden und loslassen kann.

Leiden: Angst vor Leiden und
Krankheit. Solch ein Traum bietet
meist konstruktive Hinweise, das
Leiden zu beenden.

Leine: Man möchte jemanden an
sich binden. Nach Freud Symbol des männlichen Gliedes.

Leinen: Die Farbe ist hier wichtig. Volkstümlich: günstiges Zeichen.

Leinwand: Sinnbild der inneren
Leinwand, d. h. der Seele, die ein
Spiegel der inneren und äußeren
Verhältnisse darstellt. Man sollte
sich anschauen, was auf der Bühne
des Lebens geschieht.

Leiter: Übergangssituation und
Entwicklung. Symbol der Verbindung von Unbewußtem (unten)
und Bewußtem (oben). Die Ja-
kobsleiter in der Bibel führt in den
Himmel. Stehen bei Ihnen neue
Aufgaben an? Auf- oder Abstieg? Anzahl der
Sprossen (Zahlensymbolik)? Man
wird auf der Leiter schwindelig,
wenn man zu hoch hinaus will.
Leitern hinauf- oder hinabzustei-
gen symbolisiert nach Freud wegen des rhythmischen Prozesses

den Geschlechtsverkehr. →Trep-
pe, →Karriere, →Absatz.

Leitung (elektrisch): die Energien
des Träumers werden angesprochen.

Leitung (Führung): Aufstiegsmoti-
vation oder Einsamkeit. Es muß
das Leben besser geordnet werden. Hier ist fast immer Ihre eigene innere Führung angesprochen
oder wie Sie andere führen. Können Sie führen und sich führen lassen?

Leopard: Lebenskraft, Eleganz,
Triebenergie. Bei Gefahr durch
Leoparden hat man Angst vor ero-
tischer Verstrickung. →Katze.
Volkstümlich: Schwierigkeiten.

Lerche: →Singvogel. Guter Überblick, da man emporgestiegen ist,
Fröhlichkeit.

Leuchter: Mittel zur Erhellung
und Bewußtmachung.

Leuchtturm: →Lampe, →Laterne.
Hilfreiche Orientierung in schwieriger Situation. Unbewußte Pro-
blematik wird ins Bewußte ge-
rückt. Bekanntes Phallussymbol.
Volkstümlich: Glück.

Liebe: Man sehnt sich nach Liebe.
Sehnsucht, sowohl lieben zu kön-
nen als auch geliebt zu werden.
Achten Sie besonders darauf, wel-

che Eigenschaften, Gefühle und Umstände im Traum zu der Liebe gehören.

Licht: →Lampe, →Laterne, →Leuchtturm. Symbol für Bewußtsein (bewußtes Sein), Intellekt, Verstand, Klarheit, Hoffnung und Freude. Es ist ein Sinnbild für die Lebensmitte (wie die Sonne im Zenith), des Seelenfunkens und eines begehrten Objektes. Das Licht bildet ein »Gegen-Symbol« zu Depression, Zweifel, Dunkelheit und Krankheit. Licht bedeutet schöpferischer Geist. Allerdings darf nicht vergessen werden, daß Licht und Finsternis sowohl einen Gegensatz als auch eine Ergänzung darstellen.
Negative Bedeutung: blendendes, grelles Licht oder verlöschendes Licht.

Lift: →Aufzug, →Fahrstuhl, →Leiter, →Treppe. Seelische Wandlungsvorgänge, das Bewußtsein und das Niveau verändern sich. Vorsicht vor Abheben aus der Realität.
Fährt Lift nach oben: Aufsteigerbewußtsein, man will hoch hinaus.
Fährt Lift schnell nach unten, so daß es einem unangenehm ist: die Angst, sich fallen zu lassen, wie bei →Fahrstuhl →Abhang, →Abgrund, →Falltür und →Absturz.
Bleibt der Lift stecken: Minderwertigkeitsgefühl oder starke Hemmungen. In diesem Fall ist eine ver-

stärkte Auseinandersetzung mit sich selbst notwendig.

Lied: Frohsinn. Der Liedtext ist wichtig.

Likör: Entspannung oder Sorgen (W. Busch: »Wer Sorgen hat, hat auch Likör«).
Volkstümlich: warnt vor Schmeicheleien.

Lila: Farbe an der Grenze des sichtbaren Farbspektrums. Streben nach Erkenntnis und Transzendenz. Symbol der konservativen Geistlichkeit (die adeligen Kardinäle trugen das ganze Mittelalter hindurch lila) als auch der modernen Emanzipation (Modefarbe emanzipierter Frauen), Frauenpower.

Lilie: Symbol der Reinheit, Unschuld und Natürlichkeit, aber auch eines der Macht (Frankreich).

Linde: →Baum. Heilung, Kraftort, an dem man Energie tanken kann. Volkstümlich: Romanze (W.v.d. Vogelweide: »Unter den Linden, bei der Heiden...«).

Links: →rechts. Herzseite, Gefühlsbereich des Träumers, auch dessen weiblicher Aspekt, selten politische Bedeutung.
Nach Steckel das Unrechte, nach Freud das Perverse.

Lippen

Lippen: erotische Wünsche, Kommunikation.

Loch: →Spalte. Weibliche Sexualität. Bei den Arrhethophorien (mystische Fruchtbarkeitsfeiern zu Ehren der Großen Mutter) wurde phallusgeformtes Brot in ein Erdloch geworfen, in Rom wurde Geld in den Lacus Curtius (ein Erdloch) geworfen: Symbol der Befruchtung. Als tiefes Loch wird auch Verlust, Unsicherheit und Angst vor der Zukunft angesprochen. Das Loch stellt ferner ein Sinnbild des blinden Fleckes dar, jenes Bereiches in uns (und teilweise auch anderen), den wir nicht erkennen können. Letztendlich ist das Loch ein Bild auch des Ursprungs und des Ziels menschlichen Strebens. Nach Freud und Jung eindeutig sexuelle Symbolik.

Locke: Verlockung und Jugend.

Lösegeld: emotionaler Aufwand, um sich von etwas zu befreien.

Löwe: Der König der Tiere. Wurde oft als Wappentier verwendet: britischer Löwe, Löwe von Juda (vgl. 1. Mose 49,9), Christus als Löwe (Offenb. 5,3). Sinnbild für Geist, Mut, Wachsamkeit und Macht. Wandlungssymbol in der Alchemie, er vereinigt die Essenz des Männlichen und des Weiblichen. Schon in antiker Traumdeutung Urgewalt der →Sonne, da astrologisch das Zeichen des Löwen zur höchsten Sommerhitze herrscht. In Rosenkreuzer-Geschichten muß der Eingeweihte den Löwen bändigen können. Er ist das Feuer der Libido und somit der Lebensenergie. Bändigt man ihn nicht, wird man vom Trieb verschlungen und der Löwe frißt einen. Der Löwe als christliches Symbol steht als Zeichen für die domestizierten Heiden. Im Norden tritt der →Bär statt des Löwen auf. Nach frühchristlicher und mittelalterlicher Vorstellung (z. B. Physiologus) verwischt der Löwe mit dem Schwanz seine Spur, so kann er nicht gefunden und gefangen werden. Der Löwe soll auch nach dieser Überlieferung mit offenen Augen schlafen, und wenn die Löwin ein Junges gebiert, ist es tot, bis der Löwe am dritten Tag ihm ins Gesicht bläst. So gilt der Löwe als Symbol der Belebung und Lebenskraft. Gilt in christlichen Sagen als listiges Tier. →Drache, →Sonne, →Herz. Im Traum »Unterweltsvision eines assyrischen Kronprinzen« (8. – 7. Jahrh. v. Chr.) besitzt der böse Geist (Utukku) einen Löwenkopf.

Lohn: wie gehen Sie mit Ihren emotionalen Energien um? Bekommen Sie, was Sie wollen?

Lokomotive: →Zug. Kollektive psychische Energie, Lebensreise, eingebunden sein in Gesellschaft/Gemeinschaft. Mit Kraft und

Macht treibt man etwas voran oder wird mitgezogen.

Lorbeer: Erfolgs- und Anerkennungsstreben, warnt vor Anerkennungs- und Ruhmsucht. Volkstümlich: Glück und Geld.

Lotse: Eine Hilfe auf dem Lebensweg ist wichtig, oder man ist bereit, selber Führungsaufgaben zu übernehmen.

Lotterie: Dieses Bild warnt vor Risiken jeder Art. Man hat noch Wünsche – schauen Sie sich diese genau an.

Lüge: Symbol des Falschen, oft Ausdruck schlechten Gewissens, man spielt eine Doppelrolle, ist falsch und unehrlich. Wenn man jedoch eine Lüge im Traum entdeckt (auch seine eigene), dann besitzt man Erkenntnis und hat eine wichtige Einsicht erlangt. Ferner sollten Sie sich über Ihre Fähigkeit zur Selbstkritik freuen.

Luft: Symbol des Geistes und der Wachheit. Einsicht, Idee, Vorstellungskräfte und schöpferisches Denken wie auch Gedankenfülle. Leichtigkeit – aber auch Warnung: Sei kein »Luftikus« (wie Hans Guck-in-die-Luft aus »Struwwelpeter«). Die Luft stellt auch ein Symbol der persönlichen Zukunftsaussichten, Ansichten und Vorstellungen dar. Dicke, stickige, rauchige und verbrauchte Lüfte haben negative Bedeutung; frische, Morgen- oder Frühlingsluft bedeutet Jugend und beschwingtes Gefühl.

Luftballon: →Ballon.

Lumpen: Ausstiegswünsche oder Verarmungsängste wie bei →Almosen, →Asyl, →Armut und →Bettler. Aber auch romantische Lust an Schlampigkeit und dem Brechen mit allen Konventionen. Protest gegen Leistung und Selbstdarstellung.

Lunge: Wie bei →Käfig und →Fahrstuhl (Lift) ist es einem zu eng, man braucht mehr Raum und →Luft. Symbol der Stärke, die man aus geistigen Energien, klaren Gedanken und persönlicher Urteilskraft gewonnen hat.

Macht: Das Spiel mit der Macht ist immer auch ein Spiel mit dem Feuer. Dieses Traumbild verweist oftmals auf Ihre feurigen Lebensenergien. Es geht hier um Ihre Kräfte, die Ihnen zur Verfügung stehen, und darum, wie Sie diese Kräfte nutzen. Im Bild der Macht können sich sowohl Ihr Schatten zeigen als auch Ihre Stärken. Wie gehen Sie mit Ihrer Macht um? Setzen Sie diese gegen andere ein oder wird die Macht gegen Sie eingesetzt? Fühlen Sie sich eher mächtig oder ohnmächtig? →Herrscher/in.

Mädchen: Oft ein erotischer Traum. Bei Frauen ein Verweis auf deren Mädchenseite oder Kindheit. Meist wird hier die Unbeschwertheit des kindlichen Lebens angesprochen. Häufig ist bei Männern und Frauen die eigene weibliche Seite oder auch die Seele in diesem Bild symbolisiert. Wenn uns unsere Seele als Mädchen im Traum begegnet, weist das zum einen auf die natürliche, lebendige und unschuldige Seite unserer Seele hin, zum anderen auf deren unterentwickelte und kindliche Form.

Im Gegensatz zu C.G. Jung bin ich der Ansicht, daß weibliche Wesen auch in Frauenträumen die ANIMA, d.h. die Seele der Frau anzeigen. Jung nahm an, daß dies nur im Männertraum der Fall sei.

Made: Gier und Faulheit. Volkstümlich: häuslicher Unfrieden.

Madonna: »Meine Herrin«, die große Frau. Erlösung von Leiden, Schuld und Schmerzen. Selbstüberhöhung oder Selbstverleugnung. Auch Sexualsymbol und Symbol selbständiger und unabhängiger Weiblichkeit. Die Madonna kann als Traumbild allerdings auch auf die Sexualverdrängung, ein schlechtes Gewissen wegen der eigenen Sexualität und eine negative Einstellung zur eigenen Weiblichkeit verweisen.

Magen/Magenleiden: Zunächst ist zu klären, ob körperliche Symptome vorliegen. Verdauungs- und Verarbeitungsmöglichkeit, Aufnahmebereitschaft, geistige und seelische Nahrungsverarbeitung.

Ein voller Magen weist auf zuviele Eindrücke und Konsum hin, ein leerer Magen auf Gier, man fühlt sich zu kurz gekommen.

Magnet: Starke Anziehungskraft und persönlicher Erfolg. Bisweilen Symbol der eigenen Mitte, der →Liebe und des/der Geliebten. Achten Sie darauf, was Sie fasziniert und anzieht. Nach G.I. Gurdjieff geht gerade von diesen Sie magnetisierenden Kräften eine große Gefahr aus.

Mahlzeit: Man bekommt psychische und seelische Energie. Wichtig sind die Speisen die gegessen werden, sie symbolisieren die Art der Energie.

Mai: Jugend, Erotik und Wachstum. Produktive Zeit und günstige Aussichten. Volkstümlich: schlechtes Omen.

Maikäfer: →Käfer, →Mai. Vgl. Peterchens Mondfahrt: dort ist der Maikäfer das Symbol der Sehnsucht und der Hervorbringung des Verlorenen und Verborgenen.

Mainzelmännchen: Das Lustige und Ulkige im Leben, Entspannung und Kitsch (wie Gartenzwerg, →Zwerg), aber auch Infantilismus, →Kind. Witz und Lebensfreude, die sich gerade in den (scheinbaren) Kleinigkeiten des Alltags erweisen, →Maus.

Maiskolben: Phallussymbol.

Maler/in: Kreativität und Schönheitssinn. Volkstümlich: Glück.

Mandala: Ganzheitssymbol, das uns hilft, uns zu zentrieren. Zeigt persönliche Entwicklung an (vgl. hierzu genauer Jung, C.G.: Gesammelte Werke 9/1, Olten, Freiburg 1976).

Mandel: erotisches Symbol. Bittere Mandeln: Enttäuschung, süße Mandeln: Glück.

Mann: →Begleiter. Bei Frauen oft Verweis auf Vaterfigur oder Ich-Ideal.
Ein unbekannter Mann bedeutet in Männerträumen die eigene unbekannte Seite, den Schatten; ein älterer Mann die Vaterfigur bei Mann und Frau oder die Person des Träumers selbst; ein nackter Mann Offenheit.

Mansarde: Armut, Überblick, Aufstieg.

Mantel: Schutz, Abwehr und Abschirmung. Die Art des Mantels zeigt Art des Schutzes. Mantel wie Überzieher nach Freud Symbol für Kondom oder Symbol des Genitals.

Maria: →Jungfrau, →Madonna.

Marionette / Marionetten-Spieler 184

Marionette / Marionetten-Spieler:
Damit wird Ihr Nervensystem angesprochen, das durch die Drähte der Marionette verbildlicht wird. Oft wird der Marionetten-Spieler im Traumbild nicht direkt gesehen, aber er ist als »Drahtzieher« anwesend und symbolisiert die Kraft, die hinter den Kulissen wirkt. Ein Traumbild, welches Fragen einer (besseren) geistigen und nervlichen Koordination aufwirft. Was treibt und zieht Sie? Wohin?

Markt / Marktplatz: Zeigt soziale Beziehungen des Träumers an. In diesem Bild wird gezeigt, wie man sich zur Außenwelt verhält, welche Vernetzungen und Abhängigkeiten zu ihr bestehen. Öffentlichkeit, Handel, Kontakt, Hektik und Nervosität, wenn der Markt belebt ist. Ein leerer Markt weist auf Einsamkeit.
Evtl. auch Spiegelbild der innerpersönlichen Beziehungen oder der persönlichen Wahrnehmung der eigenen Umweltbeziehungen.

Marmelade: Lebensgenuß, das süße Leben. Oder sie verweist auf →»das Eingemachte«.

Marmor: Beständigkeit, Luxus, aber auch Härte (auf Stein beißen), Schönheitssinn und Gefühlsarmut bis Frigidität.

Maschine: Fehlende Beseelung der Arbeit, Stumpfsinn. Art der Maschine ist wichtig. Ist der Träumer eine Maschine (Roboter)?
Auch: Traumbild für die Arbeit, welche die Seele leistet.

Maske: Das, was man der Außenwelt zeigen möchte oder in Wirklichkeit auch darstellen könnte. Schwaches Selbstwertgefühl, Minderwertigkeitskomplex. Verhüllung von Wahrheit.
Spaß, Lust und erotisches Abenteuer. Täuschung, falscher Schein und Verführung. Wenn die Maske im Traum sichtbar wird, ist dies auch ein Zeichen für die Fähigkeit oder die Aufgabe, hinter die Kulissen und Vorwände (auch die eigenen) zu schauen. →Vorhang
Volkstümlich: durchweg negative Bedeutung.

Massage: Genußvolles, erotisches und entspannendes Erlebnis. Im Traum ist mit diesem Bild oft ein Bedürfnis nach mehr Körperkontakt ausgedrückt oder danach, daß man sich »seiner Haut wehren« sollte. Auch: Traumsymbol, das den seelischen Kontakt meint, wenn es den Körperkontakt darstellt.

Massen: Wird häufig bei Angst vor sozialen Kontakten und bei Platzangst geträumt. Das Individuelle braucht und findet seinen Platz gegenüber, aber auch inmitten allem Massenhaften. So stellt sich bei diesem Traumbild einmal

die Frage nach Ihrer sozialen Anpassung und zum anderen die nach Ihrer inneren Harmonie zwischen dem Eigenen und dem Angenommenen.
Haben Sie Kontakt mit den Massen oder keinen, werden Sie sozial erdrückt oder auf- und angenommen? Drückt sich ein besonderes Freiheitsbedürfnis durch Ihren Traum aus?

Mast: In der Psychoanalyse immer ein Phallussymbol; volkstümlich: eine weite Reise.

Matratze: →Bett. Erotik und Sexualität. Der Ort der Geburt und des Todes.

Matrose: →Seemann. Männliche Gefühlsenergien, Abenteuer, kann auch Unreife beim Mann anzeigen.

Mauer: Hindernistraum, Schutz. Man sollte sich mehr öffnen oder mehr abgrenzen.

Maulwurf: (meist unbewußte) Triebwünsche. Man möchte oder sollte in die Tiefe gehen und sich dort seine heimlichen Triebe und Aggressionen anschauen. Diese Wühltätigkeit des Maulwurfs hängt immer mit Subversion zusammen, und um im Bild zu bleiben, sollten Sie sich fragen, was aus Ihren Tiefen aufwühlend in Ihnen wirkt?

Maurer: aufbauen, Aufforderung konstruktiv zu sein. →Mauer.

Maus: Symbol der Macht und Ohnmacht des Unscheinbaren. Wobei sowohl das Unbedeutende als auch das Un-Scheinbare im Sinne des Wesentlichen hier gemeint sein kann.
Nach Brehm der treueste Begleiter des Menschen, liebenswürdig, neugierig, listig und geschickt, äußerst fruchtbar. Mäuse sind oft »Todeszeichen« (wobei →Tod hier im weitesten Sinne als Erledigung und Beendigung von etwas gemeint ist), graue und schwarze Mäuse im Traum deuten auf Unheil. Symbol nagender Gedanken, Gewissensbisse. Wenn Mäuseplage über das Land kommt, ist dies ein schlechtes Omen. Im Faust kommen die Mäuse als Geister vor, die das Pentagramm annagen, das den Teufel bannt (Goethe FAUST, Studierzimmer I). Die graue Farbe der Maus ist eine Geisterfarbe. Die Maus ist naschhaft, und zur Strafe für Naschhaftigkeit wird man in eine Maus verwandelt.
Die graue und schwarze Maus kann auch im Traum als Symbol des Schattens auftreten, da Grau und Schwarz Schattenfarben sind. Die positive Bedeutung dieses Traumsymbols wird darin deutlich, daß oft Eltern ihre Kinder als »kleine Mäuschen« bezeichnen, und auch der Sprache der Verlieb-

ten ist dieser Kosename nicht fremd.
Nach Mohammed »das kleine Sünderlein«, die Ehebrecherin. Dem Hexenmädchen auf dem Blocksberg springt beim Tanz mit Faust eine rote Maus aus dem Mund. Weiße Mäuse sind Kinderseelen und die Seelen der Frommen, aber auch Fieberdämonen. Für Jung ist die Maus ein Seelentier, das Bild einer schwer zu fassenden Realität, die Beziehung zur Sexualität, zur Fruchtbarkeit und zum Teufel bzw. den Hexen hat. Volkstümlich immer erotische Bedeutung: der Penis, der ins Loch flieht. »Ende, aus, Mickey Mouse« (Kinderreim).

Meer: (lat. mare = Maria = Mutter) Gefühl, Urkraft, Gewalt, Nahrung und Uranfang. Symbol des kollektiven Unbewußten. Rückschlingung ins Unbewußte nach Erich Neumann. Bedeutet im Traum oft auch nur »mehr«.
Fahrt über das Meer Kühnheit, Neuanfang an neuen →Ufern. Sehnsucht nach Freiheit und Unabhängigkeit.

Meerjungfrau: →Nixe.

Meerschweinchen: Gefühlsfunktion, Sexualität wird verniedlicht, abgewertet und distanziert betrachtet, Anfangsstadium der Entwicklung der emotionalen Funktion.

Medizin: →Arznei.

Mehl: Vermögen und Versorgung. Volkstümlich: schlechtes Omen.

Meister: →Chef

Melone: erotisches Symbol, Liebesglück.

Menstruation: Geht meist auf reale Menstruation zurück, die sich entweder ankündigt oder beginnt. Angst vor Schwangerschaft. Ferner muß man sich hier der Symbolik des Blutens zuwenden, die immer auf eine Verletzungsangst, aber auch auf eine Annährung an die Geheimnisse des Lebens deutet. »Blut ist ein ganz besonderer Saft« (Faust I) und steht für die Lebensenergie und die wirklichen, d.h. wirksamen Leidenschaften. Das weibliche Bluten erinnert immer wieder an diese Lebensenergie und die Leidenschaften, die Leben erzeugen können (vgl. a.: P. Shuttle/ P. Redgrove: Weise Wunde Menstruation, Ffm. 1982).

Messe (→**Ausstellung**): Kommunikation und Kontakt. →Masse, →Markt.
Volkstümlich: Wohlergehen.

Messe (→**Kirche**): →Gottesdienst.

Messer: Analyse und Differenzierung wie →Schwertsymbol im Tarot. Als Angriffswaffe deutet es auf

Aggressionsstau.»Auf des Messers Schneide«: Entscheidungssituation. Penissymbol nach Freud, heute allerdings selten in dieser Bedeutung.

Messing: → Metalle zeigen meist den Wunsch nach Erfolg und Wohlstand. Volkstümlich: falsche Freunde.

Metall: Erfolg, Wohlstand, Reichtum, Beständigkeit und Härte. Vgl. auch: der eiserne Wille, die bleierne Angst, quicklebendig (Quecksilber). → Eisen, → Gold und → Silber, → Feuer, → Erde.

Meteor: Gedankenblitz, Idee. Himmelsbote.

Miete / Mieter: »Man muß für alles bezahlen.« Etwas nutzen, ohne es zu besitzen.

Mikrophon: man soll etwas (innerlich) aufnehmen. Man sollte seine Stimme selbst erheben und öffentlich kundtun, was man meint. Auch: Selbstgespräch.

Mikroskop: es kommt auf die Betrachtung des Details an. Vergrößern Sie aber auch Ihre Probleme nicht.

Milch: → Kuh. Nahrung, Sicherheit, urmütterliches Symbol. Das Paradies ist das Land, in dem Milch und → Honig fließt. Es muß

etwas durch Milch, durch Weiblichkeit genährt werden. Verweist evtl. auf Regressionstendenzen. Milch zu trinken, bedeutet Vermehrung von Wissen und Erkenntnis (alma mater – die nährende Mutter – für Universität). Sauermilch: Kummer und Sorgen. Nach germanischer Mythologie ist die Kuh das älteste Wesen, das mit seiner Milch den Urriesen Ymir nährt.

Militärdienst: Selbstbestätigung, möglicherweise auch Selbstbestrafung, Autorität, Flucht vor Minderwertigkeitkomplexen, unreife Männlichkeit und Aggressionsstau. Im Frauentraum wird hier oft der Wunsch nach aggressiver Sexualität und Hingabe ausgedrückt.

Minister: Ein häufiger Traum, wenn man unter einem geringen Selbstwertgefühl leidet. Es geht hier auch um die »Regierungsaufgaben«, d.h. um die Probleme und Fähigkeiten, für und über sich selbst herrschen zu können. Damit ist auch die Selbstbestimmung angesprochen. Ihre Einstellung zu Macht und Ansehen schwingt sicherlich auch in diesem Traumbild mit. Freud träumte als junger Mann, ein Minister zu sein, was auf seinen Ehrgeiz verweist.

Mistel: Sonnensymbol der Druiden und magisches Symbol des Be-

Mißbildung
188

wußtseins. Nach englischer Sitte
darf man unter dem Mistelzweig
jede/n küssen. Der Mistelzweig
steht für die heilende Kraft der
Liebe.

Mißbildung: Seelische Wunden,
die zu Unsicherheiten und Ängsten
führen. Man kann sich nicht voll
entfalten und ist aus dem Gleichgewicht geraten. Man sehnt sich nach
der konkreten Entfaltung der eigenen Bedürfnisse, die einem wieder
Schönheit verleihen. →Invalide,
→Krüppel.
Das Traumbild kann sowohl Angst
vor einer Fehlentwicklung anzeigen wie auch bedeuten: Die betref-
fende Angst ist eine *Fehlentwicklung*, sie gleicht einer Mißbildung,
die aufgehoben werden kann.

Mittag: →Licht. Bewußtsein,
→Mitte als Lebensmitte.

Mitte: zeigt an, was ist (»Die Mitte
bringt es offenbar, was am Ende ist
und anfangs war«, Goethe). Die eigene Mitte wird gesucht, der ru-
hende Pol im Leben. Ideal und Ausgleich.

Mitternacht: dunkelste und Geisterstunde. Anbruch eines neuen
Tages.

Mode: Persönlicher Stil oder Eitelkeit, wie bei →Schmuck und
→Maske.

**Modell (im Sinne von Fotomo-
dell):** Auseinandersetzung mit gesellschaftlicher Norm, Anpassung
und Eitelkeit. Aus Minderwertigkeitsgefühlen versucht man Schönheitsideal zu erfüllen. Oder: Seelische Gewißheit der eigenen Schönheit.

Möbel: Eigenschaften des Träumers im Sinne der »Innenausstat-
tung« seiner Seele und seiner eigenen Identität. Art der Einrichtung
und der Zustand der Möbel sind
wichtig.

Mönch: Disziplin, Selbstbeherrschung und Selbstbesinnung, aber
auch Selbstvergessenheit. →Abt/
Äbtissin, →Kloster, →Eremit.

Mohn: Rausch, mehr Bewußtheit
wird gefordert. Selbstverlorenheit
als gefährliche wie auch als positive Eigenschaft.
Volkstümlich: Versuchung.

Mond: Weiblichkeit, Mutter und
Frau. Im Frauentraum die eigene
Weiblichkeit, die anzunehmen ist.
Stimmungen, Launen und Gefühle.
Glück bei einer schönen Frau nach
Phaldor. Nach Freud Symbol des
Hinterteils (bes. bei Frauen). Nach
Jung ist der Mond »der Ort der ab-
geschiedenen Seelen«. Er symboli-
siert auch die Schattenseite bzw.
das Unbewußte. Libido-Symbol,
→Katze, →Nacht.

Monotonie: →Langeweile, →Uniform, →Rhythmus.

Monster/Fabelwesen: Untier. Das Tierisch wird zu stark, zu beängstigend, d.h. man fürchtet sich vor der Stärke der eigenen Triebe. Es können auch Personen (mit →Vater- und →Mutterfunktion) bezeichnet sein, die Ihnen übermächtig erscheinen. Sprechen Sie beängstigende Monster im Traum an, setzen Sie sich mit ihnen auseinander und beobachten Sie sie. →Mißbildung.

Moor: →Sumpf, →Morast, →Schlamm. Triebwünsche, die man nicht offen zuläßt, die einen herabziehen. Todesangst oder Lebensangst, man kommt nicht weiter, wird festgehalten und ins Unbewußte zurückgezogen (evtl. Angst vor dem Weiblichen). Die positive Seite dieses Traumsymbols finden wir im Märchen »Der Eisenhans«, wo im Sumpf das eigene wilde Wesen zu finden ist, an dem (nicht nur) der Mann genesen kann. Volkstümlich: Hindernistraum.

Moos: Wie alle Pflanzen ein Symbol des Vegetativen im Menschen, seiner Ruhe und Ausgeglichenheit. Nach Freud Symbol für Schamhaar. Erotisches Symbol, Anklang Moos – Möse, auch ein häufiges Symbol für Geld.

Mord/Mörder: →erschießen, →Begräbnis, →Leiche. Warnung, daß ein wichtiger Gefühlsinhalt abgetrennt wird, z.B. ungenutzte Fähigkeiten, die verloren gehen, Beziehungen zu anderen Menschen, Liebesfähigkeit etc. Häufiges Traumbild in depressiven Phasen und bei Aggressionsstau, wie →Asche und →Abgrund. Dies alles ist jedoch nur die eine, wenn auch bei weitem häufigste Seite, die uns dieses Traumsymbol zeigt. Auf der anderen Seite kann hier auch die positive Seite der Aggression angesprochen sein: Es ist überaus heilsam, daß man im Traum etwas umbringt und somit radikal beendet. Man steht zu seinen Aggressionen als einem wichtigen Teil. Wie in einem Kriminalroman kann auch im Traum ein Mord eine sowohl erschütternde, als auch aufrüttelnde sowie läuternde Wirkung zeitigen.

Morgen: Neuanfang, Kraft und Jugend. Man tut etwas morgen, aber nicht heute: man wartet ab oder ist einfach nur faul, was ohne weiteres berechtigt und heilsam sein kann.

Mosaik: →Bild, Spiegel der Lebenserfahrung, aus vielen Teilen ein Ganzes. →Konzert, →Puzzle.

Motor: Energie, Kraft und Bewegung.

Motorboot: sich kraftvoll im Gefühlsbereich bewegen (→ Wasser und → Schiff/Boot).

Motorrad: individuelles Vorwärtskommen, die eigene Person, psychische Energie. Der »Feuerstuhl« ist ein Potenzsymbol und steht für Wildheit und Triebhaftigkeit.

Motorroller: wie → Motorrad nur etwas schwächer.

Motte: Zersetzende Gefühle und Gedanken. → Licht. Volkstümlich: Schwierigkeiten.

Mühle: Arbeit bis zur Plackerei, aber gute Versorgung und Erfolg.

Mülleimer: → Abfall, → Toilette. Verdrängungs- und Reinigungssymbol.

Münze: → Geld. Man braucht oder hat Geld. Die Münzen hängen immer mit der eigenen Energie und den Talenten (vgl. den Anklang an das Wort »Taler«) zusammen. Verarmungsangst wie bei → Besitz, → Ersparnis, → Lebensmittel. Volkstümlich: günstiges Omen, wenn es sich um Kupfer-Münzen (Venussymbol) handelt.

Müsli: Gesundheit und Kraft, neue Energien. Man möchte sich gesunder ernähren. Auch ein Sinnbild der neuen (Seelen-)Nahrung und »anderer Wege« im Alltag.

Mütze: → Hut. Finden geistiger Identität. Man sollte sich vor intellektuellen Einflüssen und geistiger Beeinflussung schützen.

Multiplizität/Vielheit: Wenn in einem Traum ein Element sehr häufig vorkommt, eine Straße, die z. B. voller Pfützen ist, ein Himmel, der voller Vögel der gleichen Art ist (vgl. Hitchcock »Die Vögel«), dann spricht man von Multiplizität. Sie ist Ausdruck einer Seelenspaltung, wenn sie immer wiederkehrt. Bei wiederkehrendem Traumsymbol der Multiplizität sollte ein Psychologe aufgesucht werden. Multiplizität ist das wesentliche Merkmal aller an sich unbewußt verlaufenden Lebensvorgänge (je unbewußter ein Vorgang, um so stärker die Multiplizität), kommt oft bei Krankheiten vor, die an der Grenze des Physischen und Psychischen liegen, im Delirium tremens Halluzinationen von vielen → Mäusen z. B. (Diese Vielheit hängt mit dem sympathischen Nervensystem zusammen, denn die Funktion des Sympathikus liegt in der Verzweigung und Ausbreitung bis in jede Zelle.) Allerdings kann die Multiplizität im Traum auch auf eine Vorstufe zu einem neuen Bewußtsein hindeuten (wie etwa ein »Zettel-Kasten« sowohl vor Verzettelung warnt, als auch der Vorbereitung eines größeren Manuskripts dient, vgl. a. »Zettels Traum« von Arno Schmidt). Auflösung des Individuums in das

Kollektive. Übermäßige Zerstreuung, Verzettelung und Persönlichkeitsspaltung. In der Multiplizität steckt etwas Destruktives, denn sie löst die Einheit des Bewußtseins auf. Wo Multiplizität vorkommt, bildet diese oft einen Konflikt zwischen Einheit des Ichs und der Vielheit der Umweltpersonen und -einflüsse ab. Sie kann auch Widerstände und Vorurteile anzeigen, die den Träumer behindern. Nach Gurdjieff ist der unbefreite Mensch immer abhängig von vielen Ichs, die sich durch solche Symbolik zeigen. Andere Auffassungen nehmen an, daß gerade die vielen Ichs in einer Person ein kreatives Potential hervorbringen.
Nach Freud weist Häufigkeit bzw. Häufung eines Symbols oder Sachverhalts im Traum darauf hin, daß der real im Wachleben angesprochene Sachverhalt (also das Symbolisierte) häufig vorkam.

Mumie: Ein langes Leben; man sehnt sich nach Unsterblichkeit und tendiert zur Selbstüberhöhung. Uralter Ballast, etwas schon lange Abgestorbenes, das aber immer noch wirken und faszinieren kann.

Mund: Kontakt durch Kommunikation, Erotik (Küssen) und Beziehung.
Nach Jung und Freud auch weibliches Sexualorgan.

Mundart/Dialekt: ist es die eigene Mundart, dann verweist dieser Traum auf Identität oder seelische Starrheit, ist es eine fremde Mundart, dann wird auf unbekannte eigene Seiten verwiesen. Wichtig ist, was man mit der entsprechenden Mundart verbindet.

Muschel: weibliches Sexualsymbol nicht nur nach Freud.
Geschlossene Muschel: Jungfräulichkeit oder Frigidität.

Museum: symbolisiert meist die Person des Träumers. Was ist dort ausgestellt?

Musik: Gefühl. Wichtig ist, auf das Gefühl beim Hören zu achten. Sind evtl. Liedtexte im Traum angedeutet?
Schon in altägyptischen Dokumenten die Bedeutung von Herzensfreude.

Mutter: Die eigene Natur, das (Ur-)Weibliche, Lebensspendende, Ernährende, Verschlingende, Schützende, Frucht- und Furchtbare.
Auf der Objektstufe (auf der die Mutter im Traum der Mutter im Leben entspricht) deutet sie auf das schlechte Gewissen, wie man sich seiner Mutter gegenüber verhält.
Auf der Subjektstufe (auf der die Mutter im Traum auf die Mutterstruktur im eigenen Inneren der/s Träumenden verweist) deutet sie auf die Sehnsucht nach einer see-

Mutter

lisch-menschlichen Stütze, die man
meist in der Partnerschaft nicht findet.

Die Mutter ist im Traum wie im
Märchen oft die Helferin, deren
Kraft im guten wie im schlechten
Sinne noch über ihren Tod hinaus
wirkt (vgl. »Aschenputtel«). Sie ist
die →Hexe, die →weise Alte, die
den richtigen Rat gibt, die →Erde,
die Erdgöttin.

Dieses Traumbild der Mutter
spricht auch häufig die Aufgabe
der Selbsterziehung an. Man sollte
sich selbst eine gute Mutter sein
und damit die eigene Natur fruchtbar machen.

Archetypisches Symbol nach Jung:
»das Geheime, Verborgene, das
Finstere, der Abgrund, die belebte
Unterwelt, das Verführende und
das Vergiftende, das Unentrinnba-
re«.

Nabel: Zentrierung oder Egozentrik. Die Mitte der Person oder des Körpers. Bei Männern oft Mutterbindung.

Nachbar: Meist Eigenschaften des Träumers, die ihm relativ bewußt sind. Es sind die relativ nahe dem Bewußtsein liegenden Teile des Ichs bezeichnet (das Freudsche Vorbewußte). Oder es sind hier Verantwortung und Mitgefühl den anderen gegenüber angesprochen.

Nacht: Das Unbewußte und Unbekannte – eben die Anderswelt –, oft auch das Beängstigende. Feierabend. →Finsternis, →Abend, →Mond.

Nachtigall: Sehnsucht nach Glück in der Liebe und Harmonie.

Nackt: Häufiges Symbol in Träumen für die Angst vor der Wahrheit. Natürlichkeit, Ehrlichkeit und Offenheit, aber auch Armut und Unverschämtheit.

Nadel: Seelischer und körperlicher Schmerz. Bisweilen ein Bild für das Bewußtsein, das die Erkenntnis auf die Spitze treiben kann. Auch das Zusammennähen von einzelnen Teilen kann der Bewußtseinsarbeit entsprechend angesehen werden. Kann nicht nur nach der Psychoanalyse auch Phallussymbol sein. →Stachel, →Stich.

Nagel: ähnlich wie →Nadel, oder: den Nagel auf den Kopf treffen.

Nagelfeile: es soll etwas geglättet werden. Eitelkeit. Männliches Genital nach Freud.

Nagetiere: Verweist meist auf nagende Sorgen, in selteneren Fällen auf Häuslichkeit und Fruchtbarkeit (wie alle Kleintiere).

Nahrung: Körperliche, seelische Kräfte und Energien.

Narbe: Schicksalsschläge und Verletzungen, die nicht mehr aktuell sind, die man jetzt überwinden kann.

Narkose: Beruhigung, Unbewußtheit. Aber auch nicht selten Lebensangst, Abwehr gegen das Lebendige und Geistvolle.

Narr: Symbol der Weisheit. Er gilt seit dem Mittelalter als die Personifizierung der Sünde, er wird sogar im Barock bisweilen dem Teufel gleichgesetzt (vgl. Sebastian Brants einflußreiches Buch »Das Narrenschiff«, in dessen zweiter Edition von 1495 die Idee zu finden ist, daß der Teufel die Fastnacht und die Narren erdacht habe). Der Narr gilt als Symbol der Fleischlichkeit, als liebestoller und geiler Mensch, zu dessen Persönlichkeitsbild die willenlose Ergebenheit an den Sexualtrieb gehört.

Der Narr, besonders als der Hofnarr, gilt als Gegensatz und Ergänzung des Königs. Im Tarot entspricht er der Null, was auf die Spannung von Nichtigkeit und Vollendung verweist.

In der Fastnachtstradition nach 1789 wurde der Narr als Uranus-Symbol gesehen. Die Weisheit des Narren ist die Weisheit der Stunde Null, des (geistigen) Neulands, der Sinn des Unsinns usw. Im Traum drückt er nicht selten eine besondere Treue zu sich selbst aus.
Komplementär: man möchte mehr über sich selbst und andere lachen.
→Karneval

Nase: Penissymbol, deswegen ist die lange Nase bei den →Narren so beliebt. Rang und Ruhm, Intuition und Instinkt (einen guten Riecher haben). Symbol der Neugier: seine Nase in etwas hineinstecken.

Nasenbluten: Verlust der Potenz und Symbol verletzter Geschlechtlichkeit. Bei Frauen ist oft ein Partnerverlust symbolisiert, oder es handelt sich um einen Menstruationstraum.
Volkstümlich: Vorsicht.

Navigation: Hier ist meist die Art des Lebensweges des Träumers angezeigt. Auch ein Symbol für die Orientierungsleistung seines Geistes.

Nebel: Fehlende Orientierung und Zielgerichtetheit. Hier muß etwas genauer geklärt und bewußter gemacht werden. Unsicherheit und Täuschung. Es wird etwas nicht verstanden oder verwirrt einen. (Neptun-Symbol). Aus dem Nebel entsteht auch das Kreative, er erschafft neue Formen.

»Neger«/Schwarzer: Hier wird immer die erdhafte Lebenskraft auf einer Urebene angesprochen (vgl. dazu genauer: Vollmar, Klausbernd: Schwarz-Weiß. Bedeutung und Symbolik der beiden gegensätzlichen Farben. Goldmann, München 1992), dazu oft noch das Dunkle als der Schatten oder das Chaos (als das der Schatten von dem Träumer erlebt wird). In diesem Traumsymbol geht es also um ungeheuerliche Kräfte und oft auch um Kampf und Befreiung. Mit den Schwarzen wird sowohl der Sklave als auch der ambivalen-

Neid   196

te Spruch »black is beautiful« verbunden, der sowohl von den konservativen Parteien der Welt benutzt wird, als auch ursprünglich im Zusammenhang mit der Befreiungsbewegung der Schwarzen stand. Wie allbekannt bildet der/die Schwarze eine unselige Projektionsfläche für sexuelle Potenzwünsche und -ängste.

Neid: Innere Spannung und Schamgefühle.

Nelke: Man drückt die Wünsche aus, die man nur durch die Blume zu sagen wagt. Volkstümlich: käufliche Mädchen.

Nesseln: Man setzt sich in sie. Der billige Stoff.

Nest: Mutterschaft, Schutz, Sehnsucht nach Geborgenheit, Familie und Heim. Letztendlich eine Projektionsfläche für alle positiven Lebensgefühle.

Netz: Man will jemanden fangen oder etwas erfassen. Verlust der Unabhängigkeit, Verführung, evtl. auch das Bedrohliche der Sexualität. Aber auch systematische Vernetzung von Gefühlen und Bedürfnissen, Gedanken und Einsichten. Verweist deutlich auf Netzwerk und Vernetzung und so auf eine sinnvolle Verbindung mit anderen.

Neubau: Neuorientierung der Person ist angesagt.

Neujahr: Neuanfang und Frohsinn. Volkstümlich: Achtung Rivale!

Neun: Mit der Zahl Neun ist eine Vollendungsstufe erreicht, das drückt das Neuneck (das Enneagramm als Welterklärungssystem nach Gurdjieff) aus. In allen indogermanischen Sprachen hängt das Zahlwort »Neun« mit dem Adjektiv »neu« zusammen. Die Neun ist der Ernerung verbunden.

Nilpferd: Noch plumpe Trieb- und Seelenkräfte, die der Differenzierung und Gestaltung bedürfen. Begegnung mit den massigen und verschlingenden Kräften des Unbewußten und besonders des Trieb- und Gefühlslebens (das Nilpferd als →Wasser-Tier!).

Nische: Heimlichkeiten oder Chancen.

Nixe/Seejungfrau/Melusine: erste Beschreibung der Nixe bei Paracelsus in seinem »Liber de nymphis, sylvis, pygmaeis et salamandris« (Buch der Nymphen, Sylphen, Zwerggestalten und Salamander) von 1589. Nach Grimm »Deutscher Mythologie« ein zauberisches Wasserwesen, das mit Waldfrauen, Elfen, Wasser- und Brunnenholden, Frau Holle, Meer-

weibchen und Seejungfrauen viel gemein hat. Ein Wesen, das der Erlösung bedarf. Gleich der Sirene zieht die Nixe den Jüngling in die Tiefe, im Märchen geraten Kinder, die in den →Brunnen →fallen, in die Gewalt der Nixen. Sie machen die Menschen durch ihren Gesang willenlos, so daß sie ihnen verfallen. Die Nixen werden zu den Lichtgeistern gezählt. Es gibt auch männliche Nixen (jedoch äußerst selten im Traum), sie sind meist grausam, häßlich, alt und Kobolden vergleichbar.
Überdeutlich erkennt der Träumer in der Nixe sein Begehren und die Ängste gegenüber der Weiblichkeit.
Weiblicher Identifikationswunsch wie Sehnsüchte und Ängste des Mannes zeigen sich an diesem Bild (vgl. Märchen von der kleinen Seejungfrau von H.C. Andersen). Die Nixe verlockt, ihr in ein Reich zu folgen, unter dessen »spiegelnder Oberfläche unauslotbare Tiefen verborgen liegen«, so C.G. Jung, der im Reich der Wasserfrauen das kollektive Unbewußte symbolisiert sieht. Die Nixe ist das Symbol des Lebens und des inneren Reifens, sie ist eine Grenzgängerin. Man träumt von ihr, wenn der Jüngling zum Mann und das Mädchen zur Frau wird. Die Nixe hat keine Seele und trachtet deswegen nach der Seele des Menschen.
Nach Jung ist die Nixe die instinktive Stufe, die Vorstufe eines zauberischen weiblichen Wesens, der ANIMA.

Nonne: →Jungfrau. Keuschheit und Enttäuschung. Sehnsucht nach einem spirituellen Leben. Schattenproblematik und verdrängte Wünsche werden angesprochen.

Norden: »Oben« auf der Karte im Sinne des Geistigen: Das Kühle, Klare und die Distanz.

Noten (Musik): →Musik. Sinnenhaft, Sehnsucht nach Harmonie und Gleichklang (bes. in Beziehungen). →Konzert.

Notiz: Sie sollten etwas genau wahrnehmen und auch behalten.

Null: Sexuelles Bild, Nichtigkeit, Belanglosigkeit, selten auch Tod, Stille und Vollendung. Siehe auch →Kreis und →Mandala, die wie die Null nach C.G. Jung das Selbst als Angelpunkt des Menschen symbolisieren. →Narr.

Nuß: Ganzheitssymbol. Symbolisiert auch den →Kopf und bes. das Gehirn und somit das Denken. Verweist auf Härte. Altägyptische Traumdeutung: ein Geschenk ist zu erwarten.

Nußbaum: Stärke, Fruchtbarkeit, Reichtum und Fülle.

Nußschale: Enge, Schutz und Sicherheit.
Volkstümlich: beruflicher Aufstieg.

Nymphe: →Nixe, →Jungfrau.

Oase: erotisches Symbol. Erholung nach den Mühen des Alltags, Fernweh oder Reiseerinnerung. Nach Jung besitzt die Oase Grundwasser, was als Kontakt mit dem Unbewußten gesehen wird, es kommt die Erlösung. Volkstümlich: Ausweg in Schwierigkeit.

Obelisk: Penis- und Machtsymbol. Volkstümlich: Umzug.

Obergeschoß: →Dachboden, →Haus. Bewußtsein und Überblick. Häufiges Symbol, wenn man einseitig zu sehr oder zu wenig intellektuell lebt.
Nach Jung wird hier der geistige Bereich und das Bewußtsein angesprochen.

Obst: Zunächst ganz allgemein die Früchte des (Seelen-)Lebens. Erotisch-sexuelle Bedürfnisse. Die reife Frucht weist auf sexuelle Ausgeglichenheit und Lebensfreude, die faule Frucht auf Minderwertigkeitsgefühle. Man sollte sich gesunder ernähren, der Körper braucht Obst und Vitamine.

Ochse: Kraft, Starrsinn und Schwerfälligkeit. Die Suche nach Erlösung und Erleichterung, wenn man wie »ein Ochs' vorm Berg steht«.

Öffentliche Verkehrsmittel: Begrenzte, aber kollektive Bewegungsmöglichkeit. (Ökologisch) sinnvolle Art der Bewegung. →Bus, →Eisenbahn.

Öl: Reichtum. Brennstoff und Energielieferant wie →Kohle. Das Traumbild Öl ist heutzutage sehr mit den Assoziationen zur Umweltverschmutzung verbunden: Ich erinnere nur an die sogenannte Ölpest. Neben der Bedeutung, daß hier etwas verschmutzt und zerstört wird, ist zugleich das Öl auch mit einer heilenden Bedeutung verbunden: die letzte Ölung, mit welcher die oder der Sterbende gesalbt, gestärkt und gereinigt wird. So steht dieses Traumbild zwischen den Bedeutungen Verschmutzung – Reinigung. In diesem Zusammenhang gehört auch der Ölwechsel beim Auto, wobei das saubere Öl die Bewegung erleichtern soll, genauso wie man vom Ölen der Stimme spricht, wo das Öl die Stimmbänder schmieren soll. Muß Öl aufs →Wasser gegossen werden, um die Wellen des Gefühls zu glätten?

Ofen: Gefühlswärme, kalter Ofen entsprechend Gefühlskälte. Deutet oft die Beziehungssituation an. Symbolisiert nach Freud den Frauenleib.

Offizier: Bei Männern und Frauen ein Symbol der Autorität und Männlichkeit.

Ohr: Man sollte besser zuhören, gehorsamer bzw. verständnisvoller sein, auf Töne, Laute und Klänge, aber auch Stimmungen und indirekte Bedeutungen achten. Weibliches (Sexual-)Symbol, das häufig ein Bedürfnis nach seelischer Offenheit oder auch Abgrenzung ausdrückt. Durchbohrung des Ohrläppchens bedeutet Defloration nach den meisten tiefenpsychologischen Schulen. Im Orient ist das Ohr ein Symbol der (Ehe-)Frau.

Ohrfeige: Nachlässigkeit, Strafe. Verständnislosigkeit.

Ohrring: →Schmuck. Sind Sie zu sehr von Ihrem Äußeren abhängig oder sollten Sie besser hinhören wie bei →Ohr? Volkstümlich: Streitigkeit.

Oliven: Erotische Abenteuer, Sexualsymbol oder Reiseerinnerung. Volkstümlich: Frieden, Wohlstand und Glück.

Omnibus: →Bus.

Onkel: »Die anderen Leute« und deren Autorität.

Opal: das Leben schillert in vielen Farben! Volkstümlich: äußerst günstiges Omen.

Oper: Warnt vor Eitelkeit, Pathos und zuviel Selbstdarstellung. Gefahr der Überdramatisierung, aber auch Freude und Lebenslust werden hier ausgedrückt.

Operation: Psychische Störungen oder deren Beseitigung. Wichtig ist die Art der Operation. Sie zeigt, was gestört oder wiederhergestellt worden ist.

Opfer: Gefühle, Eigenschaften oder Verhaltensweisen sind aufzugeben. Geben Sie ein Opfer, dann stellt sich die Frage, wie leicht Sie loslassen können, zu welchem Mitgefühl Sie fähig sind. Sind Sie selbst ein Opfer, dann sollten Sie den Täter genau studieren und sich fragen, wie Sie in diese Opferrolle kamen und welche Angst- oder Lustgefühle damit verbunden sind.

Optiker: Eine klare Sicht und Objektivität sind angesagt. Die persönlichen Sehgewohnheiten werden bearbeitet. →Brille, →Augen.

Orange: sexuelle Bedeutung, bes. zwei Orangen (wie auch zwei Äpfel) symbolisieren die weiblichen Brüste. →Obst, →Sonne.

Orangensaft: verweist meist auf Durst im Traum. Sonst wie →Orange.

Orchester: Bezieht sich meist auf die Sehnsucht nach Harmonie in der Beziehung oder der Arbeitsgruppe, in der man sich den Gleichklang erwünscht. Man möchte viele Stimmen in sich vereinen oder erlebt viele Stimmen, mit der Gefahr, sich selbst abhanden zu kommen. →Konzert, →Mosaik, →Multiplizität.

Orden: Ehrgeiz und Äußerlichkeit. Man möchte gelobt und anerkannt und ausgezeichnet werden. Ähnlich wie Abzeichen Symbol der Zugehörigkeit zu einer bestimmten Gruppe (fast immer von Männern).

Orgel: Läuterung, Sammlung, Andacht und Gefühlstiefe. Bei Drehorgel und Hammondorgel: →Musik.

Orgie: Weist auf ein langweiliges oder ein diffuses Sexualleben hin.

Mit dieser Erkenntnis fängt jedoch erst die Gestaltung der eigenen Erotik und Sexualität an.

Orient: Sehnsucht nach Schönheit, nach den eigenen Schätzen. Symbol des Faszinierenden, doch auch des Unverständlichen. Geheimnis und Erotik (1001 Nacht).

Orkan: →Hurrikan. Wilde Zeiten, die wieder aufhören werden.

Oroboros (Ouroboros): →Phönix. Der Schwanzfresser, die Schlange, die sich selbst in den Schwanz beißt. Ein Symbol des Urzustands, in dem es weder Anfang noch Ende gibt. Das vollkommen Runde (der →Kreis (sphairos) des Empedokles oder auch Platons Vorstellung vom vollkommen runden Urwesen im »Symposion« (das Gastmahl)). Zustand vor der Bewußtwerdung nach Jung (Vgl. dazu genauer: Samuels/Shorter/Plaut: Wörterbuch Jungscher Psychologie. Kösel, München 1989, S. 232 ff.) Ein von den Alchemisten und Jung sehr eingehend betrachtetes (Traum-)Symbol der Vollendung und letztendlich der Gestaltungskräfte des Höheren Selbst (→Kreis, →Null). Der Oroboros heiratet sich selbst, tötet sich dann, um darauf wieder selbst neu zu entstehen. Der Schwanzfresser ist auch ein sexuelles Symbol, denn er befruchtet sich selbst; er ist der →Drache,

der sich selbst mit dem phallischen Schwanz schwängert.
Vgl. den berühmten Traum des Chemikers A. Kekule von Stradonitz (1829–1896) vom Oroboros, der ihm den Schlüssel zum Verständnis der Benzolchemie (Benzolring) gab.

Osten: Von dort kommen das Bewußtsein und die Erleuchtung. Vgl. die biblische Geschichte von den drei Weisen aus dem Morgenland. Dort geht die →Sonne auf. Der Traum vom Osten hängt fast immer mit einer Sehnsucht nach höherem Bewußtsein, größerer Klarheit und genauerem Selbstverständnis zusammen.

Ostern: Auferstehung, Freude und Ferien. Siehe auch →Frühling. Der Osterspaziergang im FAUST I schildert sehr schön, wie die Menschen sich wieder zeigen, nach außen gehen. Ostern hängt mit der Freude über die Auferstehung zusammen (und ist so auf tiefer Ebene den Vegetationsmythen verbunden). Dieses Bild zeigt Ihnen, daß Sie sich nach den dunklen Zeiten wieder freuen können, daß Sie nach außen gehen und sich wieder zeigen möchten.
Volkstümlich: gutes Omen.

Oval: Man ist auf dem Weg zum →Kreis und zur Vollendung. →Ellipse.

Ozean: →Meer.

Päckchen: Mühe, Sorgen und Last, die man zu tragen hat, aber auch →Geschenk. Auspacken eines Päckchens hängt oft mit Selbsterkenntnis zusammen.

Pagode: Fernweh, Reiseerlebnis. Der eigene Körper oder die Seele wird als Tempel gesehen. Volkstümlich: eine Reise fällt aus.

Paket: →Päckchen, →Gefäß. Deutet oft auf verdrängte oder unbekannte Gefühle, Hindernisse, Belastungen und Komplikationen, die man mit sich schleppt. →Geschenk.

Palast: →Schloß. Das eigene Selbst, wie auch der eigene Körper, Größenwahn und Freiheit.

Palme: Güte, Friedens- und Penissymbol. Überschäumende Lebenskraft, jedoch auch Unzufriedenheit mit dem eigenem Sexualleben beim Mann.

Panne: Hindernistraum. Schadenfreude. →Pech, →Peinlichkeiten.

Pantoffeln: Häuslichkeit in ihren sich wandelnden Bedeutungen. Trägheit und Unsicherheit (»Pantoffelheld«). Nach Freud weibliches Genital (→Schuh). Volkstümlich: eine kleine Freundlichkeit wird fürstlich belohnt.

Panzer: (sowohl Kriegsgerät wie auch der Schalenpanzer bei der Schildkröte und dem Krebs z. B.): Kriegsangst oder wollen Sie sich ohne Rücksicht auf Verluste durchsetzen? Fühlen Sie sich überrollt? Symbol der Härte und des Schutzes der seelischen Eigenart.

Papagei: Streng vertrauliche Geheimnisse werden von engen Freunden ausgeplaudert. Eine exzentrische Person, vielschillernd. Unselbständigkeit und Unreife oder eine Ermunterung zu mehr Unkonventionalität. Exotik und Farbigkeit (»schrill« und »schräg«) Volkstümlich: es gibt unvorteilhafte Gerüchte über einen.

Papier: →Buch. Das Bewußte muß etwas längst Fälliges aufarbeiten.

Ein weißes unbeschriebenes Blatt symbolisiert die Unschuld und das »leere Bewußtsein« (sowohl im positiven Sinn als kreative Leere als auch im negativen Sinn als geringes Bewußtsein), auch ein Symbol des Geistes. Das beschriebene Papier hat die gleiche Bedeutung wie ein Buch, wobei der Text zu beachten ist. Nach Freud Symbol für die Weiblichkeit.

Papst: → Bischof.

Parade: Suchen Sie Anerkennung und Ruhm? Die eigenen (seelischen) Kräfte werden betrachtet, man schaut sich sein eigenes Potential an. Parademarsch: die Dynamik seiner eigenen inneren Kräfte, zuviel oder zuwenig innere Koordinierung. Jemanden in die Parade fahren: Aggressionsausdruck.

Paradies: Möglicherweise Flucht vor Schwierigkeiten oder ein »großer Traum«, der wesentliche Lebensziele und -wünsche deutlich macht. Gelassenheit, Sehnsucht nach Ruhe und (Seelen-)Frieden. Die Freuden des Lebens und das unbeschwerte Erlebnis der eigenen Fruchtbarkeit. Ein Bewußtsein, das mit »Gott und der Welt« im Klaren und das bei sich selbst angekommen ist. Aufhebung des Verdrängten. – Paradiesvogel, → Papagei, → Hölle.

Parfüm: Man will gut dastehen, eine positive Ausstrahlung besitzen, geliebt und anerkannt werden. Die eigene Anziehungskraft, die »feineren Schwingungen« und die subtile Ausstrahlung. Wie der Duft des Parfüms schnell verfliegt, so ist der/die TräumerIn auch oft für andere wie für sich selbst schwer zu fassen. Auf der anderen Seite setzen Sie eine deutliche Marke (Duftmarke) Ihrer Anwesenheit, und der Duft des Parfüms drückt Sinnlichkeit und Phantasie aus.

Park: Als gebändigte Natur weist der Park auf verdrängte Wildheit hin. Gleichzeitig aber auch Symbol der Kultur, der Schönheit und des Gepflegten. Die Verbindung von Natur und Geist bildet sich im Park ab.

Parken: → Auto → fahren. Zur Ruhe kommen, Erstarren, Stehen bleiben. Sie finden Ihr Ziel und ein Zweck wird erreicht.

Parlament: Zeigt soziale Fähigkeiten und Aufstiegswunsch an. Verweist darauf, daß man sich mit anderen Menschen oder mit anderen Stimmen in seinem Inneren auseinandersetzen sollte. Als Symbol der Regierung deutet es auf die Koordination der eigenen Funktionen hin. Wie verbinden Sie Ihr emotionales, intellektuelles und Bewegungszentrum? Wie herrschen Sie (über andere und über sich)?

Partner: symbolisiert eigene, oft unbekannte Persönlichkeitsanteile oder bezieht sich auf den Partner in Ihrer Beziehung.

Parzen/Nornen: dunkle Schicksalsmächte.

Paß: die Person des Träumers selbst. Reiselust, oft auch als Abschiednehmen von alten Gewohnheiten, kann auch Flucht sein. Minderwertigkeitsgefühl, daß man Identität legitimieren muß.

Pastete: Genuß.
Volkstümlich: häusliche Freuden.

Paßwort/Legitimation: → Paß.

Pauke: Überheblichkeit, übertriebene Selbstdarstellung (auf die Pauke hauen), Kontaktfreudigkeit.

Pech: Man bleibt an etwas hängen, kann sich nicht trennen. Verweist auf Unglück. Auf der anderen Seite können Sie sich gut binden und auf jemanden einlassen. Und bedenken Sie immer, was zu Beginn als Pech erscheint, erweist sich häufig später als Glück. → Finsternis, → Schwarz, → Rabe.
Volkstümlich: wegen schwarzer Farbe sehr ungünstiges Omen.

Peinlichkeiten: Einerseits geben Sie sich hier eine Blöße und sind nicht derart perfekt, wie Sie es sich gerne wünschen, andererseits durchbre-

chen Sie hier (einschränkende) Konventionen. Dieses Traumbild mag auch auf eine Beendigung lange gepflegter Verhaltensweisen und/oder Ansichten deuten. → Pfütze.

Peitsche: Unterwerfung, Verfügungsgewalt und Aggression. Masochistische Züge, die nicht ausgelebt werden. Oder man tut sich Gewalt an und der Traum macht darauf aufmerksam, daß man das Eigene, d. h. sich selbst finden sollte.

Pelz: symbolisiert die Eigenschaft des Tieres, von dem er stammt. Nach Freud Schamhaare, nach Jung das Tier in uns.

Pendel: das Auf und Ab des Lebens. Der Fixpunkt im »Oben«, d. h. im → Himmel, und somit bildet der Pendel ein Symbol des Glaubens und der ewigen Gesetze. Volkstümlich: eine große Reise.

Penis: Symbol der männlichen Macht (»pater potestas«). → Geschlechtsorgane.

Pension: Ruhe und Ausspannen. Volkstümlich: eine Entscheidung.

Periode: → Rhythmus, → Eile, → Absatz; → Menstruation, → Nasenbluten.

Perle: Seelensymbol, das die Reife und Vollständigkeit der seelischen

Erfahrung abbildet. Weibliches Sexualsymbol (Kitzler), allgemein für
Frau, Geliebte, etwas Kostbares
und Vollkommenheit. Als »Perle«
wird auch die Dienstbotin und die
»gute Seele« bezeichnet.
Reißt die Perlenkette: Kummer
und Sorgen wegen eines Verlustes.
Volkstümlich: glückliche Ehe.

Person: Jede Person im Traum
kann die sein, als die sie auch gesehen wird. Besonders wenn wichtige Personen wie Vater, Mutter, Ge-
liebte(r) und Kinder genau im
Traum gesehen werden, so sind sie
meist auch gemeint. Ferner kann
jede Person im Traum auch auf eigene Anteile der Träumerin oder
des Träumers verweisen oder gar
etwas Unpersönliches symbolisieren. In selteneren Fällen kann eine
geträumte Person auch auf eine andere (ihr ähnelnde) Person verweisen.
Jede Person, die Ihnen in Ihren
Träumen begegnet, birgt meist
auch einen Hinweis auf Ihre eigene
Persönlichkeitsbildung und Lebensaufgabe. Wörtlich heißt Person »durchtönend«: Die Person ist
also auch ein Symbol der Essenz,
die einen durchdringt und in der
man schwingt.

Perücke: →Haar, →Maske,
→Kopf. Persönlichkeitsverände-
rung, man will seine Glatze (Blöße)
verstecken und verdecken.

Petersilie: stärkt das Herz, Erfolg
(wegen grüner Farbe).

Pfad: Ein persönlicher Weg zeich-
net sich ab. Man faßt Tritt auf dem
eigenen Lebensweg. Oder auch
Schwierigkeiten auf dem Lebensweg.

Pfahl: →Pfosten. Wenn der Pfahl
in den Boden geschlagen wird,
dann handelt es sich um ein Koitus-
symbol, meist fließt dann eine
Quelle. Wotan, Baldur und Karl d.
Große ließen so eine Quelle fließen.

Pfanne: Häuslichkeit wie auch alle
Symbole, die mit Essen und Mahl-
zeiten zu tun haben.
Nach Freud ist sie, wie alles, was
man auf den Herd setzen kann, ein
Sexualsymbol.

Pfarrer/Pastor: →Priester. →Va-
terfigur und Seelenführer. Deutet
auf (ein Zuviel oder ein Zuwenig
an) Selbstbewußtheit und Selbstsi-
cherheit. Verweist auf einen guten
Rückhalt, auf eine perfekte ideolo-
gische Absicherung seines Lebens
und auf eine anerkannte äußere
Selbstdarstellung. In Glaubensfra-
gen, aber auch allgemein in der gesellschaftlichen Orientierung, sollte man sich mehr äußern und öffnen.

Pfau: Eitelkeit, Symbol des Narzißmus und des Hochmuts. Zu-

gleich aber die Schönheit der Seele und die Mannigfaltigkeit der eigenen Persönlichkeit. Alchemistisches Symbol, das auf Änderungen im Leben verweist. Archetypisches Wiedergeburtssymbol (auch →Phönix).

Pfeffer: bezieht sich auf »scharfe Sachen«.

Pfeife: Zeigt wie Zigarette oft Schwierigkeiten und Unsicherheit an oder Symbol der Entspannung, der Erholung und des Genusses. Astrologisch gesehen ein Neptun-Thema.

Pfeifen: seltenes Traumsymbol. Man möchte auf sich aufmerksam machen. Wie →Schrei ein urtümlicher Ausbruch von Seelenkräften.

Pfeil: Zielgerichtetheit, Konzentration aufs Ziel. Bei diesem Traumbild geht es oft um Brenn- oder Bezugspunkte, und es zeigt häufig an, wo man sich hinentwickeln möchte oder sollte. Ferner ist der Pfeil ein männliches Sexual- und Aggressionssymbol.

Pfeiler: Stütze und Unterstützung. Penissymbol nach Freud.

Pferd: Lebenskraft, Energie, Motorik und Ehre. Kann Schnelligkeit, Kraft, Potenz und Triebkraft bedeuten. Beweglichkeit und Dynamik.

Nach Artemidor: Liebesglück, nach Phaldor die Frau, die man körperlich besitzen möchte. In spätmittelalterlichen Traumbüchern bedeutet das Anspannen der Pferde, daß man viele Liebschaften hat.
Bei Freud Lebens- und Todestrieb (Eros und Thanatos)
In volkstümlicher Traumdeutung sind Pferde mitunter Todesboten (Einfluß des Christentums, das die keltische Religion mit ihrer Pferdegöttin Epona diskriminierte. Vgl. dazu genauer: VOLLMAR, Klausbernd: Schwarz-Weiß. Bedeutung und Symbolik der beiden gegensätzlichsten Farben. Goldmann, München 1992)

Pfirsich: Erotisches Symbol, romantische Beziehung.
Nach Freud Symbol der weiblichen Brust.
Nach volkstümlicher Traumdeutung seit dem Mittelalter bedeutet der Pfirsich die Wiedervereinigung mit der Geliebten.

Pflanzen: →Baum, →Blume. Die Pflanze ist oft ein Bild für einen Teil des eigenen Selbst. Symbol des Wachstums, der Natürlichkeit, aber auch das Langsame und das Sachgemäße. Dieses Traumbild verweist häufig auf das Bedürfnis etwas zu pflanzen und somit auf die eigenen Talente und Fähigkeiten.

Pflaume: →Zwetschge. Weibliches Geschlechtsorgan. Im Orient Glückssymbol, erotisches Symbol, das auf häusliches Glück verweist.

Pflug: Umwälzung und Auflockerung des Lebensstils.

Pflügen bedeutet Geschlechtsverkehr nach Freud und den meisten Traumdeutern (siehe auch →Furche). Das Pflügen gehört wie das →Säen zu den spätmittelalterlichen sexuellen Schaubräuchen der →Narren.

Pfütze: Schmutziges →Wasser und Gefühl. Besitzt oft ähnliche Bedeutungen wie das sprichwörtliche »Fettnäpfchen«. →Peinlichkeiten, →Ausrutschen.

Phönix: →Pfau, →Adler. Nach dem Physiologus gibt es in Indien den Phönix, der schöner als der Pfau ist, der nach 500 Jahren bei Neumond nach Heliopolis fliegt, sich dem Priester dort zeigt und sich dann auf dem Altar verbrennt. Es bleibt ein Wurm zurück, dem wieder Flügel wachsen und aus dem der Phönix wieder neu entsteht. Symbol der Auferstehung, Wiedergeburt und Verwandlung.

Photographie: →Foto.

Picknick: →Essen. Verweist fast immer auf Natürlichkeit und Intimität.

Pilger: Selbstverwirklichung und (spirituelle) Suche, nach C.G. Jung der Archetyp des alten Weisen, der im Traum auf wichtige Abschnitte der Individuation (Selbstvervollkommnung) verweist.

Pille: Bittere Wahrheit, Krankheit, aber auch Sucht und Suche. Angst vor Schwangerschaft.

Pilz: Aus den eigenen Tiefen wächst etwas heran, das giftig oder nährend sein kann. Rauschhafte, ekstatische religiöse oder sexuelle Erlebnisse. Ferner wie →Zwerge und Gnome ein Symbol der verborgenen Kräfte der Erde und der Wichtigkeit des Winzigen. Penis nach Freud.

Pinsel: Einfältiger Mensch. Oder: verweist auf Kunst und Harmonie. Sexualsymbol in der Psychoanalyse.
Volkstümlich: Wünsche gehen in Erfüllung.

Pirat: Freibeuter. Sehnsucht nach Freiheit und Unabhängigkeit, Ausleben der Männlichkeit bei Mann und Frau. Gegensatz und Ergänzung zu →Admiral.

Pistole: Männliches Sexual- und Aggressionssymbol, das immer mit Macht und Durchsetzungsvermögen zu tun hat. Die Gefahren und Chancen der Selbstbehauptung werden in diesem Traumbild betont. Auf den Punkt kommen, sein Ziel treffen (oder auch nicht treffen), etwas beenden oder etwas Neues beginnen.

Planet: schauen Sie die Bedeutung des geträumten Planeten im Astrologiebuch oder besser noch in den entsprechenden griechischen Mythen nach. Sinnbild des eigenen →Sterns.

Platz: Oft die eigene Mitte, bes. bei runden oder quadratischen Plätzen, Öffentlichkeit, es wird einem etwas bewußt.

Pokal: Sie wollen anerkannt werden und suchen nach Bestätigung. →Kelch, →Gral.

Polizist: Vaterfigur, Autorität und Respektperson, also kurzum ein Symbol des Über-Ich. Man fühlt sich eingeengt, unzufrieden. Evtl. unreife Männlichkeit. Dieses Traumbild macht auf die Gefahr eines unpersönlichen, abstrakten Gewissens aufmerksam und fordert Sie auf, zu überprüfen, ob Sie eine eigene Meinung besitzen oder sich nach Autoritäten zu richten pflegen. Spielen in Ihrem Leben Recht und Ordnung eine große Rolle? Oder möchten Sie gerne Freund und Helfer sein? Sollten Sie vielleicht mehr Ihre eigene Persönlichkeit und Meinung ins Spiel bringen und mehr Verantwortung und/oder Freiheit wagen?

Polster: Ruhebedürfnis. Nach Freud Symbol der Frau.

Porträt: →Bild.

Porzellan: Ehe, Häuslichkeit, Kultur und Lebensstil wie bei →Bügeleisen, →Blumentopf, →Henne, →Kissen, →Schürze, →Backen, →Kochen. Selten Luxus.

Post/Postamt/Postkarte: Übermittlung von wichtigen Informationen (meist aus dem Unbewußten), es wird etwas bewußt, Kommunikation.

Postbote: →Post. Übermittler von Information, Kommunikation.

Preis/Bezahlung: Sie müssen für alles bezahlen – oder bekommt das Wesentliche jeder im Leben geschenkt? Im Traum geht es bei solcher Symbolik immer um einen *Energie-Umsatz.*

Priester: →Pfarrer, →Bischof, →Professor.
Altägyptische Traumdeutung: ein ehrenvoller Posten winkt.

Prinz/Prinzessin: Der Träumer/die Träumerin selbst. Oft die verzauberte (verherrlichte oder verdammte) seelische Würde, neue seelische Selbständigkeit und Ausdrucksfähigkeit (vgl. dazu auch Svende Merian »Der Tod des Märchenprinzen«).

Prisma: zeigt wie →Kristall und Regenbogen an, daß eine Situation viele Facetten besitzt. →Multiplizität. Symbol der Einheit und der Bündelung des Zerstreuten.

Professor/in: Vergeistigung und Aufstieg oder zu einseitig intellektuelles Leben. Eine/r, der oder die etwas öffentlich bekennt, verteidigt und lehrt. →Pfarrer/Pastor.

Prostitution: →Hure. Mann oder Frau verkauft sich selbst. Triebstau wie u. a. bei →Abbruch, →Anfall, →Angriff, →Brand(ung), →Elektrizität, →Entführung, →Entjungferung, →Flamme, →Gewalt, →Gier, →Harem, Hautausschlag und →Hochspannungsleitung. Der Träumer bzw. die Träumerin ist unbefriedigt. Bei Frauen oft Kühnheits- und Selbständigkeitssymbol, jedoch wie schon bei Hure u. a. auch ein Symbol sinnloser und unsinnlicher Sexualität. Dieses Traumsymbol verweist häufig auf sexualfeindliche Situationen im Alltagsleben.

Protest: Selbstbehauptung und Abgrenzung.

Prozeß: Wenn Sie der Angeklagte sind, hören Sie genau hin, was Ihnen vorgeworfen wird. Sind Sie der Kläger, schauen Sie, welches Unrecht Ihnen widerfuhr, als →Richter sollten Sie auch in Ihrem alltäglichen Leben objektiv, sachbezo-

gen und gerecht sein. →Rechtsanwalt/Rechtsanwältin.

Prozession: →Parade, →Pilgerreise.

Prüfung: Schwierigkeiten im Berufsleben. Bestehen einer Prüfung deutet evtl. auf Ehrgeiz; Durchfallen evtl. auf Minderwertigkeitsgefühle. Auch: Symbol der Unterscheidung, der Selbst-Prüfung. Bei Freud und Adler unauslöschliche Erinnerung an die Strafe für Kinderstreiche, heute in der Psychoanalyse eher Lebenskampf.

Publikum: Selbstdarstellung oder fehlende Selbstdarstellung, je nachdem, ob man im Traum Publikum hat oder es selbst ist. Volkstümlich: gesellschaftlicher Aufstieg.

Pudding: Essen Sie ungesund, fühlen Sie sich zu dick? →Eis, →Eingemachtes, →Kuchen, aber auch →Qualle.

Puder: →Maske. Verstellung, Minderwertigkeitsgefühl. Man möchte etwas darstellen, das man nicht ist. Andererseits: Vervollkommnung und »der letzte Schliff«. Volkstümlich: festlicher Anlaß.

Pumpe: Sexualsymbol, Fruchtbarkeit, fließendes Gefühl. Sich etwas borgen.

Puppe 214

Puppe: Gefühllosigkeit, Empfindungslosigkeit, Kindlichkeit und Unselbständigkeit (auf die Puppe projiziert das Kind seine Psyche). Wichtig ist, den Zusammenhang dieses Symbols zu betrachten, es kann zeigen, ob es sich hier um eine Wiederentdeckung kindlicher Gefühle handelt oder ob ein notwendiger Abschied von der Kindlichkeit angedeutet wird.
Wenn man sich im Traum selbst als Puppe sieht, empfindet man sich als seelenlos und nur als schönes Spielobjekt.
Bis spät ins Mittelalter diente die Puppe zur Abwehr böser Geister oder als Träger bestimmter Zauberwirkungen (heute noch im Maskottchen vorhanden).
Homunculus in Goethes FAUST: die Puppe als der künstliche Mensch ohne Seele, allerdings zerschellt das Glas mit Homunculus, er ergießt sich in die Wellen des Meeres, um aus den Wassern des Unbewußten als lebendiger Mensch wieder aufzuerstehen.

Puzzle: → Rätsel, → Mosaik.

Pyramiden: Nach Jung Grabstätten der Könige, die als Götter verehrt werden, sie symbolisieren den Auferstehungsgedanken. Neben Ägypten treten auch Grabpyramiden in China auf, wo der Auferstehungsgedanke durch ihre Wahl des Ortes – nämlich zwischen Berg und Tal – symbolisch zum Ausdruck kommt. Die Pyramide liegt zwischen Himmel und Erde. (Entsprechung: die blauen Berge, → Blau).
Auch Fernweh oder Reiseerlebnis, Geist, Wegweiser möglich.
Die Pyramiden waren auch durch ihre polierte Oberfläche ein ungeheurer Spiegel, ein Lichtquell, auch von Grundriß her ein körperliches Mandala. Man sollte sein eigenes Licht (seine Stärke und Fähigkeit) kennen. Die Pyramide symbolisiert denjenigen, der sein eigenes Feuer und Licht erhöht, d.h. über das Persönliche hinaus entwickelt.
→ Quadrat, → Dreieck.

Quadrat: →Rechteck, →Viereck. Ganzheitssymbol. Man befindet sich auf seinem Individuationsweg und erkennt sich selbst. Erdung und seelische Ausgewogenheit. Der Erdungsaspekt des Quadrates wird bes. bei Platon betont, der das Quadrat als Ursymbol der Erde auffaßt, wegen der in seinen rechten Winkeln ausgedrückten Statik.

Qualle: unangenehme Gefühle oder auch seltener Verweis auf (Zwangs-)Gedanken. Urlaubserinnerung. Volkstümlich: negatives Omen und Schaden.

Quarantäne: Warnt vor Isolation und Krankheit. Im seelischen Bereich wird hier etwas ausgetragen bzw. ausgebrütet.

Quark: →Käse. Etwas Unwichtiges, Unerhebliches. Gesunde Nahrung.

Quecksilber: Geschwindigkeit, Nervosität, Schnelligkeit und Gift. Merkur-Symbol. Volkstümlich: Vergnügen.

Quelle: Fruchtbarkeitssymbol. Symbolisiert im Märchen Reinheit und Jungfräulichkeit (der eigenen seelischen Energien). Hingabefähigkeit. Positive psychische Energien. Ausdruck von Frische (vgl. z. B. Werbebilder für Seife). – Die Märchen und Mythen berichten auch von trüben und vergifteten Quellen (s. »Brüderchen und Schwesterchen«). Man muß in diesem Fall zu den eigenen Ursprüngen zurück – sein »Karma abarbeiten« –, um gewisse Altlasten zu bereinigen. →Wasser, →Bad, →Umweltverschmutzung.

Rabe: → Vogel, → Krähe. Angeblich Unglück oder Unglücksbote (Unglücksrabe). Zugleich jedoch als schwarzer Vogel ein Symbol der Kreativität und Weiblichkeit. → Pech.
In germanischer Mythologie ist der Rabe der Todesvogel, volkstümlich der Seelenvogel, nach Mohammet der Frevler.

Rache: Sollten Sie aggressiver sein und sich mehr durchsetzen?

Rachen: Unersättlichkeit, Ungesättigtheit.

Rad: → Kreis, → Mandala.

Radiergummi: etwas ungeschehen machen, loswerden, Tatsachen verdrängen und vergessen, fehlerhaftes, unsicheres Handeln.

Radio: Kommunikation, Information und Nachricht über (seelische) Neuigkeiten. Innere Zwiesprache. Radio hören: auf die eigene innere Stimme hören.

Rätsel: Suche nach einer Antwort, nach Befreiung.

Räuber: wie → Dieb/Diebstahl, → Pirat/Seeräuber. Was wird hier geraubt? Werden Sie beraubt oder sind Sie der Räuber? Verweist nach Freud auf Angst vor Sexualität.

Rahmen: Eitelkeit, oder fallen Sie einmal aus dem Rahmen.

Rakete: Kühnheit, Flucht aus dem Leben und der Alltagswelt. Sexualsymbol. Gefahr oder Lust, die Erdung zu verlieren.

Rand: stehen Sie abseits oder am Übergang zu etwas Neuem?

Rasen: → Gras, → Wiese. Hoffnung und Wohlergehen.

Rasiermesser/Rasierapparat: analytisches Denken, man will etwas glätten.
Volkstümlich: Warnung vor Streit.

Rathaus: Amt und Würde. Verweist auf die innerpsychische Organisation Ihrer Persönlichkeit.

Ratschlag: Suche nach Orientierung und Unterstützung von außen. Freundschaft und Hilfe.

Ratte: Warnsignal im Traum, nagende Zweifel und Gedanken. Tritt es häufig auf und ist mit Angst verbunden, dann sollte therapeutische Hilfe gesucht werden.

Raubtiere: »Jede Frau träumt irgendwann einmal von Raubtieren«, sagte man früher, jeder Mann genauso. Sexuelle Emotionen, das Tierische, an dem man sich erfreuen kann oder das einen bedrängt.

Rauch: Etwas Dunkles oder auch Helles, das aus dem Unbewußten hochsteigt. Wo Rauch ist, da gibt es auch ein →Feuer: Die Verwandlungskraft durch die eigene Energie. Verfliegt der Rauch: Entspannung. →Dampf.

Rauchen: Häufiges Traumbild, wenn man zu rauchen aufgehört hat, sonst siehe →Pfeife, →Rauch.

Raum: innerer Raum.

Raupe: →Wurm. Raupen fressen nur das noch nicht Fertige, das Unvollendete. Sie sind gierig, fett und ekelhaft. Zum anderen wird aus der Raupe der Schmetterling und die Raupe steht somit am Anfang einer Verwandlungsreihe. Dieses Symbol verweist fast immer auf einen Transformationsprozeß.

Rausch: Warnung vor Illusionen, klares Bewußtsein ist nötig oder verweist auf zu große Starrheit und Lustfeindlichkeit.

Rebell: Stehen Sie zu Ihren eigentlichen Gefühlen. Vgl. auch →Protest und →Pirat.

Reben: Glückssymbol.

Rechnung: Auf die Zahlensymbolik achten! Man möchte oder sollte Lebensbilanz ziehen und muß für seine Taten bezahlen, d.h. Verantwortung übernehmen. →Preis/Bezahlung. Volkstümlich: gutes Zeichen, wenn man die Rechnungen bezahlen kann, schlechtes wenn nicht.

Rechts: →links. Die männliche Seite, Aktivität. Das Logisch-Rationale. Nach Steckel das Rechte (im Gegensatz zu →links: das Unrechte), bei Freud die »normale« (im Gegensatz zur linken oder »verkehrten«, perversen) Sexualität. Evtl. politische Symbolik.

Rechtsanwalt/Rechtanwältin: Bedürfnis nach gerechter oder richtiger Selbst-Behandlung und -bewertung. Die Suche nach dem »Richtigen« im persönlichen Leben. Man macht Forderungen geltend. Symbol gerechter (Selbst-)Behandlung.

Rede: Gefühle und/oder Bedürfnisse finden ihren sprachlichen Ausdruck. Seeleninhalte werden

einem bewußt, sie werden ausgedrückt und den Mitmenschen mitgeteilt. Wichtig ist der Inhalt der
Rede.

Regal: Aufbewahrung, man hängt
zu sehr am Altem.

Regel: Hier geht es um die Spannung zwischen Gewohnheit und
Originalität. Geben Sie sich selbst
die Regeln oder folgen Sie eher von
außen gegebenen Regeln? Folgen
Sie den Regeln oder durchbrechen
Sie diese?

Regen: → Wolke. Sehnsucht nach
tiefer Entspannung. Fruchtbarkeitssymbol, auch Sehnsucht nach
geistiger Befruchtung.

Regenbogen: Ganzheitssymbol.
Das → Feuer der → Sonne und das
→ Wasser des → Regens kommen
hier zusammen, die Gegensätze
werden verbunden. Die Verbindung von Gefühl und Willen. Ein
christliches Symbol für den Bund
zwischen Gott und den Menschen.
Heute ein oft gebrauchtes Symbol
für Kreativität und Phantasie.
Laut TALMUD und KABBALA darf
man den Regenbogen nicht anschauen, weil er zu Gott hinführt.
Im afrikanischen Mythos ist der Regenbogen ein verschlingendes Tier.
Nach Jung ist er eine → Brücke, die
ins Jenseits führt. Er kann auch als
→ Kreis auftreten, er enthält alle
Farben, d. h. alle Qualitäten.

Regenschirm: Man sperrt sich Einsichten und Ideen, kein direkter
Naturkontakt, kein Kontakt mit
dem Wasser des Gefühls. Auch:
Flexibles → Dach über dem Kopf.

Regie/RegisseurIn: Wer führt in
Ihrem Leben die Regie? Fühlen Sie
sich von äußeren Umständen be-
stimmt?
Letztendlich verweist ein solches
Traumbild auf die Stärken und
Schwächen Ihres Ichs, mit deren
Hilfe Sie Ihr Leben planen und füh-
ren. → Regierung.

Regierung: Einesteils die gleiche
Bedeutung wie → Regie, zum ande-
ren wird hier Ihre Einstellung zur
Autorität angesprochen. Möchten
Sie Ihre Umwelt regieren und be-
herrschen oder fühlen Sie sich von
Autoritäten bestimmt? → Herr-
scher/in.

Reh: Symbol für Frau bzw. junges
Mädchen, Zartheit, Sanftmut und
Verletzlichkeit. Nach J. Fiebig traditionelles Symbol des Tierkreiszeichens Krebs.

Reichtum: Ausdruck der Sehnsucht nach einem vollen und lebendigen (Seelen-)Leben. Reichtum
und → Geld hängen im Traum immer mit psychischen Energien zusammen. Evtl. Warnung vor falscher Bescheidenheit oder vor illu-
sorischen Erwartungen. Ihr Dasein
und Ihre persönliche Eigenart sind

ihr größter Reichtum. Ob und wie Sie mit der →Welt umgehen, ihr Eigenes bewahren und einbringen, – das macht den entscheidenden Unterschied aus. →Besitz, →Preis, →Schatz.

Reis: →Getreide.
Volkstümlich: Pläne können wegen falscher Beratung schiefgehen.

Reise: Lebensweg des Träumers. Erneuerungstendenz der Psyche. Man ist unterwegs, d. h. auf der Suche. Wichtig ist die Art der Reise und ihr Verlauf.
Bei Freud wird die Abreise als das häufigste Todessymbol im Traum angesehen.

Reißverschluß: Hängt mit →Nacktheit und →Kleidung zusammen. Oft ist mit diesem Traumbild auch die Verzahnung von →rechts und →links angesprochen.

Reiten: beherrschte (gezügelte) Erotik, Kraft und Bewegung.
Nach Freud Symbol für den Geschlechtsverkehr bes. bei der Frau.

Reklame: Zu viel Eigenlob, Eigenreklame, aber auch Kreativität und Phantasie.

Rennen: Man möchte schnell an sein Ziel gelangen. →Eile. Das bezieht sich sowohl auf äußere als auch auf innere Ziele. Das Rennen hängt ferner mit Durchhalten zusammen (vgl. Marathon-Lauf) und der Kunst, nicht »außer Atem« zu kommen. Dieses Traumbild erscheint häufig in Stress-Situationen. Auf der anderen Seite ist das Rennen ein Symbol der Ekstase. →Verfolgung.

Reptilien: →Schlange und →Krokodil.
Nach Freud männliches Sexualsymbol.

Restaurant: Kontaktfreude und Offenheit, Kommunikation, aber auch Oberflächlichkeit. Sehnsucht nach Abwechslung und Sozialkontakt. Das Essen und die Gemütlichkeit finden im Restaurant in aller Öffentlichkeit statt und verweisen auf ein Sich-Öffnen nach außen hin oder auf eine fehlende Privatsphäre.
Volkstümlich: Ißt man selber, handelt es sich um kleine Vergnügungen, beobachtet man andere, wird man auf schlechte (seelische) Gesundheit verwiesen.

Retorte: →Laboratorium. Hierbei geht es einmal um etwas Unnatürliches und Künstliches, zum anderen ist die Retorte das Gefäß des Geistes bzw. der Ort, an dem Verbindungen hergestellt werden. In der Alchemie entspricht die Retorte dem Uterus (vgl. dazu auch U. Eco: Das Foucaultsche Pendel).

Rettungsboot: Man hat die Möglichkeit, sich in den »ozeanischen Gefühlen« und/oder aus den Stürmen des Lebens zu retten.

Revolution: → Aufruhr, → König, → Regierung.

Revolver: → Pistole.

Rezept: Rezepte im Traum bieten oft Hinweise auf reale Heilungsmöglichkeiten. Ein Küchenrezept deutet oft auf Pläne.

Rhythmus: Ihr eigenes Schwingen ist hier angesprochen. Der Rhythmus im Traum ist Ausdruck Ihrer zeitlichen Organisation. Folgen Sie Ihrem eigenen Rhythmus oder fühlen Sie sich gehetzt?

Richter: Ein Über-Ich-Symbol, das vor zu kühnen Unternehmungen warnt, oder der Wunsch nach Gerechtigkeit. → Gericht.

Riese: Archetypisches Symbol des übermächtigen Vaters, aber auch Urnaturwesen, die meist in der Mehrzahl vorkommen (keine Individualität besitzen). Sie stehen im Gegensatz zu den Göttern, mit denen sie im beständigen Kampf liegen, kennen nur sinnliche Genüsse und sind gierig. → Monster, → Dinosaurier.
Nach Jung in Kinderträumen Sinnbild des Erwachsenseins. So sind die Riesen ein Symbol von Zu-

kunftschancen und Entwicklungsaufgaben, die gegenüber einem noch jungen Bewußtsein kollossal groß erscheinen.

Ring: → Kreis. Symbol der Bindungsbereitschaft und Verbundenheit. Ganzheitssymbol, das auch auf Eitelkeit verweisen kann.

Ringkampf: Man ringt innerlich mit etwas. Wichtig ist, wen oder was der Gegner symbolisiert. Sind Sie tapfer oder feige? D.h. gehen Sie Ihre innerlichen Probleme an oder verdrängen Sie diese lieber?

Rippe: nach Bibel und Mohammed Symbol für die Frau.

Ritter: Abenteuerlust, unreife Männlichkeit und Kampf, aber auch Mündigkeit und Aufrichtigkeit. Man ist im psychologischen Sinne gepanzert, d.h. man zieht sich emotional von der Außenwelt zurück und macht sich unerreichbar (was sowohl sinnvoll als auch problematisch sein kann).

Ritual: Verweist oberflächlich auf eingefahrene Verhaltensweisen, wenn auch Rituale sehr sinnvoll sein können und das Leben mit einem tieferen Sinn beleben. Dieses Traumbild kann sowohl auf etwas Erstarrtes als auch auf etwas sehr Lebendiges und Sinnvolles im alltäglichen Leben hindeuten. → Regel, → Reichtum.

Rivale: Meist ist der Gegner im eigenen Inneren gemeint.

Roboter: →Computer. Es fehlt der lebendige Geist, und es herrscht die Atmosphäre einer erstickenden Routine. Auf der anderen Seite nimmt einem der Roboter auch die anliegenden Arbeiten ab. →Automat.

Rock: →Kleidung.

Rockmusik (-er): Lebendigkeit, Erotik und Bewegung. Geschäft und Star-Kult. Möglicherweise auch »Emanzipation des Unbewußten« und Ausdruck der »wilden Seite« des/r Träumenden. Welche/r Sänger/in? Welcher Song? Welche Botschaft? Welche Empfindungen?

Roggen: →Getreide. Volkstümlich: Glück in der Liebe.

Rohr: Sexualsymbol. Kriecht man selbst durch ein Rohr, handelt es sich um einen Geburtstraum. Bei einem verstopften Rohr sind meistens Probleme des freien Gefühlsaudrucks angesprochen. →Verstopfung.

Rollstuhl: Einerseits Behinderung und Leiden, aber andererseits auch ein Hinweis darauf, daß man nicht mehr vor seinen Problemen wegläuft. Trotz einer (psychischen) Behinderung bewegt man sich fort, und oftmals kann dieses Traumbild als Aufforderung gesehen werden, in einem bestimmten Sinne wieder laufen zu lernen.

Roman: Titel und Inhalt sind wichtig. Volkstümlich: Gefahr in geschäftlichen Angelegenheiten.

Rose: Venussymbol, Liebe und Zuneigung. Der Gegensatz von Blüte und Stacheln ist wichtig. Die Rose spielt in der Symbolik des Westens die gleiche Rolle wie der Lotus im Osten. Wie es den tausendblättrigen Lotus als Symbol der höchsten Bewußtseinsebene gibt, so symbolisiert auch die tausendblättrige rote Rose höchstes Bewußtsein. Die Rose ist im Traum auch häufig ein Symbol des Selbst. Als bekanntes Liebessymbol verweist sie darauf, daß der/die Träumende sich in der Liebe geborgen fühlt oder sich mehr der Liebe öffnen sollte. Die Griechen leiten das altgriechische Wort »rodor« für Rose von dem Wort für »fließend« ab, womit sie wohl auf diesen Duftstrom aufmerksam machen wollten. Aber mit diesem nicht abreißenden Strom verströmt die Rose ihr Leben und verwelkt erschreckend schnell, was schon Plinius in seiner Naturgeschichte äußerst bedauerte. Die prächtig blühende und duftende Rose verwelkt so schnell, daß sie als Symbol des Todes gilt.

Rose

Zugleich verweist sie auf die jenseitige Welt, weswegen Rosengirlanden die Katakomben in Rom schmücken.

Auch im *Orakelwesen* zeigt die Rose den Tod an und man sagt im Volk, daß Bischöfe ein paar Tage vor ihrem Ableben eine weiße Rose auf ihrem Stuhl finden würden. Der Volksglaube von der Tod anzeigenden Rose lebt noch in dem heutigen Brauch in England und Deutschland fort, Kranken keine Rosen mitzubringen. Vergrünt gar eine Rose – d. h. weist sie ein grünes Blütenblatt auf – zeigt das nach englischem Volksglauben den Tod eines Familienangehörigen an.

Nicht nur in England und Deutschland wird die Rose mit dem Tod verbunden: Schon in Rom wurden jährlich die Rosalia als Fest der Rosen und Toten gefeiert, bei dem man die Gräber der Toten mit Rosen umkränzte.

Die Rose zeigt seit altersher an, daß man über das, was in ihrer Gegenwart geschieht, schweigen sollte. Wenn im Altertum eine Rose über den Tisch gehängt wurde, »sub-rosa« gespeist wurde, wie man es damals nannte, gebot dies absolute Verschwiegenheit über die Tischgespräche. Die frühen Christen übernahmen diese Symbolik und bei ihnen zeigte die Rose Verschwiegenheit gegenüber den Heiden an. Die Rose als Symbol der Verschwiegenheit lebte noch bis ins 18. Jahrhundert fort, wo man z. B. über Beichtstühle Holzrosen schnitzte und in dem Stuck der Decken der Gerichtssäle die Rose findet.

Die Rose gilt wie der *Lotus* als die vollendeste Blume und so bemächtigte sich die christliche Kirche dieses Symbols, indem sie auf den Propheten Sirach zurückgriff, bei der sie das Bild der ewigen Weisheit ist. Dadurch wurde die Rose schnell zum Christus-Symbol wie man es in den Weihnachtslied »Es ist ein Ros' entsprungen« noch findet. Maria wird ebenfalls als Rose im Rosenhag dargestellt, sie ist jedoch die Rose ohne Dornen, denn in christlicher Symbolik bezeichnen die Dornen der Rose unsere Sünden, von denen Maria frei ist.

Die Rose hat etwas Mystisches, und nicht nur Bhagwan kennt die Meditation der mystischen Rose »rosa mystica«; *Rosenkranz* zu beten, kann auch eine solche Meditation sein.

Man meditiert nicht nur bei den Sufis mit einem Tropfen Rosenduft auf dem dritte Auge, da die Rose den Geist klärt und stärkt. Schon den Griechen galt der Rosenkranz als gehirnstärkend, und der römische Kaiser trug aus den gleichen Gründen die Rosenkrone. In Rom verkam der Gebrauch des Rosenkranzes dazu, daß man ihn dekadenterweise zu Festen trug, um den Wirkungen des übermäßigen Weingenusses etwas Einhalt zu gebieten.

Die Rose als Bild des *klaren Geistes* kannten auch die Alchemisten, denen sie mit ihren Erlösungsvorstellungen verbunden war. Schon in Dantes »Paradiso« wird die kleine Schar der Erlösten als eine weiße Rose dargestellt, über die die Engel wie die Bienen kreisen. Daß der Weg zur *Erlösung* nur über die *Liebe* geht, ist wohl die wichtigste Lehre der Rose, die ursprünglich der Liebesgöttin Aphrodite geweiht war, deren Geliebter Adonis in dem Adonisröschen gesehen wird. Daß diese Liebe aber auch von Fleisch und Blut ist, gewährt Dionysos, der ebenfalls die Rose als seine Blume beansprucht.

Rosenwunder: Es gibt immer wieder Kunde von Rosenstöcken, die nie verblühen, von Rosenzweigen in der Vase, die seit 70 Jahren wieder und wieder weiß erblühen, und die Speisen für die Armen verwandelten sich in den Körben der Roswitha von Gandersheim und der hl. Elisabeth in rote Rosen.

Für den an der Magie Interessierten, sei noch auf das *Pentagramm* der Rose aufmerksam gemacht: Wenn man die Mitte eines jeden Kelchblattes einer Rose mit der des übernächsten Blattes verbindet, ergibt sich das Pentagramm, der Drudenfuß, jene alte Bann- und Zauberfigur, mit der schon Faust Mephisto zwingen wollte.

Die langlebige fünfblättrige *Hekkenrose* mit eingezeichnetem Pentagramm galt bei den Griechen als ein Ebenbild des Kreislaufs des Kosmos, der nach Aristoteles von den fünf Elementen (Feuer, Wasser, Erde, Luft und Äther) bestimmt ist.

Die Rose wird als ein Symbol verborgener Weisheit besonders bei dem Orden der Rosenkreuzer benutzt, deren Sinnbild die Rose im Kreuz darstellt.

Die *Farbe der Rose* ist wichtig. Verwelkte Rose zeigt abgestorbene Beziehung an.

Nach Jung ist die Rose immer ein Symbol der Ganzheit, die Rose ist als →Mandala eine Weltordnung.

Rosengarten: Seelengrundstück, große Schönheit, aber auch die Dornen und die Arbeit. Der Rosengarten stellt ein Abbild des Paradieses auf Erden dar, einen Ort mystischer Veränderung. Das ist der Ort der Wunder. →Paradies, →Himmel.

Rosenkranz: →Gebet. Rosenkranz zu beten, bedeutet Tröstung. →Rose.

Rosine: Geld oder auch süße Gefühle.

Rost: Vergänglichkeit und Zeichen der Zeit. Was rostet?

Rot: Eine positive Farbe für Lebensenergie (Feuer) und Aktivität, für Liebe und Leidenschaft. Sie kann aber auch Aggression, Zorn und Rache andeuten. Nach hermetischer (alchemistischer) Überlieferung ist Rot die Farbe des Geistes, des Goldes und der Sonne (vgl. dazu genauer Jung, Mysterium Coniunctionis, GW 14/I, S. 45 Fn. 144 und S. 66 Fn. 32, § 130). Gefahrensignal.

Bei den Hindus stellt Rot neben der Lebensenergie die Ausdehnung dar, bei den Mayas Sieg und Erfolg; den Chinesen gilt Rot als Glücksfarbe. In der Alchemie folgt dem Weiß das Rot, der fertige Körper wird hier oft rubinus genannt, d. h. Rot ist ein intensiverer Zustand als Weiß, es ist der intensivste, denn Rot ist die Farbe der Emotionalität, des →Blutes und des →Feuers. Himmels- sowie Höllenfeuer sind rot. Rot ist die Farbe der überwältigenden Gefühlswallungen, deutet im Traum immer auf eine stark affektbeladene Situation hin. (Vgl. hierzu genauer: Vollmar, Klausbernd: Das Geheimnis der Farbe Rot. Edition Tramontane, Bad Münstereifel 1992).

Rucksack: →Gepäck. Die Last, die man mit sich herumträgt oder Erholung bzw. Bewegung in der Natur.

Ruder (im Sinne von Steuer): Man braucht eine feste Richtung, ein Ziel. Entschlossenheit.

Rudern: schwere Arbeit, Bewegung aus eigener Kraft. →Schiff, →Boot.

Rücken: Sieht man im Traum eine Person nur von hinten, dann drückt dies neben Unkenntnis oft Opposition und Distanz aus. Den eigenen Rücken sieht man selten im Traum, ist dies dennoch der Fall, dann deutet das daraufhin, daß man sich seiner eigenen Schattenseiten bewußt wird. Das Traumbild des Rückens hängt ferner mit der Suche nach den eigenen verborgenen Kräften und Schwachstellen zusammen (vgl. Siegfried-Sage).

Am Rücken fängt nach Jung die Sphäre des Unbewußten an; jede magische Wirkung wie boshafte Angriffe kommen von hinten, deswegen tragen alte Völker Nackenamulette.

Rüstung: Abschottung und Abpanzerung (vgl. Wilhelm Reichs Charakterpanzer), Distanz, die sowohl problematisch als auch sinnvoll sein kann. Schutz vor (seelischen) Verletzungen. →Panzer, →Ritter.

Ruf: es geht meistens um den eigenen Ruf. Auch Anruf.

Ruhe: man sehnt sich dann meistens nach ihr.

Ruhm: Unzufriedenheit und Sehnsucht nach Anerkennung.

Ruine: Man sollte mehr auf seine Gesundheit achten oder auch ein Zeichen für einen seelischen Neubeginn (aus den Trümmern des Alten entsteht etwas Neues).

Rundfunk: → Radio.

Runzeln: Erfahrung und Alter.

Rutschbahn/Rutschen: Nach unten gleiten, d.h. man nähert sich seinem Unbewußten an. Hingabe, Lebensfreude, aber auch Haltlosigkeit. → Ausrutschen, → fallen.

Saal: Gemeinschaftsgefühl und Kommunikation oder der eigene Kopf, mit seinem geistigen und persönlichen Fassungsvermögen. Als Versammlungsplatz symbolisiert der Saal den Ort, an dem man sich mitteilt und so nach außen hin öffnet.

Saat: Fruchtbarkeit, Wachstum, seelische und geistige Reifung. Säen symbolisierte traditionell meist Geschlechtsverkehr (vgl. sexuelle Narrenbräuche des Mittelalters, zu denen auch das → Pflügen und Säen gehört).

Sack: Symbol des Unbekannten und der Überraschungen, die das Leben für einen bereithält; er stellt so etwas wie eine *Wundertüte* dar. Oft verweist der Sack im Traum auf ein Geheimnis. Auf der anderen Seite deutet er auf ein Hindernis und eine Belastung hin. Er verbildlicht die Bürde, die man trägt. Es wichtig, was in dem Sack verpackt ist.

Sackgasse: Man weiß nicht mehr weiter, man sieht keinen Ausweg. Positiv in diesem Falle: Umkehr.

Man muß aus den alten Fehlern lernen. Kommt häufig als angstbesetzte Situation in Verfolgungsträumen vor. Diese Angst ist auflösbar, indem der/die Träumende sich klarmacht, daß er/sie sich umdrehen muß, um sich zu befreien. Tritt ein solches angstbesetztes Traumbild auf, sollte man mit seinen Verhaltensweisen experimentieren, um diese zu verändern, was fast immer aus der Sackgasse herausführt. Der Gang in Sackgassen ist psychologisch zur Entwicklung unbedingt notwendig.

Säbel: Aggressionsstau. Männliches Sexualsymbol nach Freud wie alle Waffen, die in den Körper eindringen.

Säge: Etwas Einschneidendes geschieht. Ein bekanntes Symbol der Unterscheidung (Analyse) und der geistigen Arbeit. Die Säge zerlegt das Grobe in die feineren Teile, die (vom Träumer) benutzt werden können. Oft geht es bei diesem Traumbild um den Willen, der einem zum Erfolg verhilft.

Säugling: → Baby.

Säule: →Pfeiler, evtl. →Baum. Unterstützung und Hilfe. Nach Freud der Penis. Volkstümlich: Ehre und Erfolg.

Säure: nagt und frißt etwas in Ihrem Inneren? Sind Sie auf sich oder jemanden anderen sauer?

Saft: Nahrung, Freude und Gesundheit. Saft hängt meistens auch mit Leben und Kraft (Saft und Kraft) zusammen.

Sahne: →Milch. Üppige Nahrung und Genuß des Süßen. Haben Sie etwas »abgesahnt«?

Salamander: →Schlange. Symbol der Bewegungen des Unbewußten. Ein magisches Tier (Castaneda).

Salat: Sehnsucht nach Natur und Gesundheit. Manchmal auch Hinweis darauf, sich gesunder zu ernähren.

Salbe: heilt (im Traum auch psychische Verletzungen).

Salz: geistige Würze und Intellekt. Erdung (das Salz der Erde).

Samen: Psychische Energie, Kreativität und Produktivität. →Regen.

Samt: Luxus und Sinnlichkeit. Wichtig ist die Symbolik seiner Farbe. Nach Freud Schamhaar (wie bei

→Fell) und Geschlechtlichkeit.

Sanatorium: der Ort der Gesundung.

Sand: Zeit und Vergänglichkeit (Sanduhr), die Angst stecken zu bleiben und zu versinken. Man streut den Leuten Sand in die Augen, d.h. man täuscht sie. Allerdings streut auch der Sandmann den Menschen den Sand in die Augen, um sie in den erholsamen Schlaf zu geleiten. Ferner verweist der Sand auf das Element Erde (in seiner feinen Form) und damit auf die Erdung des Träumers. Als der Sand des Strandes verweist dieses Traumbild zum einen auf Ferien und Ausspannen und zum anderen darauf, daß das weiche Wasser (Gefühl) mit der Zeit das Harte (den Stein) besiegt. Geht es bei diesem Traum um Sandkasten-Spiele, dann möchte Ihnen Ihr Unbewußtes einen Plan mitteilen, den Sie in Ihrem alltäglichen Leben anwenden sollten.

Sarg: →Begräbnis, →Grab und auch Mitgift, Hinterlassenschaft und eine Aufgabe, die anzugehen ist.

Satan: →Teufel. Symbol der seelenlosen Vernunft als auch der ungestalteten Natur. Archetypisches Symbol der Finsternis, aber auch Symbol der Kreativität und des Widerstandes.

Sattel: Gediegenheit und Etabliertheit (fest im Sattel sitzen).

Sauna: Reinigung wie auch →Bad und →Dusche. Offenheit und Erotik.

Schach: Der Kampf der weißen (bejahenden) und der schwarzen (verneinenden) Kräfte in jedem von uns. Der Ausgang dieses Kampfes wird durch das Bewußtsein entschieden. →Rätsel, →Spiel, →Kampf.

Schacht: Stufe des Unbewußten, Abstieg ins Reich der Mütter (Faust) und der Vergangenheit, das eigene Dunkle.
Vaginales Symbol nach Freud.

Schachtel: →Gefäß.

Schädel: Erinnert an den →Tod und den Sinn des Lebens. Dieses Symbol verweist bisweilen auf das Gefühl der geistigen Leere. Auf der anderen Seite wird hier auch die Struktur und die Essenz des Geistigen und letztendlich des Lebens angesprochen. Vgl. Yoricks Schädel in HAMLET (»Sein oder nicht sein...«).

Schaf: Geduld, Dummheit und Landromantik, aber auch Hingabe und Unschuld. Die →Wolle der Schafe verweist auf Wärme, Schutz und Anlehnungsbedürfnis (Kuschelwolle). →Lamm, →Widder.

Volkstümlich: Glück.

Schaffner/in: Kontrolle. Fahren Sie in die richtige Richtung?

Schal: Wärme, Schutz und tiefe Zuneigung.

Schale/Krug/Kelch: wie der Gral Symbol des seelischen Fassungsvermögens und der Seele selbst. Wichtig ist, was sich in der Schale befindet. →Becher, →Gefäß.

Schale: Äußerlichkeit und Härte, hinter der sich ohne weiteres etwas Sanftes verbergen mag (harte Schale und weicher Kern). Persona, →Person.

Schalter: Wird der Schalter an- oder abgeschaltet? Das verweist auf Ihre Lebensenergien. Sie haben es in der Hand, Dinge oder Stimmungen zu regulieren und umzuschalten.

Scham/Schämen: →Schatten.

Schatten: Der Schatten ist zunächst das Unsichtbare (vgl. die Schatten im Hades). Wird der Schatten sichtbar, ist dies bereits ein wichtiger Erkenntnisfortschritt. Man beginnt, bewußt seine »dunkle« Seite wahrzunehmen. Der Zweck des Auftretens des Schattens im Traum liegt in der Bewußtwerdung des Selbst, deswegen sollte man seinen Schatten weder fürchten, noch meiden. Der Schatten ist meistens mit der Vergangenheit oder der Zukunft verbunden: Alte Verletzungen werfen ihren Schatten auf unser heutiges Verhalten und Fühlen, genauso wie die Angst vor der ungeborenen Realität der Zukunft. Die Auseinandersetzung mit dem Schatten ist notwendig, um unser Leben im Hier und Jetzt zu verstehen. Sie bringt unserem Leben Intensität, Reichtum und Phantasie. Man steht entweder im Schatten, oder wird von jemanden in den Schatten gestellt. Minderwertigkeitskomplex, man möchte mehr darstellen, angesehener sein. Der Schatten ist das, was einem folgt, aber auch das, was man schlecht sieht, er kann jedoch auch Schutz bieten. Nach Jung die »inferiore«, d.h. die unentwickelte und wenig differenzierte Figur, die der Erde verhaftet ist. Der Schatten ist eine der ursprünglichsten Seelendefinitionen: der Häuptling verliert sein Mana, wenn man auf seinen Schatten tritt. In den südlichen Ländern Europas gilt der Mittag als Geisterstunde, da sich der Schatten dann ganz klein zurückzieht. Da lauert die Furcht, er könnte verschwinden und damit die Seele und die Beziehung zur Erde.

Schatz: →Kostbarkeit. Alte vergessene Fähigkeiten sind zu akti-

vieren. Der Schatz symbolisiert das Ziel einer Suche und stellt den Ausgangspunkt oder den Hintergrund unserer persönlichen Bestrebungen dar. →Reichtum. Nach Freud Symbol der geliebten Person.

Schauer: →Regen, →Angst, →Zittern. Volkstümlich: Rückschlag.

Schaufel: Verdrängtes ist hervorzuholen, man sollte sich an etwas erinnern, Arbeit ist nötig.

Schaukel: Gefühlsschwankungen, das Leben geht auf und ab (Rad der Fortuna). Dieses Traumbild birgt oftmals einen Hinweis auf unsere Launen, die wir entweder zu sehr ausleben oder zu sehr zurückhalten. Symbol des →Rhythmus des Lebens (vgl. auch den menschlichen Biorhythmus). Fühlen Sie sich »verschaukelt«? Kann auf Kindheitserinnerungen deuten. Verspieltheit. Sexuelles Symbol.

Schaum: Verweist als Venussymbol (Venus ist die Schaumgeborene) auf Schönheit und Harmonie. Die Verbindung von →Wasser und →Luft als die Verschmelzung von Gefühl und Geist stellt ein altes Erlösungssymbol dar. In diesem Traumbild können aber auch unrealistische Ideen und Pläne (Schaumschläger ist einer, der auf-

Schauspiel

bausch und übertreibt) angesprochen werden, oder es wird schlicht auf eine notwendige Reinigung verwiesen.

Schauspiel(-er): → Theater. Man gibt etwas vor zu sein, daß man nicht ist. Man möchte im Mittelpunkt der Bewunderung stehen. Erkundung der eigenen Möglichkeiten.

Scheck: → Geld. Volkstümlich: geldlicher Verlust.

Scheidung (Trennung): Trennungswunsch oder -angst. Hier klingt auch das alte Wort »Scheidung« im Sinne von Unterscheidung an, was auf die Urteilskraft des/der Träumenden verweist.

Scheiterhaufen: sind aufgehäuft aus unseren Schuldgefühlen.

Schere: Intellektualität und Trennung (man schneidet etwas ab). Zeigt auch häufig einen Aggressionsstau an. Nach der Psychoanalyse ist die Schere wie die meisten stechenden Gegenstände Symbol männlicher Sexualität. Allerdings scheint mir die Schere eher ein Drohsymbol gegen die Männlichkeit darzustellen, da man mit ihr etwas abschneidet/ kastriert (vgl. den Daumenlutscher im »Struwwelpeter«). Volkstümlich: Warnung vor falschen Freunden.

Scherz: Man sollte das Leben leichter nehmen. Die eigene Sichtweise ist erstarrt, oder die Seele ist heiter und eine Quelle der Freude. Reimt sich (auch sinngemäß) auf Schmerz und auf Herz.

Scheune: die eigenen Fähigkeiten werden gut genutzt. Erfolg und Wohlstand, kann aber auch Ort der (jugendlichen) Sexualität sein. Nach Jung Aufenthaltsort der Dämonen und Geister, der aber auch gegen Regen und Kälte schützt.

Schiedsrichter: Es geht dabei um die Fairneß im Umgang mit sich selbst und anderen. Dieses Traumbild verweist auf Ihre innerpsychische Instanz, die Sie selbst und andere bewertet. Vorschlag einer neutralen, distanzierteren Einstellung dem Leben gegenüber. Man sollte vielleicht die eigenen »Spielchen« genauer beobachten.

Schießen: Zum einen geht es um das Anvisieren eines Zieles. Treffen Sie Ihr Ziel? Zum anderen um Aggression und Jagdinstinkt. → Pfeil, → Pistole.

Schiff: → Boot. Lebensschiff, man sollte seinen Lebensweg überdenken (wenn man sich auf dem Schiff befindet). Distanzierter Umgang mit Gefühlen – man berührt nur indirekt das → Wasser. Auch Sehnsucht nach Weiblichkeit, wenn das Schiff weit weg ist. Lautlich die

Umkehrung von »Fisch«: Gegensatz und Ergänzung zu →Fisch. Verschiedene Schiffsarten charakterisieren die eigene Persönlichkeit. Rettung im Koran und in der Bibel. Symbolisiert die Frau nach Freud.

Schiffbruch: Schiffbruch, wie →Dammbruch, hängt häufig mit dem Gefühl des Scheiterns zusammen, obwohl dieses Traumsymbol auf eine positive Entwicklung deuten kann. Die Distanz zum →Wasser, d. h. zum Gefühl und zu den eigenen Bedürfnissen wird aufgehoben. Man könnte den Schiffsbruch auch als Gefühlsausbruch deuten, bei dem der/die Träumende sich zu seinen/ihren Leidenschaften bekennt.

Schild (als Schutzschild): Schutz und ein Hilfsmittel, hinter dem man sich frei bewegen und seinen Angriff organisieren kann. Der Rückzugsort der Seele.

Schild (Namensschild oder Reklameschild): Bei diesem Traumbild hängt die Bedeutung weitgehend davon ab, was auf dem Schild geschrieben oder abgebildet ist. Bei Namen achten Sie darauf, ob die Schrift klein, großartig, verschnörkelt oder farbig gestaltet ist. Im Falle einer Abbildung schauen Sie unter dem entsprechenden Begriff hier nach.

Schildkröte: Sich hinter einem Charakterpanzer (nach W. Reich) verbergen. Uralte Weisheit oder das Wesentliche (in Ihnen) verbirgt sich.

Schilf: Vorsicht, Morast und →Sumpf. Entweder kommt man schwer vorwärts oder das Schilf verweist auf Schutz (man kann sich im Schilf verstecken und auch damit ein Dach decken).

Schimmel (Pferd): Positives Naturbild, Kraft und Reinheit. →Weiß.

Schinken: Kraftnahrung, deftiges Essen und Bedürfnis nach Fleisch(lichem).
Volkstümlich: Glück.

Schirm: →Regenschirm. Altes Herrschaftssymbol, Schutz und Distanz.
Nach Freud erigierender Penis.

Schlacht: erotisches Symbol, nervliche Überreizung und Überarbeitung.

Schlachthaus/Metzgerei: Ort, an dem das Tierische abgetötet wird. Wichtig ist die Symbolik der Tiere, die dort geschlachtet werden.

Schlägerei: Aggressionsstau, Sehnsucht nach körperlicher Nähe.

Schlaf: Man bekommt etwas Wichtiges nicht mit, fehlende Klar-

Schlafzimmer

heit und Unbewußtheit. (Vgl. Wilson, Colin: Gurdjieff – der Kampf gegen den Schlaf. Knaur, München 1986), man weicht Problemen aus. Ruhebedürfnis.
Volkstümlich: negatives Omen.

Schlafzimmer: Ort der Beziehung, deren Probleme und deren schönste Augenblicke.

Schlagen: → Aggression. Energieumsatz und -austausch. Verzweifelte Berührung und Versuch der Nähe. Direktheit und Einfachheit der Mittel.

Schlamm: → Moor. Angst vorm Versinken und vor Stagnation. Als Mischung von Wasser und Erde die Verbindung von fließenden Gefühlen und faßbaren Bedürfnissen.

Schlange: → Giftschlange. In erster Linie ein Angstsymbol. Oft Sexualsymbol, aber auch wie → Uroboros Vollkommenheits-, Wandlungs- und Wiedergeburtssymbol. Symbol des dunklen Weiblichen und der Falschheit, aber auch der Weisheit und der List. (Hans Egli: Das Schlangensymbol [Walter Vlg.] er fand verstreut über unseren Planeten über 100 verschiedene Interpretationsmöglichkeiten des Schlangensymbols). Fast jede Frau träumt zumindest einmal in ihrem Leben von Schlangen: Angst vor Nebenbuhlerin oder dem männlichen Geschlecht.

Die Schlange steht für die Triebe. Wenn dort etwas nicht stimmt, träumen wir oft von der Schlange. Die Schlange kann das Lebenswasser sein, sie kommt aus dem Inneren der Erde als Heilquelle. Jung spricht von der Heils- oder Soterschlange (vgl. den Äskulapstab, um dem sich zwei Schlangen winden). Im Tempelheiligtum des Asklepios krochen auf dem Boden des Schlafsaals Schlangen. Sie sollten den Traum zur Heilung hervorrufen (vgl.: Vollmar, Kb: Dream-Power. Ein Handbuch für Träumer. Simon & Leutner, Berlin 1988, S. 65–73). Nach Artemidor zeigt der Schlangentraum Heilung und Rückkehr der Lebenskraft an. Unsterblichkeitssymbol (Häutung: Wiedergeburt). Die Midgardschlange bedroht zusammen mit dem Fenriswolf am Ende der Tage die Götter (nord. Mythologie, Edda).
Symbol der geheimen Weisheit, der Enthüllung des Verborgenen. Schlangen sind schnell und werden vom Feuer angelockt: die Entbindung von Energie, Zielrichtung auf ein Objekt. Eine Schlange stiehlt Gilgamesch (Held des gleichnamigen sumerischen Epos, 1900 v.u.Z.) das Kraut der Unsterblichkeit, während er im Teich badet. In Griechenland erzeugt Gaia, die Erdgöttin, halbe Schlangenwesen, die Titanen, die mit Zeus ringen. Die Schlange symbolisiert bei den Gnostikern (spätantike religiös-

philosophische Bewegung, die die Erlösung von der Materie anstrebte, 1. bis 3. Jahrhundert n.u.Z.) den deus absconditus: die dunkle, tiefe, unbegreifliche Seite Gottes, aber auch die indische Kundalini (die Schlange der Lebensenergie). Schlangen sind als Totengeister in Griechenland sogar öffentlich verehrt worden. Schlangen tauchen unvermittelt aus dem Unbekannten auf und erregen Angst. Dem Menschen ist es nicht möglich, mit ihnen in eine sinnvolle Kommunikation zu treten, sie sind geheimnisvoll und angsterregend wie das Unbewußte. Ihr Gift ist die Sünde, ihre Weisheit die Verwandlung und Erlösung. Nach frühchristlicher Vorstellung schützt sie beim Angriff einzig ihren Kopf (Physiologus). Im Traum »Unterweltsvision eines assyrischen Kronprinzen« (8. – 7. Jahrh. v. Chr.) wird der Schlangen-Drachen-Kopf dem Tod gleichgesetzt. Nach Freud Penissymbol, nach Jung etwas Wichtiges im Unbewußten: gefährlich oder heilbringend. →Aal.

Schleier: Geheimnis. Man versteckt etwas, stellt etwas falsch dar. Jungfräulichkeit. Das Zerreißen des Schleiers symbolisiert die →Defloration. Aber auch Schutz im Sinne einer notwendigen (seelischen) Abgrenzung. Wahrung und Betonung der (seelischen) Immunität.

Schleifstein: man will etwas glätten. Nach Artemidor Ermunterung zu geschliffenen Umgang mit Menschen.

Schleppe: Was einer/m nachhängt. →Schatten. Jemanden ins Schlepptau nehmen, aber auch Würde, Pracht und Andacht. Häufig auch mit dem Bild der →Braut verbunden. Bisweilen ist auch der Anklang »schleppend« zu beachten, bei dem die Frage nach Ihrer Geduld gestellt wird.

Schleuse: Die Regulation des →Wassers, d. h. der Gefühle. Hier wird der Wasserstand den Bedürfnissen des Verkehrs angepaßt, und somit stellt sich die Frage nach der Regulierung Ihrer Gefühle und deren Anpassung an die Bedürfnisse des alltäglichen Lebens. Beschneiden Sie sich in Ihren Gefühlen, oder lassen Sie diese fließen? Was engt Sie ein?

Schlitten: hingebungsvolles Sichfallenlassen als angenehme Erfahrung wie bei →Bach, →Blatt, →Fallschirm, →Rutschbahn und wie teilweise auch bei den →Flugträumen. Oder Ausdruck von Aggressionen (mit jemandem Schlitten fahren).

Schlittschuhlaufen: →Fliegen. Man begibt sich aufs →Eis. Sind Sie dem Risiko gewachsen? Ver-

Schloß (Gebäude) 238

trauen in den eigenen Körper, Eleganz der Bewegung, Dahingleiten.

Schloß (Gebäude): →Burg. Archetypisches Muttersymbol. Seelische Sicherheit oder Gefangenschaft bzw. Befangenheit. Vgl. auch Luftschloß, Spukschloß, Lust- und Jagdschloß. Symbolisiert das Weibliche nach Freud.

Schloß (Verschluß): Hier geht es um die innerpsychische Spannung zwischen Offenheit und Rückzug (Abgeschlossenheit), zwischen Wagnis und Sicherheit.

Schlosser: Verschlossenes öffnet sich.
Nach Jung archetypisches Symbol des schwarzen Mannes wie auch der →Schmied, →Widder.

Schlüssel: →Schloß. Die richtige Einstellung und Antwort im Sinne der Anwendung der persönlichen Eigenart. Ideen und neue Erfahrungen. Die Schlüsselgewalt symbolisiert das Verfügungsrecht und die Autonomie.
Abschließen heißt sich verschließen und spricht oft die Angst vor Beziehungen und davor, sich einzulassen, an.
Die Symbolik Schlüssel/Schloß weist für Freud auf Sexualität (vgl. Uhlands Lied vom »Grafen Eberstein«). Der Schlüssel ist der Penis, das Schloß die Scheide, schließen

bedeutet Geschlechtsverkehr. Volkstümlich: einen Schlüssel zu verlieren, ist negativ, einem anderen seinen Schlüssel zu übergeben, bedeutet häusliches Glück.

Schmerz: Empfindsamkeit oder Überempfindlichkeit, verweist auf die Notwendigkeit der Trauer bzw. eines Neubeginns.

Schmetterling: die eigene Wandlung (→Raupe zu Schmetterling), beflügelnde Leichtigkeit und die Seele (nach Rudolf Steiner die Kinderseele). Im eigentlichen Sinne jedoch der »spiritus«, d.h. die Verbindung von Geist und Seele. In diesem Sinne Symbol der Begeisterung und der Seligkeit.

Schmied: harter Schicksalsschlag, oder man wird zum Meister der Wandlung, →Amboß.
Nach Jung archetypisches Symbol des »schwarzen Mannes« wie auch der →Schlosser. →Widder.

Schmuck: Wohlergehen. Schönheit bei Frauen, Ehre bei Männern oder Eitelkeit, aber auch, daß man den inneren →Schatz gefunden hat. Wunsch nach Anerkennung und Zuneigung.
Nach Freud Symbol der geliebten Person. Volkstümlich: ungünstiges Omen.

Schmutz/Dreck: Sehnsucht nach Reinheit (aus schlechtem Gewissen heraus). Ausdruck des Bedürfnisses,»sich im Dreck zu suhlen«. Verweist nach Freud auf die Sexualität; eine Assoziation, die jedoch weitgehend nur für die viktorianische Zeit des Anfangs dieses Jahrhunderts zutraf.

Schnalle: zusammenhalten. Man verbindet etwas und versteht etwas.

Schnecke: Rückzug, Überempfindlichkeit, Hemmungen und Kontaktarmut. Oftmals tritt dieses Traumbild auf, wenn Sie in der Spannung zwischen scheu und energetisch leben. Gehen Sie die Risiken des Lebens kühn an, oder ziehen Sie sich in Ihr sprichwörtliches Schneckenhaus zurück? Dieses Traumbild mag Sie vielleicht auch auffordern, langsamer durchs Leben zu gehen und Ihren eigenen →Rhythmus zu finden. Sexualsymbol nach Freud. Volkstümlich: Maßlosigkeit.

Schnee/schneien: →Eis, →Kälte. Gefühlskälte, Geborgenheit, aber auch Strafe, →Plage und Unberührtheit. Die weiße Schneefläche symbolisiert wie das →weiße →Blatt die Unschuld. Die üblichen Unterscheidungen und scharfen Konturen verlieren an Bedeutung, der Schnee macht alles weich und weiß. Somit verweist er auf eine Befreiung von der gewohnten Sichtweise und deutet eine Neuorientierung an.

Schneemann: →Schnee. Gefühlskälte oder Spiel.

Schneider: →Kleid, →Nadel, →Faden, Traditionelle Deutung: Feigheit und List (Das tapfere Schneiderlein). Eitelkeit wie auch bei →Schmuck. Volkstümlich: bei Frau bedeutet das Heirat unter ihrem Niveau.

Schnur: →Band.

Schnurrbart: →Bart, →Haar. Potenz. Volkstümlich: kleiner Streit.

Schönheit: Im Märchen wie im Traum stellt die Schönheit einen anderen Ausdruck für Wahrheit und Aufrichtigkeit dar. Sie ist zugleich ein Symbol der Eitelkeit, des großen Glücks und des Erfolges. In der orientalischen Tradition ist dies der höchste Glückstraum.

Schokolade: Tritt oft bei Hunger auf Schokolade auf. Symbol der Verführung (→»schwarz und süß«).

Schornstein: →Rauch. Reinigung, aber auch Verschmutzung. Penis-Symbol. Vgl. auch →Pfeiler, →Baum, →Treppe.

Schoß: Rückkehr zur Mutter, Sehnsucht nach der Kinderzeit oder Schrecken der Kindheit.

Schrank 240

Schrank: Besitz. Wir verschließen (verstecken) etwas.
Nach Freud Symbol des Frauenleibes.

Schranke: Hindernistraum. Sinnvolle Grenze oder Selbstbeschränkung.

Schraube: Sexualitätssymbol (engl. »to screw«: miteinander schlafen). Hier wird die Verbindung zweier Menschen, Situationen oder Dinge betont. Oder der Ausdruck zunehmenden Drucks, den man verspürt.

Schrei: Warntraum. Verzweiflung, aber auch Erwachen (im Traum) als Gegenbild zum → Schlaf.

Schreiben: denken, planen und organisieren. Sich Rechenschaft geben. Es kann sich dabei auch um eine wichtige Mitteilung handeln oder den Hinweis darauf, daß Sie sich an eine bestimmte Person wenden sollten.

Schrumpfen: Häufiges Symbol, wenn man sich minderwertig fühlt. Siehe L. Caroll: Alice im Wunderland, hier deutet das Schrumpfen auf den Einstieg in eine andere Realität hin. Hinweis, daß man kleiner, wie die Kinder, werden sollte. → Zwerg.

Schublade: → Schrank. Geheimnis und Besitz.

Volkstümlich: offene Schublade ist positiv, geschlossene Schublade oder Schublade voller Unterwäsche deutet auf Untreue.

Schürze: → Schleier, → Vorhang. Schutz und Häuslichkeit wie bei → Backen, → Braten, → Kochen und → Abendessen, → Blumentopf, → Bügeleisen, → Henne, → Kissen und → Porzellan. Die Schürze ist auch der Ort der Verwandlung (in der Schürze der heiligen Elisabeth verwandeln sich die Speisen für die Armen in → Rosen). Ort, wo Mädchen/Frau etwas versteckt, denn das mütterliche Geheimnis liegt im Schoß.
Nach Jung oft geschlechtliche Bedeutung. Verlust der Schürze symbolisiert den Verlust der Jungfräulichkeit.

Schütze: In der Mythologie wird der Schütze oft als Zentaur, als der wilde Reiter dargestellt, als der er uns u. a. noch heute im Cowboy-Film begegnet. In seiner weiblichen Form entspricht er der Amazone der Antike. Menschliche Begeisterung und Zielgerichtetheit wird in diesem Traumbild mit dem triebhaften, »animalischen« Feuer verbunden. Der Schütze sehnt sich nach einem Ziel und somit ist die Wehmut und das Fernweh mit diesem Symbol verbunden; doch das Ziel ist er stets (auch) selbst. → Pfeil, → Ziel, → Bogen.

Schuh: Erdung oder Abschirmung gegen die Erdkräfte. Zeigt den Standort des Träumenden an. Nach Freud ist das Schuhanziehen ein sexueller Akt (siehe auch →Fuß).

Schulaufgaben: →Prüfung. Man hat noch etwas in seinem Leben erledigen.

Schulden: Wie naheliegt ein Hinweis auf materielle Lasten und reale Verschuldungen, Altlasten und Hypotheken. Ihr Leben ist nicht im Gleichgewicht, d. h. der Traum verweist auf Ihre Schuldgefühle, damit Sie diese auflösen können. Auch die realen geldlichen Belastungen können symbolisch als unbewußte Bestrafungen angesehen werden.

Schule: Lernaufgaben wie bei →Schulaufgaben und →Prüfung.

Schuß: →Schießen. Sexual- oder Aggressionssymbol. Volkstümlich: Krankheit.

Schuster: →Schuhe. Erdung. Volkstümlich: Mißgeschick.

Schutt: Seelenschutz, der einmal auf anliegende Aufräumarbeiten verweist (Entsorgung) und zum anderen Sie auffordert, das Geschenk und die Chance in Ihren Problemen zu sehen.

Schwalbe: häusliches Glück und →Frühling, zeigt das Ende des Winters an. Große Geschwindigkeit und Beweglichkeit. Nach dem Physiologus zeugt sie nur einmal und besitzt große Kräuterkenntnisse.

Schwamm: →Wasser. Auspressen und aufsaugen. Etwas vergessen (Schwamm drüber).

Schwan: Schwäne sind ein Symbol für Familiensinn. Sie paaren sich nur einmal im Leben und ziehen ihre Brut gemeinsam auf. Geistiges Interesse, Idealismus (Lohengrin). Symbol der Schönheit.
Schwarzer Schwan: Unglücks- oder Todesbote.
Bei den Kelten galten Schwan und →Gans als Boten aus einer anderen Welt und durften deswegen nicht gegessen werden.

Schwanz: Immer ein sexuelles oder aber →teuflisches Symbol.

Schwarz: seelischer Stillstand, oder die seelische Darstellung des Unbekannten. Trauer und Tod, aber auch Magie, Kraft und Fruchtbarkeit. (Vgl. hierzu ausführlich: Vollmar, Klausbernd: Schwarz – Weiß. Bedeutung und Symbolik der beiden gegensätzlichsten Farben. Goldmann, München 1992).
In alten Traumbüchern sind schwarze Tiere immer ungünstig, weiße immer günstig.

Schwarzer: → »Neger«.

Schwein: Gier. Das Sexuelle will befreit werden, aber auch Ablehnung des Sexuell-Leiblichen. Glückssymbol (»der hat Schwein«, astrologisch ein Jupiter-Symbol), natürliche Sexualität und geistige Potenz. Geile Fruchtbarkeit. Schweinefleisch ist eine verbotene Speise nach Moses und dem Koran. Symbol des Niederen (Perlen nicht vor die Säue werfen), Faulheit und Wühlen im Dreck, aber auch Gemütlichkeit. Freud: sexuelles Symbol (vgl. auch Odyssee: Circe, die die Männer in Schweine verwandelt, d. h. deren tierische Seite befreit, um sie an sich zu binden). Im Osten Symbol des Unbewußtseins.

Schweiß: Mühe und Arbeit, aber auch Erfolg (Schillers »Glocke«: »Von der Stirne heiß/Rinnen muß der Schweiß/ Soll das Werk den Meister loben«).

Schwelle: →Stufe. Übergang zu etwas Neuen. Trennung und Verbindung zweier oder mehrerer Welten. →Schnalle, →Schleuse, →Brücke.

Schwert: Selten im Traum. Herrschaftssymbol, Intellekt, Penissymbol. →Ritter, →Messer.

Schwester: →Kranken-: Hilfsbedürftigkeit und Unselbständigkeit.

Die weibliche Seite des Träumers, seine Gefühlsseite. Nach Steckel und Freud Brüste.

Schwimmen: →Wasser. Entspanntheit, Gefühlswelt. Hängt meist mit Befreiung zusammen (sich frei schwimmen). Wo wird geschwommen, wie ist der Wasserzustand? Nach Freud verweist es auf Urin und das Leben des Ungeborenen, auch Symbol der Pollution.

Sechs: meist Symbol der Sexualität.

See: →Wasser. Im I GING bezeichnet der See die fröhliche und heitere jüngste Tochter.

See: →Ozean, →Meer. Wichtig ist, wie das Wasser und das Wetter ist, manchmal Hindernissymbol.

Seemann: männliche Sexualität, Unruhe und Fernweh, auch Abenteuerlust und unreife Männlichkeit.

Seerose: Gefühlswelt und Symbol der Vollkommenheit. →Rose.

Segel: →Segelboot.

Segelboot: man wird vom Geistigen (dem Wind) getrieben und vom →Wasser getragen.

Seide: Herrschaft, Wohlergehen und Luxus. →Raupe.

Seife: Reinigungssymbol wie auch →Bad, →Dusche und →Sauna. Volkstümlich: es löst sich etwas auf.

Seil: sichernde Hilfe, die gereicht wird, hilft oft beim Abstieg von Türmen oder hohen Gebäuden. Hilfsmittel bei Flucht. Aber auch Bindung und Fesselung. Träume vom Seil haben stets etwas mit Sicherheit ähnlich wie bei →Anker und →Boje zu tun.

Seitensprung: →Fremdgehen, →Ehe.

Sekt: →Champagner.

Senf: Schärfe, Würze, Intellekt und Ironie bis Zynismus. Volkstümlich: Sie bringen sich durch Reden in Gefahr.

Senkrechtstarter: Aufstieg.

Sense: Durchsetzungsvermögen, →Ernte, Aggression und →Tod.

Seuche: seelische Störung oder zumindest große Verunsicherung.

Sexualität: Oft unerfüllte Wunschvorstellungen oder ganz allgemein Symbol der Verbindung, der tiefen Kontaktaufnahme und der Herausbildung des Selbst.

Die männliche (Animus) und die weibliche (Anima) Seite verbinden sich im Träumer bzw. der Träumerin. Sexualität im Traum weist oft auf die Geheimnisse des Lebens wie Geburt, Hochzeit und Tod hin (auch Liebe, Tod und Teufel). Stärkstes Kreativitätssymbol im Traum.

Sichel: →Sense, →Mond.

Sieb: wir verlieren etwas und behalten das, was zählt.

Sieben: heilige Zahl, die auch im Traum des Nebukadnezar vorkommt: 7 Zeiten sollen über den zerstörten König hinweggehen. Die 7 verbindet das Männliche mit dem Weiblichen, da sie eine rationale Zahl ist (männlich), mit deren Hilfe die Irrationalzahl (weiblich) Pi darstellbar ist (als 22/7). Die 7 besitzt nach Jung immer Zeitcharakter (vgl. die 7 Mondtage).

Sieg: Sehnsucht nach Durchsetzungsvermögen und Erfolg. Da die wichtigsten Kämpfe im eigenen Inneren ausgeführt werden, stellt dieses Traumbild einen Hinweis auf eine bewußte Entwicklung dar. Sie sind jetzt in der Lage, Ihre eigenen inneren Widerstände zu besiegen (und sei es der Widerstand dagegen, auch einmal zu verlieren).

Siegel: das Siegel der Verschwiegenheit, oder man verschließt etwas (meist sich selbst). Wichtigkeit.
Volkstümlich: Unsicherheit.

Signal: Hinweis und Hilfe.
Volkstümlich: Wunscherfüllung.

Silber: → Metall. Gefühl, Mond- und weibliches Symbol.
Im Traum des Gudea von Lagasch (sumerisch 2144–2124 v. Chr.) wird die Frau mit dem Silber verbunden, indem sie im Gegensatz zu Mann mit einem Silbergriffel schreibt.

Sirup: Symbol alles Süßen oder Klebrigen.

Sitzplatz: Ausruhen und Gelöstheit. Nehmen Sie sich Zeit.

Skelett: klares Denken, Gefühlsarmut, Askese und Tod.

Ski/-fahren: fährt man gut, geht alles glatt im Leben.

Sklave: Abhängigkeit.

Skorpion: (sexuelle) Gefahr, Tod und Wiedergeburt. Wenn auch der Skorpion landläufig als negativ betrachtet wird, so stellt er auf der Traumebene ein mächtiges positives Sinnbild der Verwandlung der Lebenskraft dar. Er ist dem Symbol des → Phönix verwandt. Träumt man vom Skorpion, ist dies fast immer ein Hinweis darauf, daß etwas Altes (an dem man häufig leidet) aufgelöst wird, auf daß etwas Neues entsteht. Der Skorpion besitzt einen feingliedrigen Körper, der in einem giftigen Stachel endet, mit dem er plötzlich angreift, sich aber auch selbst den Tod geben kann. Die Spannung zwischen Leben als Leiden und Tod im Sinne von Befreiung schwingt auf allen Ebenen dieses Traumbildes mit. Es stellt sich hier die Frage, ob Sie bereit sind, loszulassen und sich für etwas Neues zu öffnen.

Smaragd: einer der härtesten Edelsteine, der den Charakter oder die Seele als inneren Kern symbolisiert.
Volkstümlich: geschäftliches Glück oder Trennung von Geliebten.

Sohn: Ihr wirklicher Sohn oder Zukunftsideen, Kreativität und Neues.
Der Sohn ist nach Jung der volle Ersatz des Vaters, er ist die Garantie der Unsterblichkeit des Vaters. Man sollte hier auch den Anklang von dem »Sohne« und der »Sonne« betrachten.

Solarium: → Licht. Hingabe, Entspannung und Wärme.

Soldat: Aggression, aber auch Kameradschaft. Im Männertraum wird hier oft die Sehnsucht nach der Verbindung mit anderen Männern ausgedrückt. →Militärdienst, →Krieg.

Sommer: →Sonne. Energie, Tatkraft und Erfolg.

Sonne: →Sommer. Schöpferische Energie. Es bedeutet immer Bewußtsein, wenn im Traum die Sonne scheint; scheint sie nicht mehr: Annäherung an das Unbewußte oder Versiegen der Energie. Vatersymbol. Lebensmitte. Gefahr der Blendung.

Sonntag: Ruhe. Volkstümlich: Veränderungen.

Spalte: weibliches Sexualorgan oder Hindernissymbol.

Spargel: nicht nur nach Freud phallisches Symbol.

Spaten: sexuelle Bedeutung und Arbeit an der Erdung. Volkstümlich: Zufriedenheit.

Spatzen: Geheimnisse (die ausgeplaudert werden). →Vögel, →Zwerg.

Spazierstock: Hilfe. Einen Menschen, auf den man sich verlassen kann. Penissymbol.

Speck: mit Speck fängt man etwas/ jemanden. Wie →Schinken fleisch-

lich-tierisch und Symbol der Unreinheit (→Schwein). Befürchten Sie, zu dick zu werden? Volkstümlich: schlechtes Omen.

Speer: Penissymbol nach Freud. Aggression, Zielgerichtetheit und Erfolg. Ein wichtiger Traum vom Speer wurde in der Mitte des vergangenen Jahrhunderts von Elias Howe geträumt. Er war von Eingeborenen gefangen worden, die ihn unter Druck setzten, eine Nähmaschine zu erfinden. Sie fuchtelten mit Speeren, die an der Spitze ein augenförmiges Loch besaßen, vor seinem Gesicht herum. Dieser Traum führte zur Erfindung der Doppelstich-Nähmaschine. Symbolisch gesehen verweist dieser Traum auf die weibliche und männliche Seite des Träumers, die im Bild der Nadel bzw. dieses speziellen Speeres verbunden ist.

Speise: Nahrung für Körper und Seele. Die Art Speise zeigt, was unsere Seele am nötigsten braucht. Träumen Sie von →Fleisch, ist dies z. B. ein Hinweis auf Ihre triebhaften (tierischen) Bedürfnisse, essen Sie →Schokalade oder andere Süßigkeiten, dann sollten Sie sich z. B. mehr der Liebe öffnen.

Speisekarte: wichtig der symbolische Wert der aufgelisteten Speisen.

Spezialist/in: Entfremdung und Intellekt, aber auch Ansehen. Das Symbol warnt vor Einseitigkeiten des Gefühls und der Seele. Häufig auch ein Hinweis darauf, daß Sie ein Spezialist für Ihre eigenen Belange werden sollten.

Sphinx: das Rätselhafte (vgl. den Helden Ödipus, der das Rätsel der Sphinx löst).

Spiegel: Der einsichtige Intellekt, der die Realität reflektiert. Geläufige Allegorie der Selbstbetrachtung (vgl. Schopenhauer: Man muß dem unbewußten Willen den Spiegel vorhalten, damit er sein Gesicht erkenne). Man schaut im Traum in den Spiegel, um sich seiner eigenen Identität zu versichern. Sieht man im Spiegel nicht sein echtes, sondern ein Scheinabbild, so verweist der Spiegel auf die Phantasiewelt und das Scheinleben. Im Spiegel sieht man evtl. auch sein wahres Wesen. Der Spiegel gilt als Attribut der →Narren, und er deutet auf die Eitelkeit als eine der klassischen sieben Hauptsünden hin. (Narren mit Spiegel sind häufig im 16. und 17. Jahrhundert dargestellt worden. Vgl. z. B. Hans Holbein d. J. »Narr mit Spiegel«).
Das Traumsymbol des Spiegels sollte im Detail analysiert werden, es ist fast immer wichtig.
Den Griechen galt der Spiegel im Traum als unheimlich, dort wurde er als Tod des Träumers gedeutet,

da dieser seinen Doppelgänger sieht. Er zeigt im Märchen verborgenes und künftiges Geschehen, der Seelenspiegel. Bei Jung ist der Spiegel meist ein Zauberspiegel, ein wissender Spiegel (Schneewittchen). Durch den Gebrauch des Spiegels wird man meist in eine mythische Situation versetzt, man gerät in die Gefahr der psychischen Aufgeblasenheit (Inflation) und verliert seine Erdung.

Spiel: man sollte das Leben spielerisch nehmen, nicht so ernst sein. Lebendigkeit und Auf und Ab des Lebens. Kommunikation und Warnung vor Oberflächlichkeit. Sehnsucht nach Kontakt.

Spielkarten: Zufall, Glück und Geschicklichkeit.

Spielzeug: Kindlichkeit und Unreife.

Spinne: asketischer oder künstlerischer Mensch. Die eigene dunkle Seite. Intrigen werden gesponnen. Bei Frauen Hinweis auf Mutterkonflikte.
Nach Freud und Abraham die furchtbare Mutter, die Angst vor dem Mutterinzest.

Spinnennetz/Spinnweben: man muß in bestimmten Angelegenheit sehr behutsam vorgehen. Man fühlt sich gefangen. →Labyrinth.

Spion: →Agent, →Detektiv.

Spirale: psychische Dynamik und Entwicklung.

Spital: →Krankenhaus.

Splitter: fühlen Sie sich verletzt? Kleinigkeit, die einen aufregt (Bibel: Man sieht oft den Splitter im Auge des Nachbarn, aber nicht den Balken im eigenen Auge.)

Sport: Ehrgeiz, Leistung und Körperlichkeit. Sport ist Mord (Sir Winston Churchill). Im Traum verweist der Sport oft auf Anstrengungen, die spielerischer durchgeführt werden sollten – oder nehmen Sie Ihr Leben zu spielerisch?

Sportwagen: →Auto.

Springbrunnen: Schönheit und Harmonie, Sexualsymbol.

Spritze: männliches Glied. Angst vor der Spritze im Traum weist auf sexuelle Hemmungen.

Spucke / Speichel: Sie sollten etwas ausspucken oder bleibt bleibt Ihnen die Spucke weg?

Spur: Sie sind dabei, Ihre Probleme zu verstehen, Sie sind Ihnen auf der Spur.

Stab: Bekanntes Phallus- und Machtsymbol (vgl. den Zauber-,

Königs- und Heroldstab). Deutet oft auf die Suche nach persönlicher Freiheit hin. Als Hirtenstab verweist dieses Symbol auf die Verantwortung für seine Triebe (die zu hütenden Tiere entsprechen unserer tierischen Seite im Traum). →Holz.

Stachel: Der Stachel im Fleisch symbolisiert ein Hindernis in Ihrem Leben, das entfernt werden muß oder auch Ihr Verlangen und Begehren. Sonst ähnlich wie →Splitter, →Rose (Dornen).

Stacheldraht: Abgrenzung oder Verletzung. →Stachel.

Stadt: →Burg, →Schloß, →Festung. Einesteils seit dem Mittelalter ein bekanntes Muttersymbol, da die Stadt Schutz und Einkommen gewährt und meist mit einer Mauer umgeben war (Uterus). Andererseits »Vaterstadt« und »Vater Staat«. Vorankommen auf dem Individuationsweg, die seelische Umwelt des Träumers. Die Großstadt ist ein Symbol für Kontakt, Hektik und Streß. Symbolisiert nach Freud die Frau.

Stadtmauer: →Stadt. Sicherheit und Schutz wie bei →Damm. Geborgenheit und positive Weiblichkeit wie auch bei →Höhle, →Elternhaus und →Arche. Touristische Erinnerung, die auf Ferien, Ausflug und Ausspannen verweist.

Stadtplan   248

Betont nach Jung die mütterliche, beschützende Funktion.

Stadtplan: Lebensplan.

Staffelei: Kreativität.
Volkstümlich: Glück.

Stahl: → Metall, → Eisen. Härte (»hart wie Krupp-Stahl«), Entschlossenheit und Willen.

Stall: die eigenen Triebe werden zu sehr domestiziert. Ein differenzierter Triebumgang wird angesprochen.

Stamm: → Baumstamm.

Standesamt: → Hochzeit.

Stange: → Stock, → Stab. Männliches Sexualorgan, nicht nur nach Freud.

Statue: wen zeigt die Statue? Schlagen Sie eventuell diese Persönlichkeit im Lexikon nach. Oder werden Sie selber gezeigt? Dann warnt dieses Symbol vor Anerkennungssucht und Selbstüberhöhung.

Staub: Symbol der Vergänglichkeit, alles zerfällt zu Staub, Warnung vor Eitelkeit.

Staubsauger: Symbol der Sauberkeit und des ordentlichen Heims.

Stehlen: Besitzgier und Unzufriedenheit.

Stein: → Edelstein, → Erde. Unbarmherzigkeit, Härte (vgl. auch »Herz aus Stein«) und Haltbarkeit.

Steinbruch: bricht Ihre versteinerte Haltung auf, wird Ihr Herz aus Stein erwärmt.

Stempel: etwas prägen. Sehnsucht nach einer höheren Position.

Sterben: nach der Psychoanalyse der Wunsch, sich an jemanden zu rächen. → Tod/töten.

Stern: → Licht, → Komet. Der innere Kern, die Führung und Hoffnung. Das Traum- und Märchensymbol des Sterns hängt fast immer mit dem Schicksal des Helden zusammen (er ist unter einem guten oder schlechten Stern geboren). Wie der Held so folgt auch der/die Träumende seinen/ihren Stern, d. h. man folgt seinem inneren Sehnsüchten und Wünschen, um sein Leben hell und strahlend werden zu lassen. Seinem Stern zu folgen heißt klar zu sein und seine Bedürfnisse zu kennen. Das Verfolgen der eigenen Sehnsüchte, Wünsche und Bedürfnisse setzt einen Mut zur Unkonventionalität voraus, der Sie jedoch zu neuen Erfahrungen und einer erfüllten Lebensweise führen wird.
Das Wort »Stern« ist ein uraltes

Wort, das in allen germanischen Sprachen noch heute lebt, wie es auch im Griechischen, Lateinischen, Keltischen und Armenischen noch zu finden ist. Stern bedeutet das am Himmel Ausgebreitete, das Verstreute. Die Sterne breiten sich am Himmel aus, wenn die →Sonne als Bewußtseinssymbol untergegangen ist. So sind die Sterne das eigentliche »Licht« in der Finsternis.
Nach altindischer Traumdeutung: Krankheit. Im Traum des Renaissance-Gelehrten G. Cardano (siehe →Affe) zeigt der herunterfallende Stern die Geburt an (auch in der Apokalypse fällt Stern in den Brunnen, bei Gilgamesch fällt ebenfalls ein Stern auf die Erde). Der Stern weist auf die Geburt einer bedeutenden Persönlichkeit.

Steuer/Steuerrad: Selbständigkeit und Zielgerichtetheit.

Stich: →Nadel, →Stachel.

Sticken: Nervenberuhigung oder Stichelei.

Stiefel: Erdung, Bewegung und Vorwärtskommen. Symbol für etwas Neues (das ist ein alter Stiefel). Sexualitätssymbol (die Hurenstiefelchen, aus denen man →Champagner trinkt).

Stier: Stier und →Tiger sind immer Personifikationen des Triebes.

Rennt Ihnen der Stier im Traum nach, dann sind Sie mit Ihrem Trieb in den Widerspruch geraten. Man muß dann den Stier oder Tiger ansprechen, die dann immer etwas Wichtiges zu sagen haben. Zeichen der männlichen (ursprünglich weiblichen) Stärke und Potenz, Meisterung des Tierischen (Stierfeste in Kreta). Im Traum »Unterweltsvision eines assyrischen Kronprinzen« (8. – 7. Jahrh.) besitzt der Totengeist einen Stierkopf.

Stimme: Sie sollten sich mehr Gehör verschaffen, Ihre Stimme mehr erheben.
Volkstümlich: negatives Omen.

Stock: →Stab, →Stange.

Stockwerk: Bewußtseinsniveau, Körperebene.

Stoff: man will etwas verbergen oder sich vorteilhaft darstellen. Achten Sie auf die Farbsymbolik. Symbolisiert nach Freud den weiblichen Körper.

Stollen: das Unbewußte, aus dem die inneren Schätze gefördert werden müssen.
Vaginales Symbol nach Freud.

Stolpern: Etwas ist nicht in Ordnung, Hindernistraum – oder ganz im Gegenteil: es wird eine neue Ordnung gefunden, indem man aus seinem gewohnten Rhythmus herausfällt.

Storch: Gefühlskraft, Familienwunsch. Nach dem Volksmund bringt der Storch die Kinder. Der Storch soll nach dem Volksglauben (auch Physiologus) nie sein Nest verlassen. Nach christlicher Symbolik soll der Storch um die Wiederkehr des Herrn wissen.

Sträfling: →Gefängnis. Schuldgefühle bedrängen Sie hart, so daß Sie sich (unbewußt) eingeengt fühlen. Indem Sie jedoch Ihre Befangenheit und Ihr Gefangensein im Traum erkennen, können Sie diese auch ändern. Oftmals geht es bei diesem Traumbild darum, daß Sie erkennen, daß es nicht nötig ist, sich zu bestrafen.

Strand: die Grenze zwischen Bewußtem und Unbewußtem oder Sehnsucht nach Urlaub und Ausspannen.

Straße/Weg: Lebensweg. Was auf der Straße geschieht, ist alltäglich und allen zugänglich (Beatles: »Why don't we do it in the road...«). Wichtig ist der Zustand der Straße und eventuell die Richtung, in der Sie sich bewegen. Wen oder was treffen Sie dort? Wohin sind Sie unterwegs?
Kreuzungen symbolisieren Entscheidungen, Wegweiser sind Richtungshilfen.

Geschlechtsorgane nach Freud, nach Jung die kollektive Bewußtseinswelt.

Straßenbahn: wie →Zug und →Bus Symbol kollektiver Fortbewegung. Brauchen Sie gerade andere, um weiterzukommen?

Strauch: Symbol der Persönlichkeit des Träumers. Versteck.

Streichholz: →Feuer, →Flamme, →Licht. Haben Sie sich an etwas entzündet oder verbrennen Sie sich Ihre Finger?

Streit: Innere Konflikte und Widersprüche (»zwei Seelen wohnen, ach! in meiner Brust,/Die eine will sich von der andern trennen;« Faust I, Vers 1112 f.)

Strick: →Seil. Hindernisraum oder man möchte oder sollte sich binden. Verzweiflung (am Strick hängt man sich auf; der Galgenstrick).

Stroh: mühselige Arbeit oder Schwierigkeiten (es piekst). Erinnert aber auch ans Bett und Lager, das früher aus frischem Stroh oder Strohmatratzen bestand.

Stromleitung: →Leitung. Energieübertragung.

Strudel: Das Versinken in die Gefühlswelt, ins Unbewußte. →Tauchen.

Volkstümlich: eine Erbschaft wird eintreffen.

Strumpf: Erdung, kann auch in selten Fällen eine sexuelle Bedeutung besitzen (bes. das Anziehen der Strümpfe).
Volkstümlich: Ein heller Strumpf bedeutet Kummer, ein dunkler Strumpf Vergnügen, einer mit Loch symbolisiert einen Verlust, ein seidener Reichtum.

Stufe: es kommt etwas Neues, eine →Schwelle, die erst überwunden werden muß. Zeigt meist eine Entwicklung an. →Absatz, →Treppe.

Stuhl: man braucht Ruhe. Volkstümlich: Nachricht von einem abwesenden Freund.

Stundenplan: Effizientes Arbeiten, Ordnung und Disziplin. Häufig wird auch in diesem Traumbild eine Art starren Denkens und Arbeitens im Sinne des »Schubladen-Denkens« angesprochen (»Betriebsblindheit«). →Rhythmus.

Sturm: →Orkan, →Hurrikan, →Wind. Ein Hindernistraum oder möglicherweise auch ein Symbol des Aufbruchs oder einer Befreiung besonders im oder durch den geistigen Bereich (vgl. Shakespeare »Der Sturm«). Aufruhr der Gefühle. Man sollte nicht so stürmisch oder stürmischer sein.

Süden: →Himmelsrichtungen.

Süßigkeiten: Sinnesfreude, oft auch sexueller Genuß nach Freud, zumindest Liebessehnsucht. →Paradies.

Sumpf: →Moor. Man kommt nicht weiter und hat Angst, im Unbewußten steckenzubleiben. Angst vor Gefühlen und der »Rückschlingung ins Weibliche« (Erich Neumann), d. h. daß der männliche Anteil im Mann und der Frau (Animus) befürchtet, durch den Sog der Gefühle und des Unbewußten seine erkämpfte Bewußtheit zu verlieren. Hiermit ist die Sehnsucht nach und zugleich die Angst vor dem Gefühlschaos angesprochen.

Superman: Gestalten aus Comics, Science Fiction und Western sind moderne Symbole des →Helden. Sie drücken meist unreife Männlichkeit, Größenwahn und Allmachtsvorstellungen in ohnmächtiger Situation aus. Ein Hinweis auf antiquierte Ideale und unerfüllte Lebensziele des Träumenden.

Suppe: Was man sich eingebrockt hat, muß, soll und darf man auslöffeln. Hierin liegt ein Hinweis auf Konsequenz verborgen. Was man sich »eingebrockt« hat, ist etwas, das in die Suppe (den eigenen Gefühlsbereich) durch eigene Handlungen hineingegeben wurde. Kraft und Nahrung.

Surfen/Wellenreiten

Der Suppentopf stellt ein Symbol der Verschmelzung und des Zusammenfügens dar, →Küche.

Surfen/Wellenreiten: Sich vom Gefühl (→Wasser) tragen lassen und auf die vorhandenen →Rhythmen eingehen, →Segelboot. Hierbei benutzt man die Kraft des →Windes, also den Geist, um vorwärts zu kommen. Auch oft Ausdruck der Angst vor dem Eintauchen, d.h. mit dem →Kopf unter →Wasser zu gelangen (vgl. Angst vor dem Gefühlschaos wie bei →Sumpf). Sexuelles und Potenz-Symbol (»Surfers do it standing up«). →Kapitän, →Admiral.

Tabak: Genuß (mit Reue), Muße, aber auch Sucht. →Süßigkeiten, →Rauch, →Nebel.

Tablette: →Arznei, →Pille.

Tätowierung: Mut, Verwegenheit und Männlichkeit. Seine Haut zu Markte tragen und exzentrische wie sinnliche Selbstdarstellung.

Täuschung: Symbol der Unbewußtheit. Man sollte wacher und klarer sein – oder ist Ihnen gerade eine (Selbst-)Täuschung bewußt geworden? In diesem Fall zeigt Ihnen dieses Symbol, daß Sie bewußter, wacher und klarer geworden sind.

Tafel (Wandtafel): Erinnerung an etwas (Verdrängtes). Verweist auf Ängste der Schulzeit. Es geht hier oft um Wissen und Prüfungssituationen.

Tafel (Tisch): Die Sehnsucht nach der unbeschwerten Verbindung mit anderen oder ein Hinweis darauf, daß man in dieser Verbindung lebt. Zusammenhalt und Zugehörigkeitsgefühl. Hinweis auf eine edle Gesinnung, die anzustreben ist oder erreicht wurde (vgl. die Tafelrunde der Artus-Sage). →Abendmahl, →Fest, →Restaurant.

Tafel (Schokolade): →Süßigkeiten, →Schokolade.

Tag: Zuversicht, viele Möglichkeiten (der ganze Tag liegt noch vor einem), man wird immer bewußter.

Taille: Wer abnehmen möchte, träumt vielleicht häufiger von ihr. →Gürtel, →Bauch.

Tal: Tiefpunkt, Krise und Wendepunkt. Wer sich ins Tal begibt, geht entweder den Dingen auf den Grund oder er steigt in sein Unbewußtes hinab.
Auf die Art des Tales (seine Form und Bewachsung) ist zu achten. Als schattiges Tal symbolisiert es dunkle Bereiche, ein schluchtartiges Tal symbolisiert entweder die weibliche Sexualität oder sexuelle Ängste.
Volkstümlich: Warnung vor einer Krankheit.

Talisman: →Amulett. Es ist darauf zu achten, was auf dem Talisman abgebildet oder geschrieben steht. Volkstümlich: Warnung vor Gefahr, bes. bei Menschenansammlungen.

Tank: Energiereserve.

Tankstelle: →Tank. Ort, an dem man Energie tankt. Man legt eine Pause ein.

Tante: Wie jedes Frauenbild beim Mann symbolisiert sie dessen Weiblichkeit. Bei der Frau drückt die Traumfigur der Tante oft den Schatten der Träumerin aus, nur in Ausnahmefällen ihr Idealbild. Das Weibliche, zu dem man sich hingezogen fühlt. Die Tante wie der →Onkel symbolisieren auch häufig den »gesunden Menschenverstand«. Volkstümlich: gutes Omen.

Tanz / tanzen / Tänzer / in: kommt häufiger bei Frauen vor. Mit dem Körper Freude und Leid ausdrükken. Das Leben ist rhythmisch, bes. das weibliche. Noch heute werden bei Urvölkern wichtige Lebenssituationen tanzend dargestellt, so wird man im Traum oft durch den Tanz in neue Lebenssituationen eingeführt. Ähnliche Bewegung wie beim →Schwimmen. Der Tanz mit dem Partner: Gibt Hinweis auf Rollen in der Partnerschaft. Wer hat geführt? Sehnsucht nach Partnerschaft und spielerischem Ausdruck mit dem Partner (Leichtigkeit). Für Freud wie alle rhythmischen Körperbewegungen Ausdruck des Geschlechtsverkehrs. Bei Jung stellt die Tänzerin einen Ausdruck des Kore-Archetypen (der Archetyp des Mädchens) dar.

Tasche: →Gefäß, →Koffer, →Sack. Zeichen der Tragfähigkeit und ggf. der Handlungsfähigkeit. Symbol für das, was wir mit uns tragen (Handtasche, Aktentasche usw.): Das eigene, »jeder hat sein Päckchen zu tragen«. Symbol auch für das, was in uns steckt (Tasche innen in der Kleidung). Weibliches Genital nach Freud. Die Schürzentasche ist nach Jung die »Tasche«, die das Mädchen oder die Frau im eigenen Leib trägt, beim Mann oder Jungen symbolisiert die Hosentasche die Region, aus der die (sexuellen) Wünsche stammen.

Taschenlampe: →Licht. Man kann die dunkle Seite bei sich oder anderen nicht ertragen. Zugleich aber als Licht in der Dunkelheit auch ein Symbol des Lichtblicks und der Hoffnung.

Taschentuch: Sicherheit und Ordnung. Man muß weinen, Trauer. Mit dem Taschentuch ist man für alle Situationen gewappnet und es hat auch oft die Bedeutung von

Tasse

etwas Kuscheligem, an dem man sich festhält.
Volkstümlich: ein Geschenk.

Tasse: Durst. Verweist auf das weibliche Prinzip und bezieht sich auf Gefühle und Bedürfnisse der Seele. →Schale/Krug/Kelch. Nach der Psychoanalyse Symbol der weiblichen Sexualität.

Tau (Seil): Bindung und Sicherheit.

Tau(tropfen): Fast ausnahmslos ein Symbol befreiter Sexualität.

Taub: Man will (Unangenehmes) nicht hören und zeigt zuviel oder zuwenig Gehorsam. Man nimmt seine Umgebung nicht genau wahr. In seltenen Fällen auch ein reales körperliches Symptom während des Schlafs.

Taube: Das Tier, das ohne Falschheit ist. Frau und Geliebte. Wie alle →Vögel ein Sinnbild sowohl der sexuellen als auch der geistigen Höhenflüge. Friedenssymbol und Bild schöpferischer Gedanken. Daß die Taube (wie andere Vögel) auch als lebensbedrohende Macht erlebt werden kann, drückt nicht zuletzt A. Hitchcocks Film »Die Vögel« aus. Die Taube kann als der Geist oder Dämon erlebt werden, den man nicht mehr los wird (vgl. Patrick Süßkinds »Die Taube«). So gesehen stellt sie ein Zeichen des Schreckens und Ekels dar (weswe-gen Georg Kreisler in seinem bekannten Lied auch die Tauben im Park vergiften möchte).
In der christlichen Kirche symbolisiert die weiße Taube den heiligen Geist, der erst weiblich (wie die griech. Sophia) dargestellt wurde. Nach frühchristlicher Auffassung ist sie das Gegenbild zur →Schlange; nach jüdischer Überlieferung der Bote Gottes. Der heutige Zeitgeist liebt bes. das (christl. geprägte) Bild der Friedenstaube, in dessen Tradition auch die selige Möwe Jonathan (vgl. den gleichnamigen Bestseller des amerikan. Autor Richard Bach) steht.

Tauchen: Man erforscht die Tiefen seines Seelenlebens oder will etwas nicht wahrhaben, flüchten und taucht weg. Verweis auf eine Regression in den vorgeburtlichen Zustand und eine Vorbereitung zur Wiedergeburt (d. h. einem Neuanfang). Taucher-Träume handeln von den →Abenteuern unter →Wasser, jenen Abenteuern, bei denen der/die Träumende sich dem Gefühl (Wasser) hingibt. Diese Erlebnisse mögen ekstatisch oder angstbesetzt sein, oft hängen sie jedoch mit einer Befreiung zusammen. Immerhin bewegt man sich unter Wasser leichter als über Wasser. →Fisch, →U-Boot.

Taufe: Lossprechung, Wiedergeburg, Einweihung. →Bad, →Quelle.

Taxi: Sie fahren nicht selbst auf Ihrem (Lebens-)Weg, obwohl Sie das Ziel bestimmen.

Teddybär: →Puppe. Meist ein Ausdruck der Sehnsucht nach Geborgenheit und Kindlichkeit. Der Teddy kann auf Kinderwunsch hinweisen.

Tee: Anregung. Man sollte Geduld üben, »abwarten und Tee trinken«. Volkstümlich: Schwierigkeiten.

Teer: ein Bild des Anhänglichen (er ist klebrig) und Dunklen (→Schwarz), →Pech.

Teich: stehende Gewässer symbolisieren oft erotische Gefühle. Ist die Oberfläche ruhig, zeigt dies ein ausgeglichenes Gefühlsleben an. Nach der Redewendung »ruhige Wasser gründen tief« deutet er auf Tiefsinn oder tiefe Gefühle. Trübe Wasser sind oft ein Bild (sexueller) Konflikte.

Teilung: Abtrennung, Entfremdung und Verlust. Je nach Kontext kann dieses Traumbild auch auf soziale Fähigkeiten verweisen. Oftmals ein Hinweis auf die Individualität des/der Träumenden, da die Individualität das Unteilbare darstellt.

Telefon: Kommt häufiger im Männertraum vor und verweist auf gute Verbindungen. Sinnbild für den Kontakt mit der anderen Seite in sich selbst. Wichtig ist bei diesem Bild, ob man Verbindung bekommt oder nicht. Hinweis auf Kontaktschwierigkeiten, wenn man keinen Anschluß bekommt. Wird die Störung behoben, kann der Träumer seine Kommunikation zur Umwelt verbessern. Achten Sie auf Ihre Kommunikationsstrukturen (bes. in Beziehungen).

Telegramm: →Brief. Etwas Eiliges und Wichtiges.

Teleskop: Sie sollten sich etwas näher anschauen, oder brauchen Sie Abstand?

Teller: soziales Glück oder (Lebens-)Hunger.

Tempel: eines der vorteilhaftesten Omen in der europäischen Traumsymbolik: Vollkommenheit, Lebensfreude, Vorankommen auf dem Individuationsweg, man findet zu der Mitte seines Wesens. Der Tempel kann ein Muttersymbol sein, dann meist Überhöhung der Mutter. →Pfarrer, →Priester.

Terrasse: Man tastet sich in einen neuen (meist öffentlichen) Bereich hinein und zeigt sich der Außenwelt. Erholung und Freizeit. Volkstümlich: durch Erbschaft erlangt man eine höhere Position.

Testament: Man will seine Lebensverhältnisse ordnen und einen Überblick über das gelebte Leben geben. Todesangst, oder man hofft auf Reichtum ohne eigene Arbeit. Auseinandersetzung mit dem Erbe oftmals im Sinne der eigenen Vergangenheit. Hier begegnet man oft seinen Talenten und Fähigkeiten. Ein Bild der Sinnsuche. Wunsch nach Fruchtbarkeit und Erfüllung, bes. nachdem man einen Lebensabschnitt abgeschlossen hat.

Teufel: meist ein Zeichen dafür, daß der Schatten und das Natürliche besser integriert werden muß oder der Verweis auf eine einseitig intellektuelle Haltung wie beim Mephisto im FAUST.
Der schwarze Teufel ist Finsternis und Tod, der rote Teufel der Lichtbringer und der Leidenschaftliche, der dem Wilden nahe steht, der grüne Teufel ist das Naturwesen, das als Schlange, Pudel, Katze und Ziege erscheint (alles Symbole des Teufels). Er symbolisiert die Tiernatur des Menschen und dessen Erdverbundenheit.
Als Ahriman (altpersisch) ist er der Widersacher des Lichts, er symbolisiert Finsternis und Tod und steigt in Schlangengestalt vom Himmel herab. Er ist als Satan im Hebräischen das Bild der bösen Lust, im Neuen Testament ist der Teufel ein Gegenspieler der Kirche, d. h. der Inbegriff der Abwesenheit Gottes unter den Menschen. Nach dem griechischen Kirchenvater Irenäus (3. Jahrh. n. Chr.) ist er ein aus Hochmut gefallener Engel. Als Luzifer (der Lichtbringer) gilt er als Lichtwesen. In Dantes Divina Comedia ist Luzifer mit seinen drei Köpfen im untersten Erdenschlund das Gegenbild zur heiligen Dreieinigkeit. Fast alle Götter der von den Christen unterdrückten Völker werden in christlicher Tradition als Teufel gezeichnet. So symbolisiert er ohne weiteres auch das Natürliche, Ursprüngliche und den Lichtfunken (vgl. auch das Grimmsche Märchen »Der Teufel mit den drei goldenen Haaren«).

Theater: Man sollte das Leben leichter nehmen und nicht so viel Theater zu machen. Eitelkeit und Anerkennungssucht, aber auch Symbol der persönlichen Träume und Ideale. Auf dem Theater sieht der/die Träumende sozusagen Ihre Modellwelt. →Schauspieler/in.

Thermometer: es ist immer ein Stimmungsbarometer.
Volkstümlich: ein abwechslungsreiches Leben steht bevor,

Thron: man möchte (be)herrschen. Setzen Sie sich selbst auf einen Thron?
Sind Sie der Thronfolger oder müssen Sie abdanken? Sind Sie die Kraft, die hinter dem Thron steht? →Stuhl, →König/in.

Tiefe: auf dem Entwicklungsweg muß man durch die Tiefe hindurch. Auseinandersetzung mit dem eigenen Unbewußten.

Tiefgarage: Ort des Unbewußten und Erstarrten. →Wald, →Keller.

Tier: Das Tierische und Triebhafte des Menschen. Instinkte nach Freud und den meisten Traumdeutern. Das Animalische als der bewußtseinsferne Instinkt (Anima) oder als instinktfernes Bewußtsein (Animus) im Menschen. Das Bild des Verdrängten oder auch teilweise des Schattens, das sich der Integration anbietet. Wichtig ist, um welches Tier es sich handelt. Jung schlägt vor, sich immer in Brehms Tierleben über den natürlichen Charakter des geträumten Tieres zu informieren. Nach Freud werden Kinder und Geschwister als kleine Tiere symbolisiert, wilde Tiere dagegen bedeuten nach Freud sinnlich erregte oder auch erregende Menschen, böse Triebe oder Leidenschaften.

Tiger: →Leopard. Häufiger Frauentraum. Sehnsucht nach kraftvoller Liebe und gleichzeitig auch Angst vor einen solchen Erfahrung. Der Tiger gilt wie der →Löwe als Symbol der Lebenskraft und Leidenschaft (der Tiger symbolisiert eher die weibliche Sexualkraft, wie der →Löwe eher die männliche). Er besitzt große Kräf-

te, und die Hauptstärke seines Angriffs liegt in der Überraschung. Er ist auch ein Symbol schwerer Verluste. Im Shinto (altjapanisch) gilt der Tiger als heiliges, menschenfressendes Raubtier, eine nichts schonende Personifikation des Grauens und der Angst. Nach Jung ist er ein Symbol der weiblichen Triebwelt wie →Katzen, →Bären und →Schlangen.

Tinte: symbolisiert bindende Verpflichtungen. Welche Farbe?

Tisch: →Möbel. Lebensenergie. Symbol der Materie sowie der Erde (Welt).Seit der altägyptischen Traumdeutung zeigt er an, daß Gäste kommen, die man bestens bewirten sollte. Nach Freud stellt er wie im Talmud ein Symbol für den Körper der Frau dar.

Tochter: das kreative Weibliche, das noch viele Möglichkeiten zu entwickeln hat. →Mond. Auch Symbol junger, neuartiger Seelenkräfte und -bedürfnisse für die oder den Träumenden.

Tod/töten: träumen Menschen von ihrem Tod, ist damit fast nie der bevorstehende körperliche Tod gemeint, sondern die Notwendigkeit, sein Leben zu ändern und alte Lebenshaltungen absterben zu lassen. Tod heißt meist, daß ein radikaler Wechsel notwendig ist. Im

Grunde kann man acht Ebenen bei diesem Symbol unterscheiden:
1. Hinweise auf den notwendigen Abschluß einer bestimmten Phase, Übergang zu einer neuen,
2. der Wunsch etwas loszuwerden (Eigenschaft, Verhalten, Situation, etc.),
3. Hinweis, daß eine Auseinandersetzung mit Tod und Todesangst anliegt, d. h. eine Suche nach Erfüllung und Fruchtbarkeit,
4. man fühlt sich an einer Grenze, die man nicht zu überschreiten weiß,
5. man sollte sich mehr um seine Gesundheit kümmern,
6. etwas stirbt in einem ab,
7. enge Verbindung mit Verstorbenen,
8. Wunsch nach Ruhe, Frieden und Harmonie (»Tod der Angst«).
Nach Jung Bild der Ablösung aus der Verschmelzung mit dem Gestorbenen, ein Symbol der Wandlung und des Neuanfangs.

Töpfer/in: man muß den Stoff des Lebens formen. Man bildet die Ausdrucksformen für seine seelische Energien. Romantische Sehnsucht nach der vorgeblich einfachen Tätigkeit.

Toilette: Die Zone des Wurzel-Chakras (Muladhara), dort wo die Kundalini wohnt. Weist auf die Entlastung von unverdaulichen Resten bearbeiteter Probleme hin. Man soll loslassen. Die Toilette wird seit Urzeiten als düsterer, unheimlicher Ort angesehen (alle mit den Naturfunktionen verbundenen Orte werden im Traum dämonisiert). Es ist der Ort der verbotenen Sexualität (Selbstbefriedigung und Homosexualität), ein Ort, der voller Gefahren und unheimlichen Tuns steckt; es ist die Stätte, wo die Geister und der Teufel ihr Unwesen treiben, weswegen die Toilette früher nie im Haus zu finden war. Sie ist ein Tabu-Ort, ein verschwiegener und verbotener Ort, ein Ort der Anfänge der Sexualität, um den die pubertären Phantasien kreisen. In diesem Traumbild drückt sich auch die Endlichkeitserfahrung aus: Zum einen wird die Vergänglichkeit angesprochen und darauf verwiesen, das alles Materielle vergeht und wertlos wird, zum anderen schwingt in dieser Endlichkeit auch die Bedeutung von Vollbringung und Vollendung mit. Hier ist die alchemistische Vorstellung gemeint, daß man aus Kot das Gold gewinnen kann (vgl. »Goldesel, streck dich«). Im Grunde ist die Toilette der Ort der Umwandlungsprodukte. Bei diesem Traumbild steht fast immer eine notwendige Veränderung bevor: Sie müssen etwas loslassen und zugleich aus diesem Losgelassenen etwas Positives für sich formen.
In der nordischen Thorsteinsage warnt König Olaf seine Gäste, nachts allein die Toilette aufzusuchen, da sie sonst in ein gefähr-

liches Abenteuer mit dem →Teufel verwickelt werden. In der Sigurd-sage gilt die Toilette ebenfalls als Ort der Geister. Der Ort höchster Kreativität nach Jung.

Tomate: →rot. Obwohl sie als Symbol der Fruchtbarkeit ge-träumt wird, kann die Tomate als Nachtschattengewächs auch etwas Unheimliches haben. Nach R. Steiner ist sie ein Aus-druck der Erotik und Leidenschaft.

Tonband (-gerät): Hinweis darauf, daß Sie etwas ganz genau aufneh-men (und dokumentieren) sollen. →Ohr, →Radio.

Topf: →Gefäß, →Pfanne, →Sup-pe.

Tor: →Tür. Symbol des Über-gangs und Verweis auf etwas Neu-es. Saturn-Symbol: →Schwelle. Dieses Traumbild besitzt nach Freud beim Neurotiker eindeutig eine sexuelle Bedeutung (Scheide).

Tote/r: früher sind Totenträume häufig gewesen, heute sind sie rela-tiv selten. Das Land der Toten ist das Unbewußte, wo der →Schatten herrscht. Ein Toter ist nach Jung im Traum in erster Linie der Repräsentant unbewußter Vorgänge (vgl. Traum des Gelehrten G. Cardamo unter →Affe), →Tod.

Tränen: Ähnliche Bedeutung wie →trinken: Das →Wasser des Le-bens kann fließen. Ein Zeichen der Lösung. →Über-Fluß, →Weinen.

Traube: Natürlichkeit, Fruchtbar-keit des Lebens bzw. der Natur und (dionysische) Freude. →Obst, →Wein.

Traum: symbolisiert Unbewußt-heit; Wachheit wird gefordert.

Trauzeuge: Man sehnt sich nach einer festen Bindung. Bedürfnis nach Verbindung mit einer ande-ren Seite in sich selbst. Volkstümlich: eine Warnung vor falschen Freunden.

Treibhaus: →Gewächshaus.

Treibsand: Versinken in den Ge-fühlsbereich. Tückische Gefahren, versandende Erkenntnisse, ungefe-stigte Emotionen. →Dünen.

Treppe/Wendeltreppe: Wand-lung und Übergang von unten (dem Unbewußten) nach oben (dem Be-wußten) oder umgekehrt. Häufiges Märchen- und Filmsymbol persön-licher Ganzwerdung. Die Treppen-absätze entsprechen den einzelnen Energiezentren des menschlichen Körpers (Chakren). Handelt es sich um einen Auf- oder Abstieg? Freud sah das Treppensteigen als Symbol geschlechtlicher Vereini-gung an.

Tresor: Sicherheit. Man bangt um seinen Besitz oder ist zu sehr oder zu wenig verschlossen (sich selbst und anderen gegenüber).

Trinken: Was man wie trinkt, ist wichtig. → Durst, → Tasse, → Glas, → Wasser, → Wein, → Tränen.

Tritt: Angst vor sozialem Abstieg, Gegner und Feinde.

Trommel/trommeln: Bewegung, etwas Neues, Aufruhr der Gefühle. Nach neusten amerikanischen Forschungen liegen Störungen oder eine Art Alarmierung des Nervensystems vor, wenn man öfters hintereinander von einem Trommeln träumt.

Trompete: Man möchte auf sich aufmerksam machen und versucht, schlafende Energien zu wecken. Ausdruck kraftvoller Energien.

Tuch: Schutz und Verhüllung. Die Symbolik der Farbe des Tuches und seines Materials ist hierbei zu beachten.

Türe: man steht vor einem Neubeginn, → Tor.
In der altägyptischen Traumdeutung stellt die Tür ein Symbol lieben Besuchs dar, wenn sie offen steht. Sie ist ein Symbol des weiblichen Geschlechtsorgans nach Freud, nach Jung eher Symbol des Übergangs in eine andere Phase.

Tulpe: Frauentraum, bei Männern selten. Naturverbundenheit. Wie bei allen Blumensymbolen im Traum schwingen beim Bild der Tulpe auch sexuelle Bedeutungen mit.
Volkstümlich: solch ein Traum zeigt eine kurze Verlobung und eine heimliche Heirat an.

Tumult: → Aufruhr.

Tunnel: Meistens handelt es sich hierbei um einen Geburtstraum. Rückbesinnung auf den Ausgangspunkt. Wiedergeburtstraum. Im Tunnel begegnen wir oft dem Unbewußten.
Deutet nach Freud auf Geschlechtsverkehr (bes. wenn → Zug/Züge in den Tunnel ein- oder ausfahren).

Turm: Häufiges Penissymbol bes. in Frauenträumen. Mehr Überblick ist nötig (Wachturm). Macht-Symbol (vgl. im Englischen den Anklang von »tower« und »power«; auch Turmbau zu Babel).
Im Turm eingeschlossen zu sein, verweist auf sexuelle Hemmungen bei Frauen (Rapunzel) bzw. auf Hemmungen im Ausleben einer ungewöhnlich hochentwickelten Sexualität.

Turnhalle: Man sollte mehr für seinen und mit seinem Körper tun.

U-Boot: Man möchte sich verstekken und die Welt von der Gefühlsseite (→ Wasser) her sehen. Entweder ein Hinweis auf Regression und ein schwaches Ich oder auf ozeanische Gefühle, mit denen man umgehen kann. Man bleibt trotz großer Gefühle sozusagen manövrierfähig. → tauchen, → Fische.

Überfahren werden: kann auf Minderwertigkeitskomplexe oder Übervorteilung deuten.
Nach Freud ein Bild sexuellen Verkehrs (bes. bei Männern), wenn Probleme vorliegen, sich sexuell aktiv auszuleben.

Überfall: ähnlich wie → überfahren werden, nur aggressiver und daß es hier meist um Angst vor Besitzverlust handelt.

Überfluß: Symbolisiert das Übermaß, man sollte sich bescheiden. Aber auch ein Hinweis darauf darauf, daß man gut im Fluß ist und alles das anzieht, was man braucht (vgl. das deutsche Volkslied »Wenn alle Brünnlein fließen...«). Freudianisch: Potenzprotzerei.

Überschwemmung: Gefühle, Emotionen und Affekte überfluten einen. Man fühlt sich im Triebhaften und Unbewußten gefangen. Warnung vor psychotischen Verhaltensweisen. Wenn dieses Traumbild mit Angst verbunden öfters auftritt, sollte ein Psychotherapeut aufgesucht werden.

Übertragung: Seit Sigmund Freud eine Schlüsselbegriff der Psychotherapie. Neben den mehr technischen Aspekten der praktischen Therapie bedeutet der Begriff der Übertragung im Ergebnis, daß in jeder Alltagssituation alte und uralte Inhalte des Seelenlebens anhand von aktuellen Anlässen wiedererweckt und zum Vorschein kommen können (sofern sie noch nicht erledigt waren). Alles, was in einem gegebenen Augenblick geschieht, kann sowohl eine konkrete aktuelle Bedeutung besitzen wie auch einen *übertragenen* Inhalt, der gar nicht aus der jetzigen Situation stammt, sondern in diese aus alten innerseelischen Verhältnissen hineingetragen wird. → Fernsehen, → Fax, → Begleiter/in, → Schatten.

Ufer: Bild des Verstandes (im Gegensatz zu →Wasser: das Gefühl), der das Gefühl leitet und somit einschränkt. Das Ufer ist bisweilen ein Sinnbild der äußerlichen Realität, während das →Wasser die seelische Wirklichkeit verbildlicht. Wie ist das Ufer beschaffen? Das Erreichen des anderen oder neuen Ufers ist häufig ein Symbol neuer Einsichten.

Uhr: →Mandala- und Schicksalssymbol, →Zeit. Die Uhr weist nach Freud wegen ihrer periodischen Abläufe auf die Menstruation. Das Ticken der Uhr soll nach Freud dem Klopfen der Klitoris bei sexueller Erregung entsprechen. Könnte man diese Deutung auch auf den rhythmischen Impuls der Quarz-Uhr beziehen?

Umarmung: Sehnsucht nach Nähe, aber auch Angst vor Enge und Distanzlosigkeit. Bindungsschwierigkeiten. Wichtig ist, wen man umarmt. Nach Freud Sehnsucht nach sexueller Vereinigung.

Umhang: man möchte sich wärmen oder sich verstecken. In der St. Martins – Legende soll im Mantel die menschliche Wärme geteilt werden.

Umschlag: →Brief, →Post. Erwarten Sie eine wichtige Mitteilung?

Umweg: Sie sollten direkter Ihre Ziele angehen, oder dieser Umweg ist nötig und stellt den schnellsten Weg zum Ziel dar (vgl. das chin. Sprichwort: »Willst Du Dich beeilen, mache einen Umweg«).

Umweltverschmutzung: 1. Innere Beschäftigung mit realen Problemen und Aufgaben des Alltags und Fragen der Lebensqualität. – 2. Traumbild für »innere Umweltverschmutzung«, d.h. für seelische Belastungen und Unklarheiten. – 3. Symbol für das (positive) Anliegen, die Umwelt nach eigenen Interessen zu gestalten, Ausdruck für die Verwirklichung oder Nichtverwirklichung komplexer persönlicher Bedürfnisse und (Trieb-) Wünsche. →Erde, →Feuer, →Luft, →Wasser, →Abfall, →Müll, →Quelle, →Welt.

Umzug: Veränderung.

Unbekannte/r: Meist verbirgt sich Ihre eigene unbekannte Seite – oft der →Schatten – dahinter.

Unfall: oft die psychische Verarbeitung eines real erlebten Unfalls. Eine Warnung, die Angst widerspiegelt. Auch Hinweis auf Unaufmerksamkeiten im alltäglichen Leben. Ein Schutztraum, da die seelische Verarbeitung im Traum die Erfahrung in der Außenwelt ersetzt. Ein Bild der Schwierigkeiten und Probleme, denen man sich

nicht gewachsen fühlt. Der Unfall kann ferner ein Orgasmussymbol sein.
Man kann mit dem Traumforscher Jack Maguire (Traumarbeit und Transformation, München 1991) vier verschiedene Ebenen dieses Symbols unterscheiden:
1. Selbstbestrafungstendenz
2. Gefühl, das eigene Leben oder eine bestimmte Lebenssituation gerät aus der Kontrolle
3. Ausdruck von Wut und/oder Angst
4. Mißtrauen in diejenige Situation, die im Traum zum Unfall führte.

Ungeheuer: Fabelwesen wie z. B. Drachen und Meeresungeheuer deuten auf Gewissenskonflikte, die bis zu Persönlichkeitsstörung führen können. Therapeutische Hilfe sollte aufgesucht werden, wenn diese Bilder öfters vorkommen und mit großer Angst verbunden sind.

Ungehorsam: Freiheitssymbol, Verantwortungslosigkeit.

Ungeziefer: Hinweis auf unbefriedigte sexuelle Wünsche oder Angst vor unerwünschter Schwangerschaft.
In der Antike Symbol des Leichtsinns im Glücksspiel. Nach Freud oftmals Kinder oder Geschwister. Volkstümlich: Glück.

Uniform: Autorität. Selbstbestätigung, Ehrgeiz und Machtstreben, aber auch fehlendes Selbstbewußtsein und/oder schwache Ich-Differenzierung. Hinweis auf fehlende oder zu starre Ordnung. Bei Frauen Sehnsucht nach oder Angst vor einem starken Mann. Die Uniform verweist auch auf die fehlende Individualität, auf Wiederholungen und das Serielle hin.
Nach Freud Verweis auf die Nacktheit, die sie verdeckt.

Universität: →Schule. Muttersymbol (alma mater), aber auch Männerdomäne. Symbol für die intellektuelle Seite des Lebens. Man möchte sich *ein* Bild von *allem* machen können.

Unkraut: Ungeordnete und ungekannte Instinkte und Impulse, die sich störend oder hilfreich auswirken.

Unordnung: Chaos, aus dem alles hervorgehen kann. Eine Aufforderung, das Leben neu zu ordnen.

Untergang: Man versinkt in die Welt seiner Gefühle und/oder Instinkte, die einen überwältigt. Hierin liegt eine große Chance, sich selbst neu kennenzulernen. →U-Boot, →Sumpf, →tauchen.

Untergeschoß: der Träumer bekommt Kontakt mit seinem Unbewußten.

Untergrund: Eines der häufigsten Symbole des Unbewußten. Man möchte sich verstecken. Man ergründet sein Unbewußtes und das vormals Unbekannte, und wird mit ihm vertraut.

Unterleib: zunächst sollte man abklären, ob man nicht Bauchschmerzen im Schlaf hatte. →Sexualität, →Toilette, →Bauch, →Gürtel.

Unterschrift: träumen Sie von Ihrer eigenen Unterschrift, dann verweist dies auf Ihre Identität. Wofür haben Sie Ihre Unterschrift gegeben und welche Konsequenzen hat das? Handelt es sich um die Unterschrift eines anderen, so sollten Sie sich mit dieser Person mehr beschäftigen.

Unterwelt: →Untergrund. Mythologisches Symbol des Unbewußten; die dunklen oder schattengleich-wesenlosen Götter der Tiefe.

Unwetter: →Sturm, →Orkan, →Hurrikan.

Urin: ist eine magische Flüssigkeit wie alle Körpersäfte. Hinweis auf sexuelle oder familiäre Spannungen.

Urne (Behälter der Asche): →Tod und Vergänglichkeit. Volkstümlich: ein junger Verwandter kommt zu Ehren.

Urne (Wahlurne): Sie haben die Wahl, Ihr Leben so zu gestalten, wie es mögen.

Uroboros: →Oroboros.

Urteil: Es geht hier um Ihre Meinung in einer wichtigen Angelegenheit und um →Gerechtigkeit. In der älteren Traumdeutung sagte man, hier spricht Ihr Gewissen. →Gericht, →Rechtsanwalt/ Rechtsanwältin und →Beichte. Volkstümlich: Symbol einer Reise über Land.

Urwald: Als unbegehbarer →Wald der Ort des Unbewußten und der Triebe. Symbol starker Lebenskraft, aber auch der Gefahr, den Trieben zu erliegen. Verweist auf mehr Disziplin, oder ermuntert Sie, Ihre Triebe auszuleben. →Labyrinth, →(Groß-)Stadt (als Asphalt-Dschungel).

Vamp: geben Sie sich zu raffiniert als Frau, oder sollten Sie sich sexuell aufreizender geben? Bei Männer ist dieses Traumbild oft ein Zeichen der Sehnsucht nach raffinierterer Sexualität.

Vampir: →Fabelwesen, →Fledermaus. Schuldgefühle, man fühlt sich ausgesaugt. Oft werden solche Träumen von depressionsartigen Verstimmungen hervorgerufen. Personifizierter Schatten, der auf zu wenig Abgrenzung gegen die Schattenwelt verweist.

Vase: →Gefäß. Schönes Heim, man hängt zu sehr am Äußerlichen. Allerdings auch ein Hinweis, daß Sie von Ihren (sexuellen) Gefühlen bestimmt werden, die Sie oft verwirren. Bei Frauen drückt dieses Traumsymbol oft die fordernde Seite ihrer Sexualität aus, die sie mehr ausleben sollten oder mit der sie in einer männlich geprägten Gesellschaft in Konflikt geraten. Nach Freud ein weibliches Symbol.

Vater: →Chef, →Lehrer, →König. Vermittler der Lebensgesetze (Asper,K.; Nell, R.; Hark, H.: Kinderträume, Mutterträume, Vaterträume, (Walter) Freiburg, Olten 1990). Die archetypische Vaterfigur steht für Sicherheitsstreben, Ordnung, Autorität, Durchsetzungsvermögen (Mars) und Bewußtsein (→Sonne). Sie ist oft ein Ausdruck schlechten Gewissens. Bei Vaterproblematik kommt es häufig vor, daß der Traum-Vater als →Papst oder letztendlich Gottvater die Welt des Traumes lenkt und bestimmt.
Nach Jung das Zeugende und Gestaltende, das sinngebende geistige Prinzip, derjenige, der ins Leben führt.

Veilchen: Bescheidenheit, ein reine Frau oder ein Mädchen. Auf der anderen Seite ist mit dem Veilchen die Farbe →Violett (Lila) verbunden, die auf Emanzipation verweist. Die emanzipierte Frau als Grenzgängerin. Veilchen »viola« ist sprachlich dem lat. Wort »violatio« verbunden, was auf Gewalt und Vergewaltigung verweist.

Verband (Wundverband): Welcher Teil Ihres Körpers ist verletzt und muß durch einen Verband geschützt, zusammengehalten oder verborgen werden?

Verband (Institution): Symbol der Fähigkeit zur Zusammenarbeit und zum Koordinieren vielfacher Interessen, welche auf die eigenen Kräfte verweisen. Das Einlassen auf andere oder auf unterschiedliche Seiten in sich selbst, das die bestehenden Kräfte verstärkt. Herdentrieb wie auch bei →Uniform.

Verbannung: Verdrängung. →Exil, →Eremit. Volkstümlich: Glück.

Verbrecher: →Räuber. Verlust, im Traum Gewissenskonflikte oft sexueller Art (Marlene Dietrich: »Die Männer sind alle Verbrecher...«).

Verbrennung: Ein häufiger Warntraum, wenn Sie ein zu großes Risiko eingehen. →Flamme, →Feuer, →Licht.

Verfolgung: Außerordentlich häufiges Traumbild. Verdrängtes drängt sich wieder auf. Die Sexualität wird unbewußt als schlecht abgelehnt. Nach Freud: der Trieb verfolgt einen. Man könnte aber auch im Gegensatz zu Freud deuten, daß bei einem solchen Traum der/die Träumende seinen/ihren Ansprüchen und Idealen hinterherläuft.

Ein Verfolgungstraum besagt für Jung, das etwas zu mir kommen möchte. Was man abspaltet und verdrängt, das will sich mit einem vereinigen. Hierbei soll man keinen Widerstand leisten, sondern das verfolgende Element zu sich einladen. Wenn allerdings der Traum einen notwendigen Abschied und eine nötige Trennung betrifft, empfiehlt sich ein starker Widerstand gegen das Verfolgende.

Verirren: Symbol der Suche nach dem richtigen Weg in Situationen innerer Verwirrung. →Irrfahrt, →Umweg.

Verkehrszeichen: wichtig ist, was das Verkehrszeichen anzeigt. Das ist oft auf das eigene Sexualverhalten hin zu deuten.

Verkleinerung: →Zwerg, →Mainzelmännchen, →Teleskop. Minderwertigkeitsgefühl, Geringschätzung. Man nimmt eine Kleinigkeit zu wichtig. Möglicherweise ein Verweis auf die Vergrößerung Ihres Bezugsrahmens und somit auf Ihr wachsenden Bewußtsein. Vgl. L. Caroll: Alice im Wunderland.

Verlegenheit: Man kann sich nicht mitteilen und sollte seine Bedürfnisse deutlicher ausdrücken. Man hat einen Teil von sich verlegt bzw. weggelegt (man lebt ihn nicht aus).

Verletzung/Wunde

Verletzung/Wunde: Man fühlt sich getroffen und verletzt, man ist offen und fühlt sich schwach. Oft ein Ausdruck alter Verletzungen, die aufgelöst werden möchten.

Verlobung: →Heirat, →Hochzeit. Symbol einer zumindest vorübergehenden Verbindung (von männlicher und weiblicher Seite). Integration einer fremden Seite.
Es ist symbolisch wichtig, mit wem man sich verlobt. Volkstümlich: ein ungünstiges Zeichen.

Verlust: Verlustangst oder Freude einer →Trennung. Ver-lust deutet auf das Gegenteil von Lust hin, d.h. es geht um die Lust, sie will wiedergewonnen werden.

Vermögen: Eigenschaften und Fähigkeiten, die man besitzt.
Volkstümlich: je größer das Vermögen, umso größer ist die zukünftige Anstrengungen im alltäglichen Leben. →Reichtum, →Besitz.

Versicherung: Allbekanntes Sicherheitssymbol, das auf seelische Starrheit verweist. Mehr Mut zum Gefühl!

Verspätung: Angst, etwas nicht mitzubekommen.

Versteck: Symbol des Unbewußten. Verdrängung und Flucht aus einer Problemsituation. Bedürfnis

und Lust, zu suchen und gefunden zu werden.
Volkstümlich: schlechte Nachrichten.

Verstopfung: Schwierige (seelische) Aufarbeitung. Stockende Verarbeitung.

Verstorbener: →Tote/r.

Verteidigung: →Kampf, →Krieg, →Rüstung. →Gericht, →Rechtsanwalt/Rechtsanwältin.

Verwandlung: Verwandlungsszenen im Traum weisen auf mehr Beweglichkeit hin und auf die Hoffnung, daß sich eine Situation ändert.

Verwandte: bezeichnen Seiten von einem/r selbst wie gut bekannte Charakterzüge und Eigenschaften. Werden die Verwandten abgelehnt, lehnt man auch an sich diese Seiten bis zur Verdrängung ab.
Sexualorgane nach Freud und Steckel.

Vier: Ganzheitssymbol (Quaternitätssymbol nach Jung). Die 4 Jahreszeiten, Mondphasen, Himmelsrichtungen etc., besonders auch die 4 Elemente, die 4 Gliedmaßen, die 4 Funktionen des Bewußtseins (vgl. dazu genauer Jung GW 13, §358ff.). Die Vier schafft Ordnung im Chaos und in der Fülle der Erscheinungen, Symbol des Ganz-

und Eins-Werdens (im Gegensatz zur →Multiplizität).
Bei den Indianern gilt 4 als heilige Zahl, Zahl alles Schönen (z. B. muß ein Gebet viermal gesprochen werden). In der Alchemie erfolgt der Prozeß der Umwandlung in 4 Etappen. Alles Menschliche entsteht aus dem Viergeteilten, so teilt sich der Paradiesstrom nach der Legende in 4 Ströme auf. Die Vier zeigt nach Jung immer das Werden des inneren Menschen an. Sie symbolisiert Vollständigkeit und Totalität: die 4 Temperamente, bei Schopenhauer die vierfache Wurzel des Grundes, im Christentum die 4 Richtungen des →Kreuzes und Christus wird von den 4 Evangelisten umgeben.

Viertel/Stadtviertel: Teile des/der Träumenden selbst.

Villa: verweist wie →Vorteil meist auf den Habens-Modus nach E. Fromm, indem man die Villa als Symbol der Reichtums besitzen möchte. Wunschtraum.
Unter dem »Habens-Modus« versteht Fromm die weitverbreitete Haltung, daß man eine seelische Leere mit Besitz auszufüllen sucht (vgl. dazu genauer: Fromm, Erich: Haben oder Sein. Die seelischen Grundlagen einer neuen Gesellschaft. DVA, Stuttgart 1976).

Violett: Ausgeglichenheit und Vollkommenheit. Symbol der Su-

che nach dem Transzendenten (Violett ist die Farbe am Rande des Unsichtbaren, des Ultravioletts). Höchste und feinste Schwingung des Spektrums wie Inspiration und Geistigkeit. Violett wirkt beruhigend (es baut beim Sehvorgang wenig Sehpurpur ab). Violett ist eine lichtabhängige Farbe, die unter verschiedener Beleuchtung sehr unterschiedlich wirken kann. Selten ist Violett auch die Farbe der Leidenschaft. →Rot als Farbe des Körpers und →Blau as die der Seele verbinden sich zur Beseelung des Körpers.
Im Rheinland galt Violett als Trauerfarbe (bis ins 19. Jahrh.). Es ist die wichtigste Farbe im Liebeszauber. Als Hexenfarbe (Grenzüberschreitung) wurde Violett zur Farbe der Feministinnen.
In Byzanz war Violett die Farbe der Macht, in der römisch-katholischen Kirche die Farbe hoher Geistlichkeit. Es gilt als Stellvertreter für Schwarz – dem Symbol der Demut und Buße – in der katholischen Kirche. →Veilchen, →Lila.
(Vgl. Vollmar, Kb.: Das Geheimnis der Farbe Violett, Ed. Tramontane, Bad Münstereifel 1993)

Violine: →Geige. Der Körper der Frau. Wenn jedoch eine Saite reißt, dann bedeutet das Streit.
Volkstümlich: (häusliches) Glück.

Visitenkarte: Aufstieg. Symbol der gewünschten Identität.

Vitamine

Volkstümlich: heimliche Verehrer.

Vitamine: Das Nahrhafte und Gute. Sie brauchen mehr davon!

Vogel: →Rabe, →Eule, →Taube. Geistige Inhalte. Man möchte den Überblick haben und erleichtert werden. Besitzt immer auch eine erotische Bedeutung (vögeln). Kann auch Abgehobenheit bedeuten (»einen Vogel haben« und vgl. auch den Mythos von Ikaros). Eine besondere Bedeutung besitzt der Vogelschwarm, der in seiner Bewegung die Intelligenz der Natur wiedergibt, die völlig anders als die inviduelle Intelligenz des Menschen funktioniert. Es geht hier um den Gruppenwillen (oft im Gegensatz zum Willen des Individuums). Im altwalisischen Epos Mabinogion wird die Göttin Rhiannon in Form eines Vogelschwarms dargestellt, da sie die weibliche Weisheit der Natur symbolisiert. Allerdings kann der Vogelschwarm wie der Insektenstaat auch als Gefahrensymbol auftreten. Im Traum »Unterweltsvision eines assyrischen Kronprinzen« (8. – 7. Jahrh. v. Chr.) wird der Helfer zum Bösen weitgehend wie ein Vogel beschrieben.

Vogelfrau: →Fabelwesen, Symbol der Erregung und Verlockung; die Anima in ihrer himmlischen und zugleich tierischen Seite (die bedroht oder betört). Auch Symbol der weisen Frauen (z. B. Nachteule). Todessymbol (Sirenen bei Homer).

Vorgesetzte(-r): Das Abbild der eigenen Vorsätze und das, was das Leben einem vorsetzt, d. h. zur Aufgabe macht. →Chef.

Vorhang: Es ist etwas verborgen (was ist es?). Täuschung und Isolation, aber auch berechtigte Distanz. →Netz, →Gardine, →Nebel und →Rauch.

Vorstadt: Nicht ganz drinnen und nicht ganz draußen sein. Langeweile.

Vorteil: ein Symbol, das von der Dynamik des Wunsches geprägt ist. Wie bei →Villa warnt dieses Symbol vor dem einseitigen Ausleben des Habens-Modus nach E. Fromm (Ausführungen dazu siehe unter →Villa).

Vortrag: Wie bei aller öffentlichen Tätigkeit ist hier die Selbstdarstellung (über den Intellekt) angesprochen, wie auch bei →Theater und →Ausstellung. Ist man der Redner oder die Rednerin, möchte man gerne etwas sagen. Die Aufgabe besteht darin, vielen Interessen (Zuhörern) zu dienen (→Konzert) und einen eigenen Standpunkt der Welt gegenüber zu finden und zu beziehen. Man möchte die anstehenden Probleme (intellektuell) lösen (vgl.

dazu auch →Rätsel). Vom Redner selbst aus gesehen liegt es an, Gefühl und Verstand, Gemüt und Bewußtsein zu verbinden. Bei diesem Traumbild sind auch immer Aspekte des Selbstverständnisses und der Verständigung angesprochen. Oftmals verweist es Sie auch darauf, besser zuzuhören (wie bei →Ohr und →Mund). Und nicht zuletzt spricht in diesem Traumbild die innere Stimme.

Vulkan: Triebstau und Triebentladung, Streß oder Streßabbau. Es geht hier um die »Feuerprobe«. Das Innerste kehrt sich nach außen. Ausdruck von Verschmelzungsphantasien in Beziehungen, aber auch ein Hinweis auf die Verschmelzung verschiedener eigener Anteile im Sinne der Persönlichkeitsbildung. Hier werden das Harte, die Verhärtungen, wieder zum Fließen gebracht.

Waage: Urteilskraft. Das eigene Gewicht, die persönliche Geltung und Bedeutung. Bewertung, Abwägen, Gleichgewicht, Ausgeglichenheit und Ordnung. Was wiegt (ist wie wichtig) im Leben? Lautlicher Anklang an das Vage, als das Ungewisse und Unentschiedene, und an das Verb »wagen«. Was wagen Sie sich?

Wabe: → Honig. Symbol der Sehnsucht nach einem Leben in Liebe.

Wachs: Anpassungsfähigkeit, Unbeständigkeit und Formbarkeit. Symbol der Verführung.

Wächter: Die eigene Abwehr und Disziplin, Aufmerksamkeit und Einsicht. → Eremit, → Hund, → Pfad(finder), → Löwe.

Wärme: tritt häufig als Traumvorstellung auf, wenn es einem in Bett kalt ist. Herzlichkeit und Zuneigung, doch auch Zumutung und Beengung. Nimmt die Wärme ab, verweist das auf abkühlende Gefühle.

Wärter: → Wächter.

Wäsche: → weiß. Weiße Wäsche und weiße Kleidung gelten als Symbol der Unschuld und Reinlichkeit.
Volkstümlich: Streit, Trennung und Verlust. Weiße Wäsche ist nach Freud ein Symbol des Weiblichen.

Waffel: Altbekanntes weibliches Sexualsymbol und Symbol der Häuslichkeit und des Genusses.

Waffen: Bes. bei Frauen ein Symbol der Sexualangst. Bei Männern teilweise Ausdruck der Angst vor den »Waffen der Frauen«. Ausdruck von Kriegsangst. Die A, B, C-Waffen symbolisieren im Traum oft eine innere Vergiftung oder innere Zersetzung.
Nach Freud und den meisten Tiefenpsychologen ein Symbol männlicher Sexualität, da die Waffen in den Körper eindringen. Diese Deutung entspricht dem Traumbild der Waffen auch noch heute, obwohl moderne Waffen oft gar keinen Körper mehr übrig lassen. Die Vernichtung des Körpers kann als Erweiterung der Freudschen Deutung angesehen werden, die sich in-

soweit zu einer interessanten Spannung zwischen Körperzeugung (Sexualität) und Körpervernichtung (moderne Waffen) ausweitet.

Wagen: →Auto. Der Wagen zeigt, daß ein wichtiger Übergang bevorsteht. Häufiges Symbol der Ortsveränderung im Sinne der Lebensreise. Sie WAGEN sich, einen eigenen Kurs zu steuern und etwas selber in Erfahrung zu bringen (das Wagnis der Selbsterfahrung). Nach Jung ein von Menschenhand geschaffenes Fortbewegungsmittel, dessen Räder auf das Sonnenrad zurückgehen. Sie symbolisieren →Mandalas.

Wahnsinn: Symbolisiert zu emotionales, sinnloses Handeln und fordert mehr Klarheit und Einsicht. Verweist auf das Realitätsbewußtsein im alltäglichen Leben. Oft ein Hinweis darauf, daß man seinen fünf Sinnen zu wenig traut. →Narr, →Gürtel, →Tür, →Treppe, →Verirren.

Wal: man hat das Gefühl, von einer Aufgabe verschlungen zu werden, wie Jonas in der Bibel vom Wal verschlungen wurde. Symbol des Tierischen, das in der Welt ausstirbt.

Wald: →Urwald, →Baum. Häufigstes Traumsymbol des Unbewußten. Wo man verbotene Waldwege geht, dort können einen die Triebkräfte und die Instinkte weg- und mitreißen. Der Wald ist der schauerliche Ort der Gefahr, wo sich das Geheimnisvolle abspielt, der Übergangsort (z.B. in Dantes Divina Comedia gibt es den Wald vor der Pforte des Inferno und denjenigen am Ende des Purgatorio vor dem Paradiso). Auf der anderen Seite zeigt dieses Traumbild, daß man einen Kontakt mit seinem Unbewußten sucht (vgl. auch →Verstecken, →Chaos).

Waldsterben: Oftmals ein Hinweis darauf, daß die Beziehung zur eigenen Lebensgrundlage, nämlich dem Unbewußten, gestört ist. Die rationale Sicht der Welt hat Überhand genommen. →Wald.

Walzer: Symbol der Liebe wie →Rose, →Kreis und →Tanz. Volkstümlich: ein verborgener Verehrer.

Wand: Schutz oder Hindernis.

Wanderer/wandern/Wanderung: Man bewegt sich friedlich aus eigener Kraft fort und kommt langsam, aber stetig voran. Die Wanderung stellt meistens ein Bild des Lebenswegs dar. Sie ist die Pilgerreise, auf der man lernt und sich dabei seinem Ziel annähert. Auf der anderen Seite distanziert man sich beim Wandern von seinem Ausgangspunkt. Man entfernt sich von etwas.

Wandtafel: →Tafel.

Wange: die Wange empfängt den Freundschaftskuß als auch den Schlag (Ohrfeige).
In der klassisch griechischen Traumdeutung zeigen rote runde Wangen volle Kassen an, bleiche und weiße Wangen dagegen leere.
Volkstümlich: ein gutes Omen.

Wanne: Reinigung wie →Dusche, →Bad und →Sauna.
Volkstümlich: harte Zeiten brechen an, wenn die Wanne leer ist, gute dagegen, wenn sie gefüllt ist.

Wappen: Aufstieg, Ehrgeiz, Eitelkeit und Machtwille (Nietzsche).
Volkstümlich: Schutz durch einen mächtigen Freund.

Warenhaus: →Kaufhaus. Symbol des Konsums oder der Gier, aber auch der selbständigen Lebensgestaltung und der Selbstversorgung.
Das Angebot des Warenhauses verbildlicht die Talente, die einem zur Verfügung stehen.

Warnung: auch Traumwarnungen sollte man ernstnehmen und nach Lage der Dinge befolgen oder zurückweisen.

Warzen: Hexensymbol. →Hexe.
Volkstümlich: Reichtum.

Waschbecken: wie →waschen, →Wanne, →Dusche, →Bad und →Sauna ein Symbol der Sauberkeit und Reinheit.

Waschen: Symbol der Reinigung wie bei →Wanne, →Dusche, →Bad und →Sauna.
In der Alchemie folgt auf die Schwärzung oft die Waschung, auf das Chaos folgt die Reinigung (von Schuldgefühlen). Bes. das Händewaschen ist ein Zeichen der Unschuld (Pilatus, Lady Macbeth etc.).

Waschküche: wie →Waschbecken und →waschen. Wird heute im Traum meist durch das Bild der →Waschmaschine ersetzt.

Waschmaschine: →Waschküche.

Wasser: →Fluß, →See, →Meer, →Elemente. Man kann fünf Ebenen dieses Traumsymbols unterscheiden: 1. sexuelle Ebene, 2. emotionale Ebene, die eigenen Gefühle werden unbestimmt und fließend wahrgenommen, 3. Furcht vor Überschwemmung, Verschlingung durch das Unbewußte, 4. das Gefühl im Lebensfluß zu sein, 5. man empfindet seine Lebenssituation als chaotisch.
Symbol des Wunsches nach vollkommener Neuordnung des Lebens. Alchemistisch ist das Wasser dem Gefühl verbunden, es ist die wilde Natur der Seele, die es zu meistern gilt. Das Wasser ist das Reich, in das die Seelen der Toten

eingehen, sie reisen zur Wasserfrau, es ist der Ort der Verdrängung, ein Element der Entrückung, der Verwandlung und des Geheimnisses, es hat unbekannte Tiefen, kann wegreißen und überfluten und ist deswegen beängstigend. Wasser ist das Symbol der Wandelbarkeit. Hinab ins Wasser meint hinab ins Ur-Wissen. Wer ins Wasser schaut, geht zu sich selbst. Symbolisiert bei Frauen den Geburtsvorgang und die Schwangerschaft.

Fließendes Wasser heißt, daß die Sexualität positiv erlebt wird, stehendes Wasser bedeutet entweder, daß die Lebensenergie versiegt, es ist kein Kontakt zum Ursprung mehr vorhanden, oder Bedeutung wie bei →Teich und Jungbrunnen, daß nämlich das Wasser Träger der Lebensenergie ist, die eine/n erneuert. Daran knüpft die Tradition der Taufe an. Ins Wasser zu fallen, bedeutet, ins Gefühl einzutauchen; es kann sich hierbei auch um einen Warntraum handeln, vgl. dazu auch →tauchen und →ertrinken. Der chinesischen Naturanschauung zufolge ist Wasser Symbol der weiblichen Urkraft YIN. Für die Taoisten ist das Wasser die Essenz des Lebens, sein Lauf ist Vorbild für ein Leben im Einklang mit der Natur (Lebensstrom). Nach 1 Genesis 2 war das Wasser zuerst da und der Geist Gottes schwebte über ihm. Das Weihwasser in der katholischen Kirche und das Tauf-

wasser zeigen die heilende Kraft des Wassers. Ein Wassertraum stellt für Freud oft die Erinnerung an das Leben im Mutterleib dar. Aus dem Wasser herauszukommen, ist bei Freud ein Bild der Geburt. Wasser ist nach ihm immer der Geburt verbunden. →Taufe, →Schwimmen, →Baden, →Tauchen, →Tränen, →Trinken, →Untergang, →Geburt (Wiedergeburt).

Wasserfall: →Wasser. Sich fallen- bzw. loslassen.

Wasserhahn: ist nicht nur nach Freud ein Symbol des männlichen Gliedes.

Wasserspeier: →Wasser. Befruchtung, männliche Sexualität.

Webstuhl: Zeit und Schicksal (Nornen), Lebensfaden. Sehnsucht nach dem »einfachen Leben«. Häufiges Bild der Bewußtseinsarbeit.
Volkstümlich: kleine finanzielle Verluste stehen bevor.

Wechseljahre: Frauentraum, der auf die Wechseljahre oder allgemein auf langfristige (körperliche) Veränderungen hinweist. Die →Mitte des Lebens.

Weg: wie →Straße ein häufiges Symbol des Lebenswegs. →Wagen.

Wegweiser / Wegkreuzung: An der Wegkreuzung muß oder kann man sich entscheiden. Der Wegweiser zeigt der/dem Träumenden, wo es langgeht (im Leben). →Kreuz, →Gabelung, →Teilung, →Oroboros (als Gegenbild).

Weide: Biegsamkeit, Anschmiegsamkeit, aber auch Trauer (Trauerweide). Anklang »weiden«: Ruhe und (Seelen-)Nahrung.

Weiher: →See.

Weihnachten: Das →Licht kommt aus der Finsternis. Es wird heller, d. h. das Bewußtsein erstarkt.

Weihnachtsbaum: →Weihnachten.

Weihnachtsmann: →Weihnachten. Der Weihnachtsmann bildet zusammen mit dem Knecht Ruprecht die Doppelnatur des Mannes und allgemein des Menschen als heiligen und als wilden Menschen ab. Er entspricht so dem Bild des Zentaur oder der Idee Nietzsches, daß der Mensch zwischen den Polen Übermensch und Tier lebt. Astrologisch gesehen, wird hier das Schütze-Prinzip angesprochen. Auch ein Symbol des mächtigen Vaters.

Wein /-stock /-berg: Rausch und harte Arbeit, Lebenssaft und Sinnenfreude.

Müssen Sie jemandem reinen Wein einschenken (in vino veritas)? Symbol der Frau nach dem Hohen Lied und Freud.

Weinen: Befreiung von Schmerz und Loslassen (übrigens schon seit assyrischer Traumdeutung!). →Wasser. Es ist auch die lautliche Verwandtschaft mit →»Wein« zu beachten. →Tränen. Weinen bedeutet nach Freud Ejakulieren.

Weiser: Der Archetyp des weisen Alten als der Lebensführer wird ausführlich von Jung in seiner Biographie »Gedanken, Träume und Erinnerungen von C.G. Jung« beschrieben. Bes. im Frauentraum Ausdruck der Sehnsucht nach der positiven Männlichkeit und dem »besseren« Vater.

Weiß: Reinigung und Unschuld, Reiz und Offenheit. Symbol der Unberührtheit (Jungfräulichkeit) und Ahnungslosigkeit. Man möchte mit einer »weißen Weste«, also unbefleckt, durchs Leben gehen. Weiß im Traum deutet auf Reinheit hin, entweder daß der/die Träumende in der Reinheit lebt oder sie anstrebt. Man möchte sich reinigen und reinigt sich wahrscheinlich im gewissen Maße schon alleine dadurch, daß man von der Farbe Weiß träumt. Aber auch als Hinweis auf die übertriebene Reinigung (Waschzwang, Putzwut etc.) möglich.

Auf der anderen Seite kann Weiß einen Ausdruck der Angst darstellen (der weiße Wal in »Mobby Dick« und der weiße Hai). Hier ist das blendende Weiß angesprochen. Gespenster stellt man sich wie die Wahnvorstellung der weißen Mäuse (delirium tremens) immer weiß vor. Weiß ist auch eines der grundlegendsten Animus-Symbole, es verweist auf den männlichen Geist, aber auch auf die männliche Aggression (blendendes und gleißendes Weiß). Zugleich verbindet sich Weiß nicht nur lautlich mit Weisheit. Der Archetyp des weisen Mannes ist meistens weiß gekleidet (vgl. Gurus, aber auch die Ärzte).

Die Vereinigung von →Rot und Weiß ist diejenige der Gegensätze, ein Symbol der mystischen Hochzeit (coniunctio) und der tantrischen Sexualität (weißer Samen und rotes [Menstruations]-Blut), hier treffen sich Unschuld und Körperlichkeit, Himmel und Hölle. Rot und Weiß sind die Farben der Alchemie und der Wappen Englands und der Schweiz.

Im Mabinogion gibt es weiße Unterweltshunde, die jedoch rote Nasen und Augen besitzen. Weiße Wäsche verweist nach Freud aufs Weibliche. (Vgl. hierzu: Vollmar, Klausbernd: Das Geheimnis der Farbe Weiß. Unschuld und Verführung. Vlg. Bruno Martin, Südergellersen 1989, und Vollmar, Kb.: Schwarz − Weiß. Bedeutung und

Symbolik der beiden gegensätzlichsten Farben. Goldmann, München 1992)

Weißdorn: Merlins Busch, hinter dem ihn Viviane − die →Fee − verzauberte. Der Weißdorn gilt als zauberischer Busch, weswegen auch aus seinem Holz Zauberstäbe geschnitten wurden. In Glastonbury, in Südengland, steht der den Christen heilige Weißdorn, den Joseph von Arimathia hierher brachte und der zweimal im Jahr blüht.
Volkstümlich: Glück.

Weizen: →Getreide, →Kornfeld.

Wellen: →Wasser. Bild für Gefühlserregungen (Zärtlichkeit, Kuscheln und Sexualität). →Surfer/in, →Schiff.

Wellensittich: →Kanarienvogel.

Weltenschlange: →Oroboros. In vielen Kulturen legt die Weltenschlange ein Ei, aus dem sich der Kosmos entwickelt. Verweist auf den vorbewußten Bereich und die Notwendigkeit ordnender Kräfte. Hier wird der/die Träumende auf die Wichtigkeit der Lebensenergie (der [Kundalini-]Schlange) hingewiesen, was meist einen Hinweis darauf einschließt, daß man seinen Trieben mehr Beachtung schenken sollte.
In Indien ruht Vishnu nach der

Weltraum   284

Schöpfung auf der Weltenschlange
und wacht als ordnendes Prinzip
über die Erhaltung des Kosmos.

Weltraum: das geistige Umfeld des
Träumers.

Werkstatt: Im Traum Ort der seelischen, emotionalen, spirituellen
und libidinösen Arbeit, Kreativität
und Produktion.

Werkzeug: Arbeits- und Hilfsmittel.
Nach Freud gelten alle Werkzeuge
als Symbol des männlichen Gliedes.

Wespe: Aggressivität und Egozentrik.

Wetterfahne: Symbol der Launen.
Das Wetterwendische im Charakter.

Wettrennen: Bezieht sich fast immer auf Ihre Karriere. Es zählt bei
diesem Traumbild hauptsächlich,
ob Sie der Gewinner oder der Ver-
lierer waren, denn das spricht in
einem solchen Traum am meisten
Ihre emotionalen Energien an.
Laufen Sie vorweg, also die anderen Ihnen hinterher, oder laufen Sie
den anderen hinterher? Die verschiedenen Teilnehmer eines Wett-
rennens sollten auch als diverse
Seite von Ihnen selbst angesehen
werden. → Verfolgung.

Widder: Bild der schöpferischen
Naturkraft des Menschen. Astro-
logische Bedeutung: »Ich bin«.
→ Lamm, → Schaf, → Ostern.

Wiege: → Baby. Wenn hier kein
Kinderwunsch symbolisiert wird,
dann zeigt dieses Traumsymbol
neue Ideen an. → Waage.

Wiese: eine große Wiese weist auf
Wachstum und Freude.
Wichtig ist der Zustand der Wiese.

Wiesel: Symbol der Schnelligkeit.
Volkstümlich: Vorsicht vor sogenannten Freunden.

Wilder/Primitiver: Romantisie-
rung des einfachen Lebens. Man
sollte selber wilder sein und sich
über Vorurteile und Vorbehalte
bewußt hinwegsetzen, d. h. man
sollte sich selbst mehr (zu-)trauen.
»Mut zur Lücke«, → Narr, → Löwe, → Tiger.

Wildnis: In der Traumwildnis
wachsen die wilden Gefühle und
die ungezähmten Triebe, durch die
man sich hindurcharbeiten – in
Sinne von »verarbeiten« – muß.
Die Wildnis kann außer Dschun-
gelcharakter auch die Wüste bezeichnen, als das Verwüstete, d. h.
der unfruchtbare oder brachliegen-
de Bereich in Ihnen.

Wind: → Sturm, → Orkan, → Hurrikan. Hier sind die → Luft-Geister

angesprochen, die den Intellekt bzw. den Geist personifizieren. Der Wind kann so eine Idee oder ein neues Verständnis ausdrücken. Wenn ein frischer Wind weht, dann kommt etwas Neues. →Luft, →Atem.

Windmühle: Symbolisiert die Nutzung der Geisteskraft. Verbildlicht die intellektuelle bzw. geistige Arbeit (»etwas ventilieren«) wie das Spinnrad. Man kämpft mit seiner Einbildung (M. Cervantes: Don Quichote). Volkstümlich: kleiner Gewinn.

Winter: →Eis, →Kälte, →weiß

Wirbelsäule: Die Stütze, die man in sich findet, um alles wieder ins Lot zu bringen. Die Aufrichtigkeit und Zivilcourage. →Treppe, →Turm, →Hochhaus.

Wirsing: wie die meisten Gemüse ein Symbol der weiblichen Sexualität.

Wirt/in: im Märchen ist der Wirt nicht selten eine zweifelhafte Person, er bringt oft gefährliche Überraschungen, im Traum tritt aber auch genauso oft der freundliche Wirt auf. Der Wirt spiegelt Ihnen wider, wie sehr Sie sich angenommen fühlen und sich selber annehmen können. Er ist eine Personifikation der Kunst, sich in der Welt ein Zuhause zu schaffen.

Wirtschaftsspezialist: Der Habens-Modus nach E. Fromm (nähere Erklärung siehe →Villa) ist überbetont wie bei →Besitz und →Vorteil.

Wissenschaft: Sicherheit im Intellekt oder im geistigen Bereich. Was schafft das Wissen für Sie (was nutzt Ihnen Ihr Wissen)? Was schaffen Sie mit Ihren Wissen? →Universität, →Weiß, →Tempel.

Witwe: Verlust der Männlichkeit. **Witwer:** Verlust der Weiblichkeit, Einsamkeit, Grübeln und Trauer. →Tod, →Trennung, →Scheidung.

Wohnung: Lebensbereich. Ausdruck der Sehnsucht nach einer Beziehung, die Sicherheit und Geborgenheit gibt. Eine neue Wohnung (→Umzug) entspricht einem neuen Lebensbereich. Symbol des eigenen Inneren.

Wolf: a. der männliche Wolf: Gilt gemeinhin bei Männern als Bild des Problems sexueller Beherrschung und rücksichtsloser Aggressivität. Der Wolf ist ein listig bösartiges Raubtier, das auf Habgier und Hunger deutet, so verbildlicht er das Verlangen und das Unbefriedigtsein, →Gier. Der Wolf symbolisiert oft den Schatten der männlichen Sexualität. Auf der anderen Seite seien Sie froh, solch ein starkes Traumbild geträumt zu haben: Sie stehen in Ihrer Kraft und brauchen nicht wie in »Rotkäppchen« den Wolf zu töten, sondern Sie können auch mit ihm tanzen.

Im Bild des Steppenwolfes (H. Hesse) wird der Wolf zum Sinnbild des einsam Suchenden (und Leidenden). Hier steht nicht mehr das Bösartige des Wolfes im Vordergrund, sondern die einsame Suche nach dem Sinn des Lebens.

Der Wolf wird im Christentum den falschen Propheten und Ketzern verglichen. Nach Jung ist der Wolf symbolisch die wildere Ausgabe des →Löwen und der wilde →Hund. Sehr berühmt wurde der Wolfsmann, den S. Freud von 1910 bis 1914 behandelte. Dieser Patient litt als kleines Kind an einer übermäßigen Angst vor Wölfen, weswegen ihn Freud diesen Namen gab. Der früheste erinnerte Angsttraum des Wolfsmanns handelte von sechs oder sieben →weißen Wölfen, die im Nußbaum vor seinem Fenster sitzen und von denen er befürchtet, gefressen zu werden. Freud macht hier auf den Anklang zu den beiden Märchen »Rotkäppchen« und »Der Wolf und die sieben Geißlein« aufmerksam. Außerdem sieht er im Wolf den Vaterersatz. Der Knabe hatte den coitus a tergo (Beischlaf von hinten) der Eltern beobachtet und so nach Freud den verdrängten Wunsch nach väterlicher Sexualbefriedigung in die Wolfsangst verwandelt (vgl. dazu genauer die ausführlichste Falldarstellung Freuds: Aus der

Geschichte einer infantilen Neurose. In: Freud, S.: Gesammelte Werke, Bd. VIII. Fischer, Frankfurt/M. 1969, S. 125–231).

b. Der weibliche Wolf (Wölfin): Symbolisiert die nährende Kraft der wilden Natur (vgl. Romulus und Remus, die von der Wölfin genährt werden). Im Grunde schwingt dies auch im Märchen vom Rotkäppchen mit, in dem der Wolf nicht nur die Großmutter ißt, sondern sie auch ist (er ist die große Mutter als Symbol der wilden Natur).

Wolke: Krankheit oder Trübsal und Sorgen. Symbol der Stimmung des Träumers.

Zarte, weiße Wölkchen und Schönwetterwolken symbolisieren vergnügliche und verträumte Zeit. Die »dunklen Wolken am Horizont« deuten auf kommende Schwierigkeiten.

Die Chinesen sehen die Verschmelzung von YIN und YANG als sexuelle Vereinigung. Wenn →Regen aus den Wolken fiel, war der Höhepunkt des Liebesspiels erreicht.

Wrack: Furcht vor dem Untergang.

Wünschelrute: Erdung und seelische Feinfühligkeit.

Würfel (geometrisch): man befindet sich auf den Individuationsweg zu sich selbst (schon in Griechenland galt die Geometrie als Selbsterkenntnisweg). Der Würfel weist nach Platon auf die →Erde hin.

Wüste/Steppe: Seelische Vereinsamung, der Ort des Schreckens, der Versuchung und der Gespenster (vgl. hierzu auch T.S. Eliot »The Waste Land«). Rückzug und Askese. Symbol der Grenzerfahrungen in unserem Leben und speziell der Selbsterfahrung, *insoweit* die eigene Existenz ohne Vorbild und Beispiel ist. Eine Verbildlichung des Neuen und Unbekannten.

Wunde: →Verletzung. Schmerzliche (emotionale) Erfahrung.

Wunder: sind im Traum »normal« und weisen auf Grenzüberschreitung hin. Man lebt zu starr in eingefahrenen Bahnen.

Wurm: →Schlange (sie wird oft als Wurm bezeichnet). Eine niedrige Stufe des animalischen Lebens. Symbolisiert oft entweder Gewissensbisse oder Ärger, häufig mit sexuellem Unterton. »Es wurmt eine/n etwas«. Der Ohrwurm.

Die Würmer versinnbildlichen nach Jung die ersten unreflektierten Bewegungen der Seele und Inhalte, die noch farblos und unverbunden sind, ohne Gefühl und Vernunft, einzig blinder Lebensinstinkt.

Wurst: →Fleisch. Penissymbol (bes. die Wurst in der Hand des →Narren, vgl. auch den »Hanswurst« oder »Wurst Narren« ein Ausdruck, der aus Brants »Das Narrenschiff« stammt und von Luther übernommen wurde, als er 1541 die Streitschrift »Wider Hansworst« verfaßte). Vergleiche auch den Ausdruck »Alles Wurst« in der Bedeutung, es ist alles einerlei (die Haltung des Narren).

Wurzel: →Baum. Erdung und Verwurzelung. Die Vorfahren, die Ahnen, aber auch die Ahnungen. Mögliches Symbol mangelnder Lösung und mangelnder Ich-Identität.

Yacht: symbolisieren verwöhnte, kostspielige Frauen. Starkes Bedürfnis nach Weiblichkeit.
Die eigenen Ambitionen erfüllen sich bei ruhiger See, bei wilder See werden diese Ambitionen gefährdet.

Y-Form: auch als Buchstabe, Vereinigung des Männlichen mit dem Weiblichen. Wünschelrute, die uns etwas Verborgenes finden läßt. Verbildlichung der magischen Formel, nach der sich Eins zu Zwei teilt und Zwei zu Eins wird.

Yoga: Körperbeherrschung und Meditation. Verweist im Traum zumeist auf einen bewußteren Umgang mit dem eigenen Körper und dem eigenen Leben.

Yogi: Dieses Traumsymbol spricht den Wunderglauben des Westlers an. Ausdruck der Hoffnung, sich über Naturgesetze hinwegsetzen zu können.

Zähne/Zahnausfall

Zähne/Zahnausfall: symbolisieren Vitalität, Verwandte, Freundinnen und Geliebte, doch auch das Raubtierhafte und Reißerische (→Vampir). Hinweis auf die Bissigkeit der/des Träumenden. Schon die griechische Mythologie sah die Zähne als Bild der Kinder an. Das kommt sicherlich daher, daß es während der Schwangerschaft oft zu einem rapiden Verfall an den Zähnen der Mutter kommt (»jedes Kind kostet einen Zahn«). Die Zähne sind im Mythos wie Saatkörner, vergleichbar dem Drachenblut.
Ferner symbolisieren die Zähne den oralen Charakter der/des Träumenden. Möglicherweise ein Hinweis auf einen Freß- oder Beißzwang oder dessen Hemmung. Und nicht zuletzt stehen die Zähne wie der →Mund für das Bedürfnis, sich etwas einzuverleiben. →Verdauung, →Schönheit, →Gesicht, →Knochen.
Nach Jung und Freud sind Zähne ein häufiges Penissymbol, Zahnreizträume (Träume, in denen die Zähne schmerzen) sieht Freud als Onanieträume an. Nach neuester amerikanischer Traumforschung träumen Frauen in den Wechseljahren häufig von Zähnen.

Zahlen: wenn Zahlen im Traum erscheinen, sollte man immer auf deren Zahlensymbolik achten (die Quersumme ist oft bedeutsam). Grundsätzlich stellen die Zahlen Ordnungsfaktoren in der Welt des Träumers dar.
Jung schlägt vor, wenn Zahlen im Traum auftreten, die nicht mythologisch besetzt sind, zu fragen, ob sie Jahre (oder andere Zeiteinheiten) bedeuten.

Zahlung(sziel): Bekommt der/die Träumende eine Zahlung, fließt ihm/ihr Energie zu, muß er oder sie zahlen, dann fließt die Energie fort. Achten Sie hierbei immer auf die Richtung des Energieflusses: von wo kommt sie her, wo fließt sie hin? Neben ihrer symbolischen Bedeutung können solche Träume selbstredend durch reale ökonomische Ängste hervorgerufen werden.

Zahnarzt/Zahnärztin: Eine »bohrende Angelegenheit«. Gibt es reale Ursachen für Zahnschmerzen im

293　　　　　　　　　　　　　　　　　　　　**Zehen(-spitzen)**

Traum? Angst vor Krankheit und Schmerzen. Ein Saturn-Symbol.

Zahnziehen: Man kann etwas leider nicht erreichen (»man muß sich diesen Zahn ziehen«).

Zahnschmerzen: Liebeskummer. Volkstümlich: eine glückliche Nachricht.

Zange: Fühlen Sie sich wie in die Zange genommen? Oft ein Hinweis darauf, daß man etwas entschiedener anpacken sollte oder etwas zu sehr erzwingen möchte. Verweist häufig auf eine komplizierte Situation, auf eine sogen. »Zwickmühle«, die eine andere Ebene bzw. ein anderes Niveau der Betrachtung erfordert. Neue Lösungen werden verlangt.

Zank: →Streit.

Zapfen: Penissymbol.

Zauber / Zauberer / Zauberin: Vormals (und auch teilweise noch heute) Bild übernatürlicher Kräfte, die man sich wünscht. Dieses Traumsymbol kommt häufig in Situationen vor, in denen man sich minderwertig fühlt. Heute kann man den Zauber eher als einen Hinweis auf die Realität des/der Träumenden sehen. Es geht in diesem Traumbild sehr oft um den Zauber des Individuums. Der Zauberer/die Zauberin drückt

die Einheit und die Eindeutigkeit aus, weswegen im Tarot der Magier die Nummer 1 bekommt. Diese Einheit und Einzigartigkeit macht den Zauber des Individuums aus. Der Träumer/die Träumerin mag sich auf die »Zauberstücke« konzentrieren, die er/sie auf seinen/ihren Lebensweg vollbringt. Zugleich ein Hinweis darauf, daß man seinen eigenen Lebensweg gehen muß, sonst stellt sich keine persönliche Magie ein. Beschreiten Sie nicht Ihren eigenen Weg, wird Ihnen alles »wie verhext« erscheinen. Sie kommen nicht weiter und vielfältige Widerstände werden Sie behindern. Auf der anderen Seite kann dieses Traumbild Sie auch darauf hinweisen, daß Sie das Individuelle auf Kosten des Kollektiven zu sehr betonen. →Hexe.

Zaun: Abgrenzung und das Gefühl der Sicherheit oder der Enge. →Wand, →Teilung.

Zebra: Man sollte die Gegensätze in seinem Leben wie Schwarz und Weiß integrieren oder deutlicher von einander absetzen. Volkstümlich: Meinungsverschiedenheit unter Freunden.

Zehen (-spitzen): Verweist auf eine behutsame Vorgehensweise im jetzigen Lebensabschnitt. Wollen Sie etwas auf die Spitze treiben (zur höchsten Leistung bringen)? Aber

Zehn 294

auch ein möglicher Hinweis auf fehlende Standfestigkeit und fehlende Ganzheit (vgl. u. a. das Grimmsche Märchen »Aschenputtel«). →Ballett/Tanz, →Daumen/Finger.
Volkstümlich: warnt vor Streit in der Liebe.

Zehn: Neuanfang, nachdem ein Ziel erreicht ist.

Zeichnen: Symbol des genauen Hinsehens und der aktiven Lebensgestaltung.

Zeichentrickfilm: Sich mit List und Tücke durchs Leben zu schlängeln. Die Komik in jeder Situation sehen zu können.

Zeigefinger: Der mahnende Finger oder Penissymbol.

Zeit: Der Umgang mit der Zeit ist ein Hinweis auf den Entwicklungsstand der Persönlichkeit. Ihre Lebensorganisation, Ihr Lebensplan wird hiermit angesprochen. Welche Zeit in einem Traum herrscht, ist immer bedeutungsvoll, sei es nun mittags oder nachts, Sommer oder Winter. Auch das Jahrhundert spielt eine Rolle.
Oft kommt es auch im Traum vor, daß die Zeit stehenbleibt (Stagnation) oder rast (Streßsymbol). Das Stoppen der Zeit kann auch als Zeitlupe gesehen werden, die Ih-

nen die Möglichkeit gibt, sich etwas genauer anzuschauen. Die Beschleunigung der Zeit wie im Zeitraffer symbolisiert häufig eine Bewußtseinserweiterung.

Zeitung: Oft ein Hinweis darauf, daß man sich mehr um die Außenwelt kümmern sollte. Seelische Neuigkeiten.

Zelt: Abenteuerlust, etwas Vorübergehendes und Provisorisches. Reiselust und Urlaubsstimmung, Sehnsucht nach einem naturnahen Leben. →Schnecke, →Eigenheim, →Dach und →Haut.

Zement: →Beton.

Zeppelin: →Flugzeug. Penissymbol.
Volkstümlich: unerreichbare Ambitionen.

Zerstückelung: Haben Sie das Gefühl auseinanderzufallen?
Kommt häufig als Symbol der Entfremdung des Menschen in der Mythologie vor (z. B. Osiris wird von seinem Bruder Seth zerstückelt), wobei der zerstückelte Mensch meist von den Göttern wieder zusammengesetzt wird. →Mosaik, →Puzzle, →Teilung.

Zeuge: Was wir in diesem Traum als Zeuge gesehen haben, das sollen wir ernstnehmen und genau behalten. Man fühlt sich mit eingeschlossen und dabei. Im Wortsinne von »zeugen« (erzeugen) ist man produktiv und fühlt sich evtl. selber als Urheber.

Zeugnis: →Schule. Ausdruck von alten Versagensängsten bzw. Leistungen. Bewertung des eigenen Lebens, der Taten und Leistungen des/der Träumenden. Bestätigung und Anerkennung oder Tadel und Kritik.

Ziege/Ziegenbock/Pan: Symbolisiert den wilden Trieb und die Sexualkraft mit ihren Freuden und ihren Nöten, →Bock. Ferner ein Symbol des Außenseiters, der sogen. »Sündenbock«. Die weibliche Ziege ist im übrigen ein geläufiges Bild der zänkischen Frau, aber auch für Genügsamkeit und Anpassungsfähigkeit.

Ziel: Deutet wie →Zielscheibe auf zielgerichtetes Verhalten hin oder auf den notwendigen Abstand (Distanz). →Schütze.

Zielscheibe: Zielgerichtetheit und Durchsetzungsvermögen. Volkstümlich: bei Treffern in die Mitte bedeutet sie Glück, geht der Schuß vorbei, wird Unglück kommen.

Ziffer: →Zahl.

Zigarette: Bild geistiger Aktivität, bei dem aber auch Abhängigkeit und Sucht mitschwingt. Symbol der Ruhepause. Penissymbol nach Freud. Volkstümlich: das Anzünden der Zigarette weist auf neue Pläne.

Zigarre: →Zigarette. Vater- und Penissymbol.

Zigeuner/in: Das Wilde und die Abenteuerlust; zugleich wie »Juden« eines der ältesten Bilder des Sündenbocks in unserer Kultur. Der Begriff »Zigeuner« diskriminiert die Sinti und Roma und stempelt sie zu Außenseitern und »Menschen zweiter Ordnung« (wie »Nigger« für Schwarze). Deutet im Traum häufig auf unreife Männlichkeit hin. Volkstümlich: Glück, wenn der Zigeuner Ware anbietet.

Zimmer: Seelenraum, der Raum im Inneren des Träumers. Verweist nach Freud auf die Frau (Frauenzimmer).

Zimmermann: →Holz. Der Architekt und Baumeister des Dachstuhls, also des Bewußtseins, des Intellekts und/oder des Geistes (des »Oberstübchens«). Einer, der sich sein eigenes Wissen und Bewußtsein schafft.

Zink: →Metall. Volkstümlich: die Zukunft ist gesichert.

Zinn: → Metall.
Volkstümlich: Zufriedenheit.

Zirkel: man läuft im → Kreis, dreht sich im Kreis, aber genausogut Zeichen der Vollendung wie → Mandala.

Zirkus: Gefühl, Triebe und der Körper werden anders als alltäglich, jedoch kontrolliert, eingesetzt. Man sollte »nicht so einen Zirkus veranstalten«. Traditionelles Gegenbild zum Alltag und zur Normalität wie auch → Zigeuner, → Schauspieler und → Wanderung.

Zitrone: → Obst. Man ist »sauer« und/oder lustig. Kann auch ein Verweis des Körpers darauf sein, daß er mehr Vitamin C braucht. Volkstümlich: Unglück.

Zoologischer Garten: Betrachtung der eigenen tierischen Seite. Animalität im Sinne von Animus und Anima (die weibliche und die männliche Seite des/der Träumenden).

Zopf: Alte Zöpfe sollten abgeschnitten werden. Bild der Zähmung.

Zucker: ist im Traum meist nicht süß, obwohl man sich mit ihm das Leben versüßen möchte.

Zufall: Wenn im Traum etwas durch Zufall geschieht, zeigt es

der/dem Träumenden meist, daß einem etwas ohne Anstrengung zufallen kann. Oft ein Hinweis darauf, daß sich Situationen auch von alleine lösen können und man keine Anstrengungen unternehmen sollte.

Zug/-führer: → Eisenbahn. Kontaktfreude und Kommunikation, Reise. Der Zugführer kann auch als der Seelenführer (Reiseleiter und Wegweiser) angesehen werden. Er weiß, wo die Reise hingeht.

Zugbrücke: → Brücke. Die Verbindung zwischen Bewußtem und Unbewußtem, die geöffnet und geschlossen werden kann. Hilfe und Unterstützung (Simon und Garfunkel: »Bridge over Troubled Water«). Volkstümlich: unerwartete Reise.

Zukunft: Der Traum will oft wirklich vorhersagen, wenn er in der Zukunft spielt. Hier kann man seine Ahnungen, Befürchtungen und Erwartungen für die Zukunft bewußt erleben.
Volkstümlich: ein alter Streit wird beigelegt.

Zunge: Sprache, geistige Kreativität, Kommunikation, der Dolmetsch des Menschen. Die Zunge verweist immer auf das Kehlchakra (Svadisthana) und somit auf die (Un-/)Ehrlichkeit der Kommunikation. → Rede, → Vortrag.

Zuschauer: Symbolisiert die Selbstdarstellung und im Extrem den Exhibitionismus. Oft verbirgt sich hinter solch einem Traum der Wunsch nach Berühmtheit. Auf der anderen Seite ein Bild der Suche nach der eigenen Welt und dem realistischen Selbstbild. Verweist auch auf (manipulierte) Erfahrungen zweiter Hand, die in der Fernsehgesellschaft das reale Erleben der Wirklichkeit ersetzen.

Zwang: Ein sehr wichtiges Traumbild, das einem oft die eigenen inneren oder die äußeren Zwänge deutlich vor Augen hält. Sollten Sie sich mehr durchsetzen und mehr Macht und Stärke zeigen, oder sollten Sie die Dinge und Situationen nicht erzwingen?

Zwei: Die Gegensätze und Widersprüche, die unterschieden und ausgeglichen werden wollen (»zwei Seelen wohnen, ach, in meiner Brust«, Faust). Sehr positiv ist bei diesem Traumsymbol, daß die vorhandenen Ambivalenzen (Doppeldeutig- und -wertigkeiten) erkannt werden. Anklang an »Zwei-fel«. →Zwillinge. Im Traum »Unterweltsvision eines assyrischen Kronprinzen« heißt es »jegliches Böse hatte zwei Köpfe«. Nach Jung hat das doppelte Auftreten eines Symbols die Bedeutung von unbewußt, da zwei Gleiche nicht unterschieden werden können. Die Boten der Unterwelt

treten deswegen meist zu zweit auf.

Zweig: →Ast, →Baum. Wachstum und Gedeihen. Symbol der eigenen Grundlage (man soll den Ast nicht absägen, auf dem man sitzt). Sinnbild des eigenen Wachstums und der Fähigkeit zu Verzweigungen, d.h. des vielfältigen Erfassens der Außenwelt. →Y-Form.
Ein Zweig mit →Blüten ist nach Freud ein deutliches Sexualsymbol.

Zwerg: Märchenwesen, Helfer der Menschen, Symbol der Erdverbundenheit. Man fühlt sich klein und minderwertig oder sollte etwas demütiger sein. Auch ein Symbol des Schattens, des Unscheinbaren und Unsichtbaren. Man empfindet sich *noch* als ein Kind – oder man weiß, wie groß die Welt und der Kosmos sind, und empfindet sich *wieder* klein und als Kind.

Zwiebel: Lebenskraft und Gesundheit, aber auch falsche Tränen. Sie ist das scharfe Gewürz des Lebens.
Volkstümlich: Glück.

Zwillinge: →zwei. Bild der Kommunikation mit zwei Seiten in einem selbst oder es soll auf eine Seite in einem, die die Zwillinge besonders verdeutlichen, aufmerk-

sam gemacht werden. »Die bessere Hälfte« und »das andere Ich« (alter ego).
Volkstümlich: gr. Unglück.

Zwinger: wie bei →Käfig, →Fahrstuhl und →Gefängnis.

Zwirn: verweist auf eine Verbindung, die halten soll.
Der rote Zwirn ist der rote Faden der Ariadne, mit dem sie Theseus eine Orientierungshilfe im →Labyrinth gibt. →Faden.
Volkstümlich: ein freudiges Ereignis.

Zwölf: Zahl unseres Zeitmaßes (Stunden, Monate), die auf Vollendung, Ende und/oder Neubeginn verweist. Zwölf Apostel, zwölf Tierkreiszeichen usw.

Zylinder: Wunschtraum bei Männern nach größerer Potenz, bei Frauen bedeutet es oft, daß sie »unter die Haube« kommen wollen.
Der Zylinder wurde nur zu bestimmten Anlässen wie →Hochzeit und →Beerdigung getragen. Achten Sie auf die Symbolik des Anlasses, zu dem der Zylinder getragen wird.
Heute wird der Zylinder eher mit dem →Auto (dem Hubraum der Maschine und deren Stärke) in Verbindung gebracht. Umso mehr Zylinder im Traum gesehen werden, umso größer ist die Macht und Stärke, auf die hingewiesen oder die ersehnt wird.

Zypresse: →Baum. Ferienerinnerung. Sehnsucht nach →Wärme. Schlankheit und Anmut.
Volkstümlich: Ärger.

Klausbernd Vollmar

Ratgeber Traum

Vom kreativen Träumen
Die häufigsten Traum-Symbole
nach Themengebieten erklärt

200 Seiten, Festeinband
ISBN 3-927808-38-5

Aus der praktischen Beratungsarbeit entstand dieser neuartige Ratgeber. Sein besonderer Nutzen liegt in der Aufschlüsselung der häufigsten Traum-Symbole nach *Themengebieten*.
Nehmen Sie zum Beispiel an, Sie haben Träume, in denen Bahnhöfe, Straßen und Autos eine wichtige Rolle spielen. Sie schlagen hier im Kapitel „Wege und Reisen" nach und finden:
Bahnhof: Eine Schaltstelle Ihrer Lebensreise. (...)
Straße: Sinnbild für den Lebensweg. Stau, Überholmanöver, Umleitung usw. zeigen im Traum, wie Sie seelisch das eigene Fortkommen erleben. (...)
Auto: Symbol der individuellen Lebensmeisterung und der Selbst-*Erfahrung.* Wie Freud erläuterte, zeigt der 'Wagen' im Traum den Fortgang eines laufenden Ereignisses an. Er bedeutet auch, man wolle oder solle mehr *wagen.* (...)

Ob das Thema „Haus" (vom Dachboden bis zum Keller und zur Garage) oder die „Küche" als Teil davon mit vielen eigenen Traumthemen, ob die Themengebiete „Natur und Garten", „Beruf und Finanzen" oder „Liebe, Lust und Zärtlichkeit": Dieser Ratgeber hilft Ihnen zuverlässig bei der Deutung Ihrer Träume.

KÖNIGS FURT

Klausbernd Vollmar, Diplom-Psychologe und Heilpraktiker, wurde am 22.11.1946 in Remscheid geboren. Er studierte Germanistik, Philosophie und Psychologie, war Lektor des Goethe-Institutes in Finnland und Mitarbeiter mehrerer Kulturzeitschriften und Magazine in Deutschland und Finnland, später auch in Kanada, Griechenland und Schweden. Er leitete eine Drogen- und Jugendberatungsstelle in Westdeutschland, lebte und arbeitete längere Zeit in Findhorn/Schottland.

Seit 1982 ist er abwechselnd in Norfolk/ England und im Rheinland zu Hause. Als Therapeut und Schriftsteller ist Klausbernd Vollmar einem größeren Publikum bekannt, nicht zuletzt durch seine regelmäßigen Beiträge in Zeitschriften, im Funk und neuerdings auch im Fernsehen.

In seinen Büchern wie auch in seinen Workshops und in der therapeutischen Arbeit spielt, neben dem Yoga, seit vielen Jahren die Beschäftigung mit der Symbolik des Traumes und der Farben eine besondere Rolle. Dabei versteht es der Autor in besonderer Weise, wissenschaftliche, alltagspraktische und spirituelle Aspekte beispielsweise der Traum-Symbolik miteinander zu vereinen.

Umschlaggestaltung:
Michael Rompf, Hamburg

Dieses Handbuch bietet in rund 2.0 Eintragungen von »Aal« bis »Zypress eine fundierte, hilfreiche und interessa Wegweisung für die Welt der Traum-Sy bole. Seine besonderen Vorteile liegen der Aktualität, der Vollständigkeit und (Verständlichkeit der Deutungen und B spiele.

Dem Autor ist es gelungen, vielfältige St mungen, psychologische und volkstün che, moderne und historische Schulen (Traumdeutung aufzuarbeiten. Sein p sönlicher Schwerpunkt liegt dabei in (analytischen Psychologie im Anschluß C.G.Jung. Aus der Kenntnis der klassisch Traumthemen heraus nimmt sich Kla bernd Vollmar zusätzlich aktueller Trau bilder an (wie z.B. »Fernsehen«, »U weltverschmutzung« oder »Zahlung ziel«), die hiermit häufig zum ersten Ma der Literatur Berücksichtigung finden.

Dies gilt auch für eine Anzahl weiter Stichworte (wie etwa Giraffe, Kanarie vogel oder Dinosaurier), die zwar ei wichtige Rolle im Traumgeschehen spiel können, die aber in herkömmlich Traumbüchern zuwenig beachtet wurd – mehr aus schlechter Gewohnheit, als a gutem Grund. Klausbernd Vollmar schn det solche »alten Zöpfe« ab und ergär viele neue Begriffe. Dabei kann er a eine reichhaltige therapeutisch-praktisc Erfahrung zurückgreifen.

Jedes Symbol besitzt heutzutage ein ganz Spektrum von Bedeutungen. Diesem U stand kommt die vorliegende Darstellu in besonderem Maße entgegen. Komp tent und gut nachvollziehbar trägt dies Handbuch dazu bei, die Vielfalt der Traur Symbole zu verstehen und den Reichtu ihrer Botschaften und Bedeutungen nutzen.